성, 사랑, 가족을 통해 본

일본 여성의 어제와 오늘

종합여성사연구회 지음 최석완·임명수 역

어문학사

차례

II. 중세

III. 근세

IV. 근대

V. 현대

머리말

이 책은 일본의 대표적인 여성사 연구 단체의 하나인 종합여성사연구회(総合女性史研究会)가 1992년에 편찬한 『日本女性の歴史―性·愛·家族』(角川選書 225)를 번역한 것이다. 종합여성사연구회는 그 후 1993년에도 『日本女性の歴史―女のはたらき』(角川選書 237)와 『日本女性の歴史―文化と思想』(角川選書 241)를 편찬했다. 이 세 권의 책은 종합여성사연구회가 발족 10주년을 맞이하여, 여성사의 통사 간행을 기획하고 연구회의 총력을 결집시킨 끝에 세상에 내놓은 결과물이다. 이런 작업은 1980년대에 들어와 질과 양의 측면에서 여성사 연구가 비약적인 발전을 이룩함으로써, 원시 시대에서 현대에 이르기까지 여성이 경험했던 삶의 여정을 다양한 관점에서 통사적으로 정리할 수 있는 여건이 마련되었기에 가능한 일이었다.

역자 일동은 이미 2006년에 어문학사의 도움을 받아 『日本女性の歴史―女のはたらき』를 『지위와 역할을 통해 본 일본 여성의 어제와 오늘』이라는 제목으로 번역 출판한 바 있다. 처음 번역서를 내기로 계

획했을 당시에는 되도록 빠른 시일 내에 세 권의 번역서를 연이어서 출판할 생각이었다. 그러나 여러 가지 사정으로 인해 두 번째 번역서인 이 책 즉 『성, 사랑, 가족을 통해 본 일본 여성의 어제와 오늘』을 내기까지도 아주 오랜 시간이 걸리고 말았다. 이 점 널리 양해를 구하는 바이다. 나머지 한 권에 대한 번역 작업도 조속히 마무리될 수 있도록 최선을 다할 생각이라는 점을 밝혀 둔다.

첫 번째 번역서가 출판되고 나서 두 번째 번역서가 나오기까지 10여 년의 시간이 흐르는 동안 우리 사회에는 적지 않은 변화가 있었다. 첫 번째 번역서가 나올 당시만 해도 화제가 되었던 것은 헌정사상 최초의 여성 국무총리의 탄생이었지만, 두 번째 번역서인 이 책의 출판을 앞둔 현재 우리는 이미 여성 대통령의 시대까지도 경험한 상태가 되었다. 여성의 사회 참여를 요구하는 목소리가 그만큼 커졌다는 증거라 하겠다.

그러나 우리 사회는 여전히 남성 중심에서 충분히 탈피하지 못한 상태다. 성적 차별에서 비롯된 여성에 대한 편견은 사회 곳곳에서 쉽게 찾아볼 수 있다. 심지어 국민을 대표하는 기관인 국회에서조차도 여성 비하 발언이 종종 등장해 사회적 물의를 일으킬 정도다. 다만 그런 가운데서도 여성은 좌절하거나 타협하지 않고 자신들의 권리를 찾으려는 노력과 투쟁을 계속해 왔다. 가정, 사회, 국가에서 오랫동안 당연한 것으로 인식되던 전통적 성별 역할 분담에서 벗어나서, 보다 적극적으로 자신들이 기여할 수 있는 역할을 찾아내 그것을 수행하고, 또 그에 대한 정당한 대우를 받기 위해 노력하고 있는 것이다.

그렇다면 여성에 대한 사회적 차별 구조는 언제, 어떻게 해서 생겨나게 된 것일까? 또 그런 사회적 차별 구조가 정착, 강화되어 가는 과정 속에서 여성들은 자신들의 정당한 역할과 권리를 찾기 위해 어떠한 노력을 기울여 왔던 것일까? 일본 여성의 성, 사랑, 가족이라는 관점에서 이 문제에 대한 해답을 통사적으로 제시해 주는 것이 바로 이 책이다.

원시 시대에는 남녀평등 관계가 대체로 유지되었다. 그러나 고대 율령 국가의 성립을 계기로 남성 우위의 정치권력이 확고해지고 남성 우위의 의식이 사회 곳곳으로 서서히 파고들어 갔다. 다만 아직은 가부장제 가족이 성립되기 이전의 단계였던 까닭에 지역 사회나 결혼 관습 등에서는 남녀의 대등 관계가 여전히 남아 있으면서 기능했다.

중세에는 지금까지도 일본 사회에 영향을 미치는 가부장제 가족으로서의 이에가 성립했다. 초서혼에서 취가혼으로의 변화가 일어났으며, 단독 상속이 확대되면서 여성의 상속권과 재산권이 약해졌다. 후세와 같은 정조 관념에는 미치지 못하지만 일부다처첩제가 상징하듯이 아내의 성적 종속도 시작되었고, 과거에는 존재하지 않던 매매춘도 발생했다.

근세에는 부부와 그 직계 자식 또는 부모를 중심으로 한 소가족이 주류를 이루었다. 남성만이 이에를 대표할 수 있었고 여성은 단지 그 이에의 후계자를 생산하는 역할만을 담당했다. 공적 지위에서 완전히 배제된 여성에게는 남성 중심의 유교적 도덕관이 강요되었고, 다이묘 통제 수단인 산킨코타이 제도는 '메시모리온나'의 매매춘을 번성시켰다.

근대에는 근대 시민법으로서의 이에 제도가 확립되면서 여성 차별의 구조가 일본 역사상 가장 강고한 형태로 자리 잡았다. 호주권, 남계 장자 상속제, 여성 무능력 규정 등이 그것이다. 여성은 다이쇼 데모크라시를 거치면서 이에에 도전하는 신여성으로서의 자각을 바탕으로 참정권 획득 운동 등을 전개했지만, 이를 이에 제도의 위기로 본 정부는 현모양처주의 교육을 강화했다. 여성은 자본주의의 발전을 견인한 저임금 노동을 지탱했고, 만주사변 이후에는 '군국의 어머니' '군 위안부'로서의 역할을 강요받기도 했다.

여성이 이에 제도의 속박에서 벗어나 남성과 대등한 사회적 지위를 구축하기 시작한 것은 현대에 들어와서의 일이다. 새로운 헌법과 민법, 교육 기본법 등이 마련되는 가운데 이에 제도와 아내의 무능력 규정 등이 폐지되었다. 여성 참정권이 실현되고 공창제가 폐지되었으며, 주부의 삶을 주제로 한 주부 논쟁도 일어났다. 핵가족이 증가하는 가운데 다양한 가족 형태가 출현했고, 여성의 취업이 늘어나면서 가정과 일의 양립이라는 새로운 과제가 부각되었다. 현재는 종래의 역할 분담을 극복하려는 노력과 함께, 남녀 모두가 만족할 수 있는 양성 관계와 가족 관계를 구축하려는 노력이 계속되고 있다.

일본과 한국은 사회의 발전 단계나 구조에서 차이가 있다. 따라서 일본 여성의 역사를 우리 사회에 그대로 적용시킬 수는 없다. 그러나 여성사에 관한 연구가 절대적으로 부족한 현실에서 일본 여성사에 대해 살펴보는 것은 우리나라의 사정을 이해하는 데도 적지 않은 도움을 줄 수 있을 것으로 기대된다. 그런 관점에서 역자 일동은 앞으로도 일본 여성사에 대한 소개를 계속해 나갈 생각이다. 여성의 삶을 이해하고 앞으로의 방향을 전망하는 데 다소나마 도움이 되었으면 하는 것이 역자 일동의 바람이다.

2017년 6월 23일

역자 일동

I. 원시 시대와 고대

여성 모양의 하니와 토기

원시 시대에는 지배 계층과 피지배 계층의 구별이 없었다. 남녀 사이에도 어느 한쪽이 다른 한쪽을 지배하는 식의 관계는 성립하지 않았다. 사람들은 때로는 굶주림에 시달리면서도 원시적 평등 관계를 유지하며 평화롭게 살아갔다. 그러나 생산성이 높아짐에 따라 무력으로 다른 집단을 정복하는 일이 생겨났고 그 과정에서 정치적 권력을 장악하는 사람이 등장했다. 그리고 그 권력은 점차 무력에서 우위를 보이는 남성에게 집중되었다. 이렇게 남성 우위의 경향은 정치 권력을 주로 남성이 장악하는 과정에서 시작되었고 사랑이나 성, 가족에서의 남성 우위도 정치 권력자인 오키미(大王: 천황[1]의 전신)와 각지의 수장 층에서 먼저 나타났다. 예를 들면 오키미가 복속 집단의 여성을 선택해 결혼한 일이나 일부다처제가 시작된 일 등이 바로 그것이다.

일본 최초의 국가라 할 수 있는 율령 국가의 성립은 정치 권력 면에

1 한국 언론 등에서는 '일왕'이라는 표현을 쓰지만, 이 번역서에서는 학술적 용어인 '천황'이라는 표현을 사용했다.

서 남성의 우위가 확고해졌음을 의미했다. 율령 국가는 매우 앞선 시대에 가부장제(남성이 여성을 지배하는 체제)를 성립시킨 중국의 국가 조직과 법을 도입하는 과정을 통해 성립했다. 따라서 남성 우위의 사고가 강하게 반영될 수밖에 없었다.

율령 국가의 성립은 여성에게도 많은 영향을 끼쳤다. 여성은 중앙과 지방의 정치 조직에서 배제되었고 형식상 반전과[2] 납세를 책임지는 호주 자리는 남성의 차지가 되었다. 사람들은 부계를 기준으로 각 호에 편성되었고 열녀 표창과 같은 가부장제 사상을 도입하기 위한 노력도 이루어졌다. 이런 것들이 곧바로 여성의 지위 하락으로 이어지지는 않았지만 남성 우위의 의식을 사람들에게 서서히 침투시키는 역할을 했다.

그러나 율령 국가가 성립한 이후에도 여성은 남성과 마찬가지로 마을 제사에 참여할 수 있었다. 또 여성이 마을 제사를 관장하는 경우도 적지 않았다. 율령 국가 이전의 남녀 대등 관계는 여전히 유지되고 있었다.

이렇듯 고대 여성은 국가 단위의 정치 무대에서는 남성과 어깨를 나란히 하지 못했지만 마을 단위의 실제 생활에서는 남성과 대등한 지위를 유지했다. 그것이 가능했던 이유는 여성도 남성과 마찬가지로 소유권을 보유하고 있었기 때문이다. 경제적 대등을 기초로 마을 생활에서 정치적 사회적 대등을 보장받고 있었던 것이다.

---

2 반전(班田)은 반전수수제(班田収授制)를 말한다. 6세 이상의 남녀에게 구분전(口分田)을 지급하고 사망 후 회수했다.

당시 여성은 경영[3]에도 관여할 수 있었는데 이것은 소유권이 있었기에 가능한 일이었다. 예를 들면 호족 계층에서는 남편과 아내가 이에기미(家長)와 이에노토지(家室)로서[4] 공동으로 경영에 참여했는데, 이는 9세기 초 성립한 불교 설화집 『니혼료이키(日本靈異記)』를 통해 확인할 수 있다. 귀족 계층의 여성은 국가의 승인 아래 가정(家政) 기관[5]을 설치하고 자신의 재산을 직접 관리했다. 일반 농민층에 대해서는 사료가 없어서 확인할 수 없지만, 공동체 등에 의해 지탱되는 아직 자립하지 못한 경영을 남편과 아내가 협력하면서 수행하고 있었을 것으로 추측된다.

남녀가 소유와 경영에서 대등한 경제적 지위를 누리는 상황에서는 가부장제 가족(남성 가부장이 처자 등을 지배하는 남성 우위의 가족)이 성립하기 어려웠다. 왜냐하면 가부장제 가족의 경우 가장의 권력 기반은 일가의 재산을 소유하고 관리하는 점에 있는데, 여성이 남성과 함께 소유와 경영에 참여하는 상황에서는 가장 한 사람이 소유권과 경영권을 장악할 수 없기 때문이다. 가부장제 가족이 성립하지 않았다는 것은 바꿔 말하면 경제적 단위로서의 가족(사회적 단위로서의 가족)이 아직 성립하지 않았음을 의미한다.

---

3 가부장제 가족이 아직 성립하지 않은 고대 사회에서의 가족 공동체적 소유와 경영을 말한다.

4 이에기미는 집안의 우두머리로서 집안과 가족을 통솔하는 사람을 말한다. 이에노토지는 보통 고대 호족층 여성을 높여 부르는 말로 쓰이는데, 여기에서는 집안의 여성 주인을 의미한다.

5 가정이란 동일한 일족 내부의 가사 전반과 사업 일체를 의미한다. 예를 들면 귀족이나 무사의 영지 지배, 상인의 사업 등도 가정에 속한다. 이런 가정을 관리하기 위한 기구가 바로 가정 기관이다.

실제로 당시 일반 농민층 가족은 남편과 아내가 각각 보유하고 있는 얼마 안되는 재산을 공통의 기반으로 삼고 있었다. 이 때문에 소유권과 경영권을 한 손에 장악한 가장이 통솔하는 강력한 경제적 단위와는 거리가 먼 불안정한 상태였다. 따라서 남편과 아내가 이혼이라도 하게 되면 가족은 그 즉시 소멸될 수밖에 없었다. 이런 상황에서 농민 가족은 한편으로는 공동체에 의존하고 또 다른 한편으로는 부계나 모계 쪽 친족과 협력하면서 불안정한 경영을 간신이 유지하고 있었다. 당시의 가족 구성은 남편이 아내를 방문하는 혼인 형태, 어머니와 딸 부부가 동거하는 혼인 형태 등, 여러 단계를 거쳐서 결국에는 핵가족적인 모습으로 정착되었을 것으로 생각된다. 이런 가족을 부계나 모계의 양쪽 친족과 공동체가 함께 지탱하던 것이 당시의 가족 형태였다.

마지막으로 고대인의 성과 사랑 그리고 결혼에 대해 살펴보면, 남성과 여성은 대등한 입장에서 연애하고 서로 마음에 들면 곧바로 성관계를 가졌다. 단혼(현재와 같은 결속력이 강한 일부일처제의 결혼 형태)의 성립과 함께 나타나는 이른바 플라토닉 러브(Platonic Love)는 존재하지 않았다. 그리고 이런 연애 = 성관계에서는 여성의 처녀성은 문제가 되지 않았다. 그것은 당시 일본어에 처녀를 의미하는 말이 없었다는 점에서도 잘 알 수 있다. 지금까지 처녀를 의미하는 것으로 생각되었던 '오토메'라는 말도 당시에는 단순히 나이 어린 여성을 의미하는 표현에 지나지 않았다. '오토메'가 처녀인지 아닌지는 당시 사람들에게는 아무런 문제도 되지 않았다.

이런 연애 = 성관계가 장기간 지속되는 것이 곧 결혼이었다. 서로를 남편과 아내로 인정한 남녀는 일정한 시간이 지나게 되면 아내 쪽 부모—나아가 부계 모계 양쪽의 친족과 공동체—의 승인을 받고 또 주변 사람들로부터도 부부로 인정받았다. 여성 쪽 아버지의 승낙을 받은 후 결혼하는 후대와 같은 결혼 개념은 아직 등장하지 않았다. 그렇지만 남녀가 결혼하는 데는 현대인의 상상을 초월하는 공동체적 규제와 원시적 사고방식에 따른 여러 가지 제약이 뒤따랐다. 당시의 연애와 결혼은 가부장의 승인을 얻을 필요가 없었고 대등한 관계에 있는 남녀의 상호 성애를 바탕으로 성립하기는 했지만, 그것을 근대적 자유연애나 결혼과 동일시할 수는 없다.

1. 원시 시대의 생활 집단과 통혼

원시 시대의 친족 조직과 생활 집단 그리고 남녀의 통혼과 성적 관계 등은 인류의 발전과 더불어 변화해 왔다.

생활 집단

토기가 생산되지 않던 선토기 시대에는 활을 사용한 수렵이나 바닷가 어업 등이 출현하지 않았다. 이런 선토기 시대의 주거를 우리는 흔히 유닛(unit)이나 블록(block)이라 부른다. 그러나 주거라고 해봐야 실제로는 석기나 돌 부스러기 등이 직경 약 4미터 정도의 범위 내에 집중적으로 흩어져 있을 뿐, 화로나 큰 기둥 자리도 없는 이동성이 강한 공간에 지나지 않았다. 이것이 바로 당시 사람들의 생활 터전으로 3~5개 정도가 모여 하나의 생활 단위를 이루었다. 달군 돌 요리에 사용된 것으로 추측되는 돌무더기도 발견되었다. 이 단위 집단은 소비와 노동 용구 제작의 단위이자 식물을 채집하고 작은 동물을 사냥하는 단위이기도 했다.

작은 하천을 따라 형성된 여러 개의 단위 집단이 모여 더 큰 규모의 집단군을 이룬다. 이것이 대형 야생 동물을 포획하는 단위로 작은 하천 주위의 산과 들을 본거지로 하면서 씨족 공동체를 형성하고 있었을 것이다. 미야기현(宮城県) 야쿠라이산(薬来山) 유적군에서는 3.7킬로미터나 떨어져 있는 서로 다른 유적에서 발견된 나이프(knife) 형 석기의 조각을 모아서 하나로 복원하는 데 성공한 일이 있다. 이것은 단위 집단(유적)이 여러 개 모인 집단군(유적군)이 공동체적으로 결속되어 있었다는 사실을 보여 주는 사례다.

집단군을 여러 개 포함하는 것으로는 예를 들면 무사시노(武蔵野) 대지, 사가미노(相模野) 대지 등을 하나의 단위로 하는 결합체가 있다. 이는 부족적 결합이었을 것이다.

조몬(縄文) 시대의 주거는 지면을 파서 바닥을 만들고 여기에 구멍을 파 기둥을 세우는 이른바 수혈 주거였다. 이 주거 안에는 조몬 초기부터 화로가 설치되어 있었다.

조몬 초기에는 대지의 경사면에 3~4개의 주거가 모여 집락을 형성했고, 이런 집락은 조몬 시대의 전기와 중기로 접어들면서 대지 위쪽으로 범위를 넓혀 가며 계속해서 발전해 갔다. 유적을 발굴해 보면 다수의 주거 터가 나오기는 하지만 보통은 다양한 시기의 것들이 섞여 있어서 같은 시기에 존재하던 주거는 몇 개 되지 않는다. 집락은 중앙 광장을 둥글게 감싸는 형태로 주거가 배치되어 있고 안쪽에는 묘지 구역이 위치해 있다. 이것이 일상생활의 단위이자 식물 채집과 소비 생활의 단위였다.

작은 하천 주위의 대지에는 이런 집락이 여러 개씩 생겨났다. 그중에는 규모가 크고 장기간 지속되어 제사 유물이 풍부한 거점 집락도 포함되어 있다. 이들 거점 집락을 중심으로 하는 집락군이 산과 들을 독점적으로 이용하는 씨족적 결합의 주체였다.

여러 개의 집락군을 포괄하는 부족적 결합의 단위로서 세분화된 토기 형식을 공유하는 지역적 범위(토기 분포권)가 형성되었다. 조몬 시대의 생활 집단은 폐쇄적이지 않아서 다른 토기 분포권과의 교류가 활발했고 토기 분포권의 범위도 시기에 따라 유동적이었다.

철기가 사용되고 벼농사가 시작된 야요이(弥生) 시대의 주거는 원형과 타원형의 수혈 주거가 일반적이었다. 3~5, 6명 정도가 생활할 수 있는 공간이었다.

3~5, 6개의 수혈 주거와 작업용 오두막, 창고 등을 포함한 단위 집단이 생활상의 한 무리를 이루었다. 단위 집단(소집락)이 여러 개 모이거나 또는 내부에 다수의 단위 집단을 거느리는 대집락이 치수와 관개 등을 함께 하는 생산 활동의 단위였다. 집락에는 호(濠)를 둘렀고 공동 묘지는 집락 밖에 위치했다. 수로와 보루로 둘러싸인 환호 집락은 적의 습격을 막기 위한 방어 집락이었다. 서일본의 환호 집락 중에는 고급 주거인 평지식 주거군이 수혈 주거와 구별되어 존재하는 곳도 있었고 공방을 따로 갖춘 곳도 있었다. 그러나 수장과 일반 구성원은 아직은 같은 공간인 환호 안에서 함께 살았다.

여러 개의 집단군이 보다 큰 중간 규모의 하천 유역에 분포하면서 지연적 결합체가 탄생한다.

거대한 전방후원분(前方後円墳)에 매장된 대수장을 정점으로 계층의 차이가 명확해지는 고분 시대에는 집락 구성에도 큰 변화가 나타난다. 일반적인 주거 형태는 수혈 주거였지만 5세기 중엽 이후에는 화로를 대신한 붙박이 아궁이가 제작되었다. 서일본에서는 평지 주거도 등장했다. 여러 개의 주거가 모여 집락을 이루기는 했지만 야요이 시대에 보이던 환호는 자취를 감추었다. 수장의 무덤(고분)은 조망이 좋은 장소에 독립적으로 만들어졌다. 다수의 민중은 집단 묘지에 묻혔고 중간층은 저분구(低墳丘) 고분에 매장되었다.

집락에서 나타난 최대의 변화는 일반 구성원의 집락과는 별도로 수장이 거주하는 수장 거관(首長居館)이 만들어진 것이다. 수장 거관은 3세기 말에 등장하여 4세기에는 간토(関東) 지방에도 나타났다. 광대한 부지를 울타리와 커다란 호로 에워싸고 내부는 다시 울타리를 이용해서 수장 거주 구역과 공방군, 창고군으로 나누었다.

이렇듯 고분 시대에는 집단 묘지에서 수장의 무덤이 분리되고 집락에서 수장 거관이 분립되는 등, 수장 층의 지위가 강화되어 일반 구성원이 미치지 못할 정도가 되었다.

통혼과 모자

일본 열도에서 발견된 가장 오래된 인물상은 여성상이다. 나가노현(長野県) 노지리호(野尻湖)에서는 나우만 코끼리(Naumann's Elephant)의 어금니에 새겨진 비너스상이 출토되었다. 에히메현(愛媛県) 가미쿠로이와(上黒岩) 동굴에서 출토된 둥근 돌에 새겨진 여성상은 만 년 이상이나 지난 것으로 특히 유방이 크게 표현되어 있다. 안산을 기원한 것인지 모성을 찬미한 것인지는 불분명하지만 어머니로서의 여성을 표현한 것이다.

조몬 시대 초기에 접어들면서 등장한 토우는 이후 중기, 후기, 말기를 거치면서 더욱 발달한다. 이들의 공통점은 유방과 복부, 엉덩이를 강조한 점에 있는데 그중에는 여성의 성기를 표현한 것도 있다. 말기에는 거대한 뱃속에 태아 모양의 토우를 넣은 것도 등장한다. 토우의 대부분은 의도적으로 파괴되어 내버려진 상태로 출토되는 것이 보통이다. 여러 가지 설이 있으나 임신한 여성상이 많은 것으로 보아 종족의 번영을 위한 안산을 기원하려 했던 것으로 보인다. 남성의 심벌을 새긴 석봉은 집락 제사 때 광장에 세워진 대석봉 이외에, 벽 옆에 세워진 것이나 수혈 주거 안에서 출토되는 것도 있다. 남성의 힘을 상징하기 위한 것이라기보다는 생식과 자손의 번영을 기원하는 유물이었을 것으로 생각된다.

자손의 유지와 노동력의 생산을 기원하는 토우에 이어 석봉이 제작되었지만 농업 사회인 야요이 시대에 들어오면 모두 자취를 감추게 된다.

조몬 시대 중, 후기의 수혈 주거 유적을 살펴보면 특히 남쪽 출입구 근처에서 옹관이 발견되는 일이 많다. 그중에는 태아의 유골이 들어 있는 경우도 있으나 보통은 아무런 유물도 남아 있지 않다. 그러나 지방산을 분석한 결과 태반이 들어 있는 것이 확인되었다. 오카야마현(岡山県) 쓰데라(津寺) 유적 등지에서는 태반을 동전과 함께 매장하는 나라(奈良) 시대의 습속을 보여 주는 태반 단지가 발견되기도 했다. 최근의 민속 행사에서도 매장된 태반을 다리를 벌리고 넘어가는 행위를 통해

아이를 돌보는 여성 모양의 하니와 토기, 고분 시대

자손의 무병장수를 기원하는 풍습을 엿볼 수 있다. 조몬 시대 사람들에게 무탈한 출산과 자식의 성장은 무엇보다도 중요한 일이었다.

원시 시대의 남녀 관계에서 중요한 것은 일대일의 결합이 아니었다. 그보다는 어느 정도의 지역적 범위에서 남녀가 교류하면서 서로의 집단을 연결시키는 매개 역할을 하고 있었는지 하는 통혼권의 문제였다. 조몬 시대 중, 후기에 대해서는 수혈 주거 내에서 발견된 유체가 실마리를 제공한다. 이들 유체의 남녀 및 연령 구성과 발치(성인식 등 사회적 의례로서 앞니의 일부를 뽑는 행위) 모양을 근거로, 당시에는 일처다부제와 일부다처제가 함께 행해졌고 자매와 형제들이 한 무리를 이루어 통혼했으며, 부방(夫方: 남편 쪽)이나 처방(妻方: 아내 쪽) 중 어느 한쪽을 선택해서 거주하는 선택 거주혼이었을 것으로 추정하는 연구도 있다(春成秀爾의 설).

한편 어머니의 출신지와 깊은 관련이 있을 것으로 생각되는 옹관의 토기 형식을 근거로 통혼권을 추정해 보면, 야쓰가타케(八ヶ岳) 남쪽 기슭과 스와(諏訪) 분지 등 서로 다른 토기 분포권에 있던 집단 사이에서 족외혼이 행해졌다는 것을 알 수 있다(佐々木藤雄의 설). 이런 족외혼은 간토 지방의 경우 조몬 시대 중기부터 그 존재가 확인되는데 특히 거점 집락에서 높은 비율을 보인다.

야요이 시대에 대해서는 긴키(近畿) 지방의 집락 유적에서 발굴된 토기의 형식을 토대로 통혼권에 대한 검토가 진행된 바 있다(都出比呂志의 설). 그에 따르면 부방 거주혼이나 선택 거주혼이었을 가능성이 높고, 당시의 여성은 자신이 살고 있는 집락의 남성이나 또는 이웃 집락의 남성과 통혼하는 것이 보통이었다. 그러나 때로는 후대에 등장하는 군(郡)의 범위를 벗어나 멀리 떨어진 지역에 사는 사람과 통혼하는 경우도 있었다.

계층의 분화가 뚜렷해지고 수장 사이에 동맹이 성립하던 고분 시대에는 남녀 관계나 통혼권에서도 수장과 일반 구성원 사이에서 차이가 발생했다. 수장 간의 우열을 동반하는 동맹 관계의 성립에는 정략결혼이 도입되는 등, 정치적 동맹을 표시하는 증거의 하나로 결혼이 이용되기도 했다.

고분에 매장된 유체의 머리 방향을 단서로 수장층의 통혼권을 가늠해 보는 것도 가능하다. 고분 시대 전기에는 긴키와 세토나이(瀨戸內) 지방에서는 머리가 북쪽을 향해 있는 경우가 많았지만 시코쿠(四国) 지방에서는 동쪽을 향해 있는 경우가 많았다. 그런데 오사카부(大阪府) 쇼군산(将軍山) 고분을 보면, 수장의 머리는 동쪽을 향해 매장되어 있고 석실의 석재도 긴키 지방의 중앙 지역에서는 구할 수 없는 석재가 사용되고 있다. 아마도 이 수장은 시코구 지방 또는 와카야마현(和歌山県) 출신이었을 것으로 생각된다. 한편 고분 성립기에 만들어진 수장 고분에서는 그 지방의 것과는 다른 형식의 토기가 다수 출토되기도 하는데, 이것은 수장이 널리 다른 지역과 교류하면서 통혼하고 있었다는 사실을 말해 준다.

일반 상류층이 매장된 고분 시대 전기의 저분구 고분 중에서 하나의 관에 두 사람 이상이 매장된 예를 조사해 보면, 소아와 성인을 합장한 경우에서 특이한 현상을 발견할 수 있다. 성인 남성과 소아의 조합은 보이지 않고 성인 여성과 소아의 조합만 발견되는 것이다. 이것은 모자 사이의 강한 인연의 끈을 보여 주는 것이라 하겠다. 한편 소고분(小古墳)에서는 남성을 매장한 관과 여성을 매장한 관 사이에서 또 같은 관 속에 합장된 성인 남성과 성인 여성 사이에서 부장품의 차이가 보이지 않는다. 수장층과는 달리 일반 민중에서는 남성의 우위가 아직 발달하지 않았던 것이다.

2. 고대의 가족과 모자

가족과 호적

먼저 사회의 가장 기초적 단위인 가족생활 속에서 여성이 어떤 위치와 입장에 있었는지, 7세기 후반에서 9세기경까지의 상황을 살펴보기로 하자.

현재의 치바현(千葉県) 도가네시(東金市) 지역인 가즈사노국(上総国) 야마베군(山辺郡) 야마구치향(山口郷)에서 야마다미즈노미(山田水呑) 유적이 발굴되었다. 이곳은 8세기 전반에 처음 형성되어 9세기 말까지 지속된 새로운 형태의 집락인 것으로 추정된다. 집락 안쪽은 2~3개의 주거를 한 단위로 하는 5개의 그룹으로 구분되어 있다. 바닥 면적을 토대로 산출해 보면 집락 인구는 대략 70명 정도였던 것으로 보인다. 각각의 주거마다 아궁이가 제작되어 있는 것으로 보아서, 한 주거에 거주하는 2, 3~10명 정도의 인원이 침식을 함께 하는 가족이었을 것으로 생각된다. 8세기 전반 도고쿠(東国)에서는 아직 수혈 주거가 일반적이었지만 기나이(畿内) 지방에서는 주춧돌 없이 구덩이를 파고 여기에 기둥을 세우는 형태의 굴립식 평지 주거가 이미 유행 중이었다. 그러나 주거 하나 당 거주자 수에서는 큰 차이가 없었다.

그렇다면 이렇게 침식을 같이 하는 가족은 어떤 사람들로 구성되어 있었던 것일까? 우선 부부와 미혼 자식이 함께 생활하는 모습을 상상해 볼 수 있다. 그러다가 성장해서 결혼한 자식이 부모와 이웃해 살게 되는 경우 그것은 딸 부부일 수도 있고 아들 부부일 수도 있다. 부모가 죽고 미혼 자매만 남거나 자식이 모두 결혼해서 노부부만 남게 되는 일도 있다. 독거노인이 있었을 가능성도 있다. 남편과 동거하지 않는 여성이 아이와 함께 살아가는 경우도 있을 것이다. 각각의 주거에 거주하던 사람을 보면 여러 형태를 상정해 볼 수 있다. 2~3개의 주거가 하나의 그룹을 형성한 가운데 평균적으로 주거 하나에 6명, 주거 2~3개에 15~16명 정도로 구성된 친족의 범위는 부모와 형제, 자매 그리고 그 자식이었을 것이다.

가즈사노국의 이웃 지방인 시모우사노국(下総国)의 가쓰시카군(葛飾郡) 오시마향(大嶋郷)에는 동일한 시기인 721(養老5)년의 호적이 남아 있다. 현재의 도쿄도(東京都) 가쓰시카구(葛飾区)에 해당하는 이곳의 호적은 미노노국(美濃国)과 사이카이도(西海道) 지역에서 발견된 702(大宝2)년 호적과 함께, 도다이지(東大寺) 쇼소인(正倉院)에 남아 있는 귀중한 사료 중의 하나다. 호적이라면 가족 구성을 구체적으로 기록한 것이어야 한다. 그러나 율령제 국가가 사람들을 지배하기 위해 만든 기본 대장인 이 호적은 부계주의의 영향 하에 성립한 율령제의 성격을 반영하여 부계를 중심으로 기재되어 있다. 따라서 호적이 실제의 가족 구성을 보여 주는 것인지의 여부는 확실하지 않다. 실제로 호의 구성원에는 어머니 쪽이나 아내 쪽의 친족이 포함되어 있는 경우도 있다. 이것은 호의 구성을 부계 중심으로만 관철시킬 수 있는 사회가 아니었다는 것을 말해 준다고 하겠다. 오시마향의 방호(房戶: 향리제 하에서 향호를 구성하는 15~16명으로 편성된 소가족)의 인원은 대략 야마다미즈노미 유적의 1개 그룹 즉 2~3개의 주거에 거주하던 사람의 수와 일치한다. 그러나 사람의 수가 일치한다고 해서 편성된 호적의 호와 실제의 가족이 동일하다고 볼 수는 없다.

호적을 작성하는 방법은 행정 구획인 1리(里)가 대략 50호가 되도록 먼저 호주를 정하고 나서 그 호주를 중심으로 호의 구성원을 편성하는 식이었다. 결혼 상대도 동일한 '리'의 범위 안에서 결정되는 일이 많았을 것으로 추측된다. 따라서 각 호의 구성에 집착하기보다는 '리' 전체를 대상으로 가족의 실태를 파악할 필요가 있다.

결혼 후의 주거

결혼한 부부가 살 곳을 결정하는 문제는 그들이 속한 사회의 모습과 밀접한 관련이 있다. 남성이 여성을 방문하는 형태로 시작되는 결혼은 본인들의 의사에 따른 것이다. 민족에 따라서는 예를 들면 반드시 모친 쪽 사촌과 결혼해야 하는 등, 제도적으로 결혼 상대가 결정되어 있는 경우도 있다. 그러나 고대 일본에서는 같은 어머니에게서 출생한 형제자매 간의 결혼이 금기였던 것을 제외하면, 배우자의 선택이나 주거의 결정 등 결혼을 둘러싼 제도적 규제는 없었다. 이모(異母) 형제자매 간의 결혼은 천황가나 귀족층에서 보이는데 이것은 정치적 필요에서 나온 것으로 생각된다. 서민 계층에서도 이모 형제자매 간의 결혼이 있었는지에 대해서는 사료가 없어서 정확히 알 수 없다. 이모 형제자매 간의 결혼이 금기가 아니었던 이유는 형제자매라 하더라도 모친이 다르면 자란 곳이 달라서 타인과 다를 바 없는 관계였기 때문이다.

부계주의에 입각해 기재된 호적은 언뜻 보면 남편 쪽 집안으로 아내가 시집을 온 것처럼 보인다. 그러나 이것이 실제 상황을 반영한 것인지를 확인하려면 다른 사료의 내용과 비교해 볼 필요가 있다.

9세기 초에 완성된 『니혼료이키』에는 부부의 여러 가지 주거 형태가 등장한다. 남성이 여성을 방문하는 단계의 결혼(中－8)을 비롯해서 부방 거주(夫方居住: 上－2, 中－27), 처방 거주(妻方居住: 上－27), 독립 거주(新処居住: 남편 쪽도 아내 쪽도 아님)나 또는 거주지 불명 형태의 부부 동거혼(夫婦同居婚: 上－18, 中－16)이 기록되어 있다. 부방 거주의 사례로는 두 가지가 나오는데, 하나는 호족층 남성이 길에서 만난 의지할 데 없는 여성을 집으로 데려온 경우이고, 다른 하나는 군지(郡司)인 남편 집에 다른 군(郡) 출신의 아내가 들어와 동거하게 된 내용이다. 즉 호족층에서의 부방 거주는 아내가 남편보다 신분이 아주 낮든가 먼 지방 출신이라는 조건일 경우에 성립했던 것이다.

한편 처방 거주는 남편이 아내 집을 방문하다가 그대로 눌러앉는 경우로 이것이 당시의 일반적인 결혼 유형이었다. 이보다 조금 앞선 시대의 도고쿠 호족층에서는 남녀가 신분이 같을 경우 부방 거주가 불가능했던 사례가 있다. 이것은 군마현(群馬県) 다카자키시(高崎市)의 야마노우에노비(山ノ上碑)에 새겨져 있는 명문을 통해 확인할 수 있다. 이 명문은 681년 호코사(放光寺)의 승려 초리(長利)가 어머니를 위해 쓴 것인데, 자신의 출신을 밝히는 과정에서 어머니와 아버지 양쪽의 계보를 명기하고 있다. 그리고 '어머니가 아버지를 남편으로 받아들여서' 자신이 태어났다는 식으로 기록한 것을 보면 승려 초리는 어머니 쪽에 속한 사람 즉 어머니 쪽에서 거주한 것으로 볼 수 있다. 어머니는 군마현 동남부에 위치한 사누(佐野)의 미야케(屯倉: 조정의 영지)를 관리하던 우지(氏)[6]의 자손으로 무덤은 이곳에 있다. 아버지는 사누의 동북쪽 오고(大胡)라는 지역의 유력 우지 출신이었다.

귀족이나 하급 관리의 경우에는 도시에 모여 살고 있었기 때문에 결혼은 좁은 지역 내에서 이루어졌다. 또 호족층에서와 같은 부방 거주의 예도 보이지 않는다. 헤이안(平安) 시대의 귀족이 처방 거주(초서혼: 데릴사위제)를 한 것은 그들이 도시에 모여 살던 것과 관계가 있다.

결혼 상대의 선택 범위를 생각해 볼 때, 남성이 여성을 방문하는 형태로 시작된 결혼이 동거하는 단계까지 지속되기 위해서는 범위가 동일한 '리' 이내로 한정될 필요가 있었다. 멀어서 방문이 끊기게 되면 결혼 관계가 해소되어 버리기 때문이다. 따라서 부부가 동거하게 되더라도 새 주거는 각각의 생가와 가까웠을 것이다. 남편 쪽이든 아내 쪽이든 각각의 생가는 조상 제사가 아직 성립하지 않은 상태였고 상속할

6 '우지'란 야마토 정권이 지배자 층인 호족을 편성하기 위해 만들어 낸 일종의 정치 사회적 체제였다. '우지'는 여러 가족 군으로 구성되었으며, 수장적 지위에 있는 '우지가미(氏上)'를 중심으로 직계와 방계의 혈연자는 물론 비혈연 관계의 가족 군도 예속되어 있었다.

만한 재산도 없었다. 따라서 경제적으로도 노동의 단위로서도 공동체가 하나의 단위로서 기능하고 있었다고 한다면 결국 문제는 공동체의 규모였다고 하겠다.

부방 거주란 좁은 의미에서 볼 때 남편의 부모와 동거하는 것을 말한다. 그러나 남편 부모와의 동거를 보여 주는 사례는 『만요슈(万葉集)』에 실려 있는 유명한 '빈궁문답가(貧窮問答歌)'가 있을 뿐이다. 더구나 이것은 야마노우에노오쿠라(山上憶良)가 중국의 시가(詩歌)를 참고하여 책상머리에서 지어낸 것일 가능성이 크다. 부방 거주의 경우에도 며느리와 시어머니의 동거는 없었다고 봐야 한다.

이 시기에는 방문의 단계를 거쳐 동거에 이른 부부가 부모와 침식을 달리하며 지내는 것이 일반적이었다. 이렇다 할 규제가 없는 이상 어떤 때는 아내 쪽 공동체에 속하고 또 어떤 때는 새로 개간한 토지 부근에서 생활하는 등, 거주지의 이동도 있었다고 보는 것이 자연스럽다. 또 경우에 따라서는 부방 거주도 있었고 평생 방문혼으로 지낸 부부도 있었을 것이다.

처첩(妻妾)과 적서자(嫡庶子)

호적에 등재된 호주에게는 처 이외에 첩으로 기록된 여성이 있다. 한 남성에게 여러 명의 첩이 올라와 있는 경우도 있다. 종래에는 이것이 고대 가부장권의 존재를 보여 주는 증거로 생각되었다. 그러나 최근에는 본처인 정실에 상대되는 첩이라는 신분은 없었고 이에 상당하는 말도 없었다는 사실이 밝혀졌다. 복수의 혼인 관계를 맺는 경우가 있었던 것은 사실이지만 이를 호적에 기록할 때는 먼저 결혼한 여성이 처가 되었다. 처 이외의 여성은 첩으로 기록되었다. 그러나 그들도 사망하면 다음 해 호적에서는 망처(亡妻)로 기록되었다. 처와 첩의 구별은 실제로는 이와 같은 것이어서 복수의 처첩 사이에 차별은 존재하지 않았다. 한마디로 후대의 처첩제(妻妾制)에 해당하는 것은 없었던 것이다. 다만 처와 첩이 동일한 호적에 기재되어 있으면서도 주거를 함께 하는 관계가 아니었다는 점을 감안한다면, 실제 생활에서는 남편과 동거하는 처와 그렇지 않은 처(첩) 사이에 자연스럽게 차이가 발생했을 것으로 생각된다.

호주의 남동생이나 사촌의 경우에는 처를 동일한 호적에 등재하지 않은 채 어린 유아만 등재한 사례가 많다. 또 아버지의 호적이 아닌 어머니의 호적에 올라 있는 아이도 있다. 그러나 현실적으로 어머니와 떨어져 지내는 어린 아이가 있었을 것으로는 생각되지 않는다. 아버지의 호적에 올라 있는 아이도 실제로는 어머니와 함께 지내고 있었을 것이다. 따라서 부모가 방문혼 관계에 있다 하더라도 태어난 아이를 아버지 쪽에서 맡아 돌보는 후대의 가부장제 사회에서와 같은 일은 벌어지지 않았다. 다만 처는 결혼한 후에도 남편의 성을 따르지 않았지만 아이는 아버지의 성을 따랐다. 아버지의 호적이 아닌 어머니의 호적에 올라 있는 아이도 어머니와는 다른 성을 가지고 있었기 때문에, 아이의 아버지가 누구인지는 어렵지 않게 알 수 있었다.

처와 첩 사이에 차별이 없었던 만큼 정실의 자식인 적자(嫡子)와 첩의 자식인 서자(妾子) 사이에도 차별은 없었다. 적자를 좁은 의미에서 정실

소생의 장남으로만 한정시킨다 하더라도 적자의 우위성은 법적으로만 존재할 뿐, 현실에서는 귀족층에서조차 인정되지 않았다. 가족 내에서의 적자의 권한은 거의 없는 상태였다.

출산과 육아

고대의 출산이나 육아에 관한 자료는 매우 부족해서 관련 의례나 육아 담당자, 육아 방식 등에 관한 내용을 찾아보기가 매우 어렵다. 과거의 토우와 같은 구체적인 유물이 모습을 감추고 출산과 관련한 이전 시대의 주술적 행위에도 변화가 감지되지만, 새로운 생명이 탄생하는 일에 대한 마음가짐은 알 길이 없다. 『만요슈』에는 자식의 탄생에 얽힌 노래가 보이지 않는다. 반면 『고지키(古事記)』와 『니혼쇼키(日本書紀)』에는 출산할 때 산실을 짓고 그 안에서 출산했다는 이야기가 전해 온다. 게이코(景行) 천황이 쌍둥이인 오오우스노미코토(大碓命)와 오우스노미코토(小碓命)가 태어날 때 절구를 향해 크게 소리를 질렀다는 이야기도 실려 있다. 자식이 탄생할 때 아버지가 거치던 의례의 한 장면을 묘사한 것처럼 보이기는 하지만 이 정도 기록만으로는 자세한 내용을 알 길이 없다. 또 유랴쿠(雄略) 천황 때는 도래인의 자손인 다나베노후히토하쿠손(田辺史伯孫)이, 같은 도래인 출신의 후미노오비토카료(書首加竜)와 결혼한 딸자식의 사내아이 출산을 축하해 주기 위해 사위집을 찾아가는 이야기도 나온다. 그러나 부계적 분위기를 물씬 풍기는 이런 이야기를 당시 도래인 사회의 관습으로 일반화시킬 수는 없다.

국가가 정리한 역사서를 보면 7세기 이후 다산과 관련한 내용이 등장한다. 한 번에 세쌍둥이나 네쌍둥이를 출산했다거나 또는 세 번에 걸쳐 쌍둥이를 출산해서 표창을 받았다는 기록이 나온다. 다만 이것은 자식을 많이 낳아 인구 증가에 공헌했다는 의미에서 표창한 것이 아니라 드물게 보는 상서로운 길조의 하나로 여겨서 표창한 것에 지나지 않는다. 후대가 되면 여성의 지위가 낮아져서 오로지 모성에 의해서만 평가받게 되는데, 이 시대에는 아직 그런 현상이 뚜렷이 나타나지는 않았다.

가족의 유대

어머니의 자식에 대한 권리 중 하나로 작명권이 있다고 한다. 부권이 강한 사회에서는 작명의 주도권이 아버지에게 있는 것이 분명해 보이는데, 그렇다면 고대 일본의 상황은 어떠했던 것일까? 어머니가 아이의 이름을 지어 준 사례는 『고지키』에 두 건 등장한다. 하나는 호무치와케노미코토를 낳은 황후에게 스이닌(垂仁) 천황이 "아이 이름은 반드시 어머니가 지어 줘야 한다. 이 아이의 이름을 뭐라고 하면 좋을까?" 라고 물은 것이고, 다른 하나는 천손 니니기노미코토가 도요타마히메에게 "아이 이름을 뭐라 부르면 좋을까?" 라고 물은 것이다. 그러나 이런 사료는 오래전의 전승이라는 점에 유념할 필요가 있다. 아이의 작명은 그 아이가 태어나 자라게 되는 어머니 쪽 환경 속에서 이루어지고 있었다는 사실을 단순히 전달해 주는 것인지, 혹은 작명자의 어떤 권리나 아이의 작명자에 대한 의무 등이 동반되고 있었던 것인지에 대해서는 정확히 알 수가 없다.

『만요슈』에 등장하는 이름은 어머니와 관련이 있을 뿐 아버지와는 관련이 없다는 점에서 모자의 정서적 관계를 엿볼 수 있다. 또한 『만요슈』에는 어머니나 아버지, 부모를 생각하며 부른 노래가 100수 정도 실려 있는데, 그 가운데 오로지 아버지만을 단독으로 노래한 것은 1수(4341)밖에 없다. 여성 작가는 1수를 제외하고는 모두 어머니를 노래하고 있고, 남성 작가는 어머니만 노래한 것과 부모 및 아버지(1수)를 노래한 것의 수가 동일하다. 아버지에 비해 어머니와 자식 그중에서도 특히 딸과의 강한 유대가 엿보이는 대목이다. 다만 남성의 경우에는 아버지도 노래하고 있다는 점에 주목하고 싶은데, 그 배경에는 가족의 일원으로서 동거하던 아버지와 자식의 친밀한 관계가 있었을 것이다.

『만요슈』에 의하면 딸의 결혼에 대한 승낙권은 어머니가 갖고 있었다. 다만 그런 승낙권이 어느 정도의 구속력을 갖는 것인지는 명확하지 않다. 그러나 그 배경에는 딸은 결혼을 해도 어머니와 계속해서 밀접한 관계를 유지하고 있었다는 사실이 존재한다. 귀족의 경우에는 딸에게 집안의 재산을 물려주고 관리시켰기 때문에 그 결혼은 어머니의 입장에서도 대단히 중요했다.

안정된 가족생활에 대한 기원

『니혼료이키』는 부호층의 사출거(私出挙: 쌀이나 금전을 대부해 주고 이자를 취하는 영리 사업)가 유행하게 되면서 공동체가 해체되어 가는 8세기의 사회 상황을 생생하게 전해 준다. 예를 들면 출거를 운영하던 한 가쿠쇼(学生)[7]가 친어머니에게 출거를 해 주고 나중에 이를 상환 받는 과정에서 매몰찬 모습을 보였다가 불효죄로 불벌(仏罰)을 받았다는 이야기가 나온다(上—23). 당시 사람들은 가쿠쇼의 행위를 비난하기는 했지만 친어머니와의 사이에서 발생한 채권, 채무 관계 그 자체에 대해서는 이를 인정하는 태도를 취했다. 또 결혼한 딸이, 부처님께 공양하라며 음식을 나누어 줄 것을 요청하는 가난한 어머니와 남동생, 여동생을 냉담하게 돌려보냈다가 갑작스럽게 병에 걸려 사망했다는 이야기도 실려 있다(上—24). 이렇게 자식들은 경제적 능력이 있으면서도 어머니를 부양하지 않았다.

그렇다면 어머니는 왜 가난했던 것일까? 그것은 이야기 속에 어머니의 남편인 아버지의 모습이 보이지 않는다는 점과 관련이 있다. 야마토국(大和国) 우다군(宇太郡) 누리베리(塗部里)의 누리베노미얏코마로(塗部造麿)의 첩은 7명이나 되는 자식을 낳았지만 생활은 몹시 가난했다(上—13). 남편이 지역의 전통적 유력자였는데도 불구하고 그녀는 아무런 부양도 받지 못했다. 다만 당시에는 남편과 동거하지 않는 처와 자식이 도처에 있었고 또 이들은 혈연자나 공동체로부터 부양을 받고 있었기 때문에, 남편이 아무런 원조도 해 주지 않는다고 해서 사회적으로 비난을 받지는 않았다. 그러나 이와는 달리 자신을 길러 준 어머니의 은혜에 대해 불효를 저지르는 것은 불벌의 대상이 되었던 것이다.

이렇게 당시 가난한 모자는 생활이 윤택한 남편과 자식이 같은 지역 내의 가까운 곳에 살고 있었는데도 불구하고 아무런 원조를 받지 못했

---

7 관리가 되기 위해 학문에 정진하는 서생을 말한다.

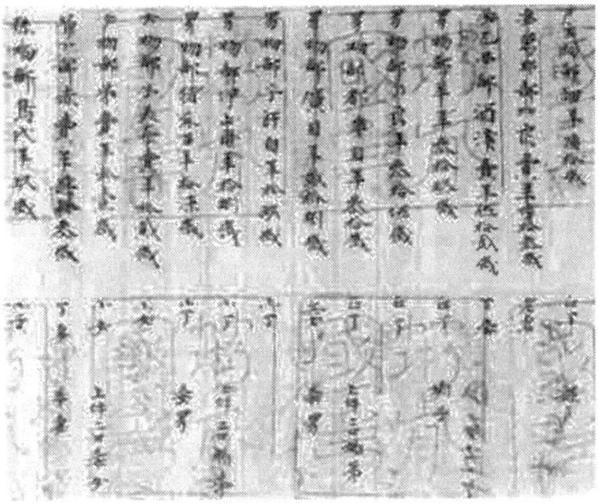

치쿠젠국(筑前国) **시마군**(嶋郡) **가와나베리**(川辺里)
모노노베사이(物部細)**의 호적**(**쇼소인 보물**)

다. 더구나 선진 지역에서는 더 이상 공동체에 의존할 수도 없는 상황이 벌어지고 있었다. 이와 관련해서는 다음과 같은 이야기가 전해 온다. 사누키국(讃岐国) 가가와군(香川郡)에 사는 어느 부호의 이웃에 가난한 노인과 노파가 살고 있었는데 이들은 끼니때만 되면 부호의 집을 찾아가 걸식을 했다(中—16). 부호 집안의 사람들은 이를 몹시 싫어해서 홀대했지만 그럴 때마다 부호의 처는 자신의 밥을 나누어 주었고 그 결과 좋은 보답을 받게 되었다는 내용이다.

이미 당시 선진 지역에서는 공동체의 해체가 진행되어서, 가난한 모자나 노인 혹은 경제적 단위를 형성할 수 없는 사람은 고립될 수밖에 없는 사회로 변모해 있었다. 이런 상황에서 여성은 남편과의 동거를 기초로 하나의 탄탄한 경제적 단위를 이룰 수 있는 형태의 결혼을 원하게 되었다. 또 사람들은 노후에 자신을 부양해 줄 자식을 중심으로,

가장 가까운 혈연관계의 사람들과 안정된 가족생활을 영위하는 방향으로 나아가게 되었던 것이다.

3. 성애와 결혼

마음이 맞으면 잠자리를 같이 할 수 있는 것을, 산기슭 텃밭을 망치는 산짐승을 감시하듯, 어머니가 나를 지켜보고 있네(『만요슈』 3000).

고대의 결혼은 남녀 서로의 마음이 맞으면 성립했다. 비록 이 사랑 노래에는 어머니의 존재를 의식하는 모습이 나타나 있기는 하지만 결혼은 당사자 간의 합의에 따라 성립하는 것이 기본이었다. 고대의 사랑은 잠자리를 같이 하는 성관계를 요구하는 것이 일반적이었고 또 그와 동시에 결혼을 기대하는 경우가 많아서 사랑과 성, 결혼이 밀접한 관계에 있었던 것이 특징이다.

여기에서는 7세기에서 9세기 초까지의 시기를 대상으로 성애와 결혼에 대해 살펴볼까 한다. 사료 관계상 수장층을 중심으로 설명하기로 하겠다.

요바이와 쓰마도이

고대의 구애와 구혼을 가리키는 말에는 '미아이'와 '아토우' 등 여러 가지가 있지만 여기에서는 '요바이'와 '쓰마도이'를 예로 들어 보겠다.

마차 3대에 예쁜 옷감을 가득 싣고 찾아와 '요바이'를 한 남성의 비위를 맞춘 끝에 결혼까지 하게 된 여성에 관한 설화가 있듯이(『니혼료이키』), '요바이'는 결혼으로 이어지는 경우도 있었다. 또 치누오토코(血沼壮士)와 우나이오토코(菟原壮士)가 아시야(葦屋)의 우나이오토메(菟原処女)를 상대로 동시에 '요바이'하는 모습을 두고, '건장한 호남이 서로 경쟁적으로 쓰마도이 한다'라고 표현한 기록이 있듯이(万1801, 1809), '요바이'는 '쓰마도이'와 혼동해서 사용되기도 했다. 그러나 '요바이'의 본질은 사랑하는 상대를 불러내서 합의에 이르면 성관계를 갖는 구애에 있었다.

구애 행위를 하는 데는 남녀가 따로 없었다. '요바이'라고 명기되어 있는 사료를 보면 남성 쪽에서 '요바이'를 하는 경우가 대부분이지만 여성 쪽에서 먼저 '요바이'를 한 사례도 1건 존재한다(万126). 다만 그 여성은 중매인을 내세우지 않은 것을 수치스러워하고 있는데 이것은 수장층에서 중매인을 내세우는 관습이 있었기 때문이다. '요바이' 그 자체를 수치스러워한 것은 아니었다. 구체적인 내용을 살펴보면, 남성과 관계를 갖기로 한 여성은 쓰개로 모습을 감추고 불을 얻으러 온 것처럼 가장해서 냄비를 들고 남성의 침소를 찾아갔다. 그리고는 노파 목소리와 발걸음을 흉내 내며 접근해서 문을 두드렸다. '만날 때조차 얼굴을 가리고(万2916)'라는 노래가 있듯이 만나고 있을 때도 얼굴을 감추는 것이 당시의 관습이었다. 모습과 얼굴을 감춘 것은 후대의 요바이에서와 같이 정체를 들키지 않으려는 목적 때문이 아니었다. 이 점은 판자문을 두드려 방문을 알리는 행위와 함께 고대 '요바이'의 습속을 엿볼 수 있게 해 준다는 점에서 매우 흥미롭다.

다음으로 '쓰마도이'에 대해 알아보자. '쓰마'는 아내(妻)를 의미하지만 '사랑스런 쓰마(夫)는'이라는 말이 있듯이 남편을 가리키거나 연인을 의미하기도 했다. 서로 사모하는 남녀 간의 호칭으로 사용되었으며 대부분은 결혼한 남녀 사이에서 사용되었다. '쓰마도이'는 남성 쪽에서 하는 것이 보통이지만 여성 쪽에서의 '쓰마도이'를 묘사한 노래도 있다. 이렇게 '쓰마도이'는 남녀 사이에서 이루어지는 구혼 행위를 의미했다. 또한 '쓰마도이'는 칠석(七夕)을 읊조린 노래 중에 '쓰마도이의 밤이다'[8](万4127)라는 표현이 등장하는 데서 알 수 있듯이 결혼한 이후의 방문 행위를 의미하기도 했다.

한편 『만요슈』에는 아내에게 '요바이'하는 노래가 하나 실려 있는데 그 아내는 아직 공식적으로 인정받지 못한 연인 단계의 '은처(隱妻: 숨겨 놓은 아내)'였다(万3311, 3312). 이것을 제외하면 '요바이'와 관련한 노래 중에서 '쓰마'라는 표현을 사용한 예는 없다. '쓰마도이'와 '요바이'에는 겹치는 부분도 있지만 '쓰마도이'의 본질은 어디까지나 남녀 양쪽의 구혼에 의해 시작되는 결혼에 있었다.

---

8 '오늘 밤은 함께 지내는 밤이다'라는 의미.

고대에는 남녀의 구별이 없이 서로가 구애나 구혼 행위를 하는 것이 보통이었다. 다만 '쓰마도이'라는 말은 『만요슈』의 기록을 마지막으로 사라져 버린다. 헤이안 시대에도 남성이 여성의 집을 방문하는 가요이(通い)와 처방 거주는 있었지만 이를 '쓰마도이'라고 부르지는 않았다. 그것은 아마도 헤이안 시대의 결혼이 더 이상은 당사자끼리의 합의가 아닌 가부장에 의해서 결정되게 된 일과 관련이 있는 것으로 보인다.

두 사람의 만남

결혼 상대는 마을 안팎에서 구했다. 마을 밖의 결혼 상대에 대한 정보는 소문을 통해 입수했다. 『히타치노쿠니후도키(常陸国風土記)』에 따르면 우나카미노아제노이라쓰메(海上の安是の嬢子)와 나카노사무타노이라쓰코(那賀の寒田の郎子)는 상대방이 미남, 미녀라는 소문을 듣고 서로 만나고 싶어 하던 중, 우타가키(嬥歌)[9] 때 우연히 만나서 사랑을 나누게 되었다고 한다. 지역적으로 아제(安是)와 사무타(寒田)는 약 20킬로미터 정도 떨어져 있으며 두 사람이 만난 곳은 그 중간 지점이었다. 한편 이바라키현(茨城県)의 쓰쿠바산(筑波山)에서 봄과 가을에 열리는 우타가키(歌垣) 때는 가나가와현(神奈川県)과 시즈오카현(静岡県)의 경계에 위치한 아시가라산(足柄山) 넘어 동쪽 지역에 살고 있던 남녀가 모여들었다는 기

9 고대에 구애를 목적으로 남녀가 봄과 가을 두 차례 산이나 시장 등에서 만나 노래를 부르거나 춤을 추는 행사를 말한다. 보통은 '우타가키(歌垣)'라고 하지만 도고쿠 지방에서는 '우타가키(嬥歌)'라고 불렀다.

록도 있다. 결혼은 경우에 따라서는 상당히 광범위한 지역 내에서 성립했던 것이다.

그 밖에 남녀가 만나는 장소로는 시장이나 갈림목, 다리 부근, 인적이 드문 들판, 길가 등이 있었다. 이런 곳은 공동체와 공동체를 구분하는 경계 지점에 위치했기 때문에 서로 다른 공동체의 남녀가 만나는 장소로 활용되었다. 쓰바이치시(海柘榴市)의 한 거리에서 열린 우타가키에서는 두 남성이 사람들 속에 섞여서 한 여성을 놓고 노래 경합을 벌이기도 했다(『니혼쇼키』). 이렇게 우타가키가 열릴 때면 사람들은 음식과 가무를 즐기고 노래를 겨루며 구혼 행위를 했다. 그뿐만 아니라 자유로운 성관계도 가졌다. 그러나 그것은 난혼(乱婚)과는 거리가 멀었다. 쓰쿠바령(筑波嶺)에서 열린 '가가이(嬥歌会)'[10]를 노래한 장가(長歌)에 '이 산을 다스리는 신께서 ……오늘만큼은(万1759)'이라는 표현이 등장하듯이, 그것은 신이 지배하는 특정한 공간과 시간 속에서 이루어진, 공동의 풍요를 기원하는 의례에 동반된 성의 해방이었다.

구혼과 승낙

여성의 집을 방문하는 중매인에 관한 사료도 남아 있기는 하지만 구혼은 남녀 당사자가 직접 하는 것이 일반적이었다. 중매인도 후세의 중매인과는 성격이 달랐다. 예를 들면 안코(安康) 천황이 남동생의 결혼을 위해 파견한 중매인은 여성의 오빠가 결혼 승낙의 징표로 헌상한

10 도고쿠 지방의 '우타가키'를 말함.

보물을 횡령했다(『니혼쇼키』). 천황이 파견한 중매인조차도 자신의 임무를 다하지 않은 것이다. 율령법에는 혼인과 관계된 규정이 있으며 여기에는 중매인 관련의 내용도 포함되어 있다. 그러나 이런 규정은 실제와는 거리가 멀었다. 예를 들면 호령선간조(戸令先姦条)는 가장의 허락하에 성립하는 의례적 정식 결혼 이외에, 남녀가 먼저 성적으로 결합한 후에 이루어지는 결혼에 대해서는 이를 인정하지 않고 있는데, 이는 현실을 제대로 반영한 내용이라 할 수 없다.

구혼할 때는 '쓰마도이노다카라'라 불리는 선물을 보냈다. 여성이 남성에게 보낸 선물로는 2색 비단 양말과 엷은 남색 비단 띠도 있었다(万3791). 유랴쿠 천황은 황자였을 때 구혼 선물로 백견(白犬)을 보냈다(『고지키』). 개는 출산과 관계가 깊은 동물로 특히 그 백견은 신비로운 개로 여겨졌다. 이렇게 '쓰마도이노다카라'는 상대방에게 자신의 마음을 전하기 위한 주술적 성격의 선물로서 남녀 당사자가 개인적으로 주고받았다. 남녀의 양가가 나서서 선물을 주고받는 일은 하지 않았다. 그런 점에서 지금의 유이노킨(結納金)[11]과는 성격이 많이 다르다고 하겠다.

'요바이'를 할 때 여성은 어머니나 부모의 시선을 의식하면서 상대를 만났다. 그러나 '부모님은 떼어놓으려 하시지만 나는 헤어지지 않을 것이다(万3420)'라는 말에서 확인되듯이 마지막에 가면 부모의 구속력은 없었다. 다만 '요바이'를 공식화하고 싶을 때는 "어머니께도 말씀드렸습니다. 아무 때나 다니러 오세요(万2570)" 라고 했듯이 부모의

---

11 약혼의 표시로 남녀 양가에서 교환하는 선물 등을 말한다.

허락을 받아 낸 후 여성이 유혹하는 일도 있었다.

이와는 달리 결혼 단계에 이르자 여성이 재혼한 것도 모른 채 그 부모에게 직접 결혼 허락을 받아 내려고 한 남성도 있다(万3815左注). 이것은 결혼에 대한 사후적 승낙권이 부모에게 있었다는 사실을 말해 준다. 수장층의 경우에, 기기(記紀: 『고지키』와 『니혼쇼키』) 설화에 따르면 결혼 승낙은 여성의 아버지나 부모가 했고 부모가 없을 때는 오빠가 했다. 어머니가 단독으로 결혼을 승낙하는 일은 없었다. 그런 점에서 어머니에게만 허락을 구하기도 하는 '요바이'와는 달랐다.

『니혼쇼키』에는 와타쓰미노카미(海神)가 자신의 딸인 도요타마히메를 야마사치히코(山幸彦)에게 준 것으로 되어 있다. 그러나 『고지키』에는 두 사람이 먼저 결합한 후에 여성이 남성을 아버지에게 소개했고 그러자 아버지가 연회를 열어서 결혼시킨 것으로 되어 있다. 다른 설화의 경우도 『고지키』와 『니혼쇼키』는 서술 내용에서 미묘한 차이를 보인다. 다만 『니혼쇼키』 쪽이 아버지의 승낙권을 강조하는 경향이 있다. 『료이키(靈異記)』에는 여성이 뱀과 결혼을 약속한 후에 부모에게 그 사실을 털어놓는 이야기가 나온다(中―12). 이런 내용을 종합해 보면, 당사자 간의 합의 하에 먼저 관계를 맺고 이후 두 사람의 의지가 존중되어 결혼에 이르게 되는 것처럼 보이기도 한다. 그러나 실제로는 사후 보고를 통해 여성 쪽 부모의 승낙을 받고 나서 결혼하는 것이 당시의 실태였을 것이다. 이것은 사회적으로 인정받는 결혼이 되기 위해서는 연회가 필요했고 그 비용을 부담하는 여성 쪽 부모의 동의 또한 필요했기 때문이다.

나라 시대의 집락(무라카미 유적의 복원 모형, 국립 역사 민속 박물관 소장)

"어머니와 아버지는 잘 모르시겠지만 나의 아내는 최고입니다"라는 노래(万3295)가 있듯이 남성은 부모의 승낙을 필요로 하지 않았다. 다만 부모에게 아무 말도 하지 않고 여성과 관계를 맺은 남성이 나중에 야단맞게 될까봐 걱정하는 사례도 있는 것을 보면, 남성도 기성사실에 대해서는 보고를 했을 것이다.

혼례 연회

『고지키』에서 묘사하는 야마사치히코의 결혼 과정을 살펴보면, 야마사치히코가 도요타마히메와 '마구와이(目合: 성교)'를 한 후에 이를 보고 받은 히메의 아버지 와타쓰미노카미가 '모모토리노쓰쿠에시로노모노(百取机代物: 진수성찬)'를 차려 성대한 연회를 열었고, 이어서 곧바로 야마사치히코가 도요타마히메와 '결혼'한 것으로 되어 있다. '결혼'도

성교를 의미한다고 보면 두 사람은 이미 관계를 맺은 상태에서 연회 후에 다시 관계를 맺고 부부생활에 들어간 셈이다. 연회는 결혼 의례였고 진수성찬을 한상 차려 연회를 여는 일은 여성 쪽 집안의 가장이 갖추어야 할 예의였다. 다만 이런 복잡한 절차는 수장층의 경우에 해당하는 것으로 아마도 서민층에서는 훨씬 간단한 형태였을 것이다.

오진(応神) 천황은 마을 경계의 갈림길에서 한 미혼 여성을 만났다. 여성이 자신의 아버지에게 그 사실을 말하자 아버지는 집안을 꾸미고 천황을 맞이하여 연회를 열었다. 천황은 여성이 바치는 술잔을 받으며 노래를 불렀고 이어서 두 사람은 '미아이(御合: 성교)'를 했다(『고지키』). 이성 간에 술잔을 교환하는 것은 다음 순서로 성적 행위가 이루어진다는 것을 의미했다. 연회를 열고 맹세의 술잔을 교환하면 결혼이 성립하는 것이다. 연회 공간이 장식되어 있는 점도 주목된다. 아름다운 천을 늘어뜨린 장막 등으로 장식했을 것이다.

히키타베노아카이코(引田部赤猪子)는 동정녀 때 유랴쿠 천황에게 구애를 받은 일이 있지만 80년 동안이나 잊힌 존재로 지냈다. 늙어 추레해진 아카이코는 약속대로 인연을 맺고 싶어서 붉게 염색한 아름다운 옷을 입고 모모토리노쓰쿠에시로노모노를 준비해 갔다(『고지키』). 아카이코는 이미 부모가 사망한 상태였기 때문에 손수 모모토리노쓰쿠에시로노모노를 준비했을 것이다. 천황과의 결혼에서도 예외 없이 연회 관련 준비는 여성 쪽 집안에서 하는 것이 관습이었다는 사실을 알 수 있어 흥미롭다.

결혼 연회에 참석하는 사람들에 대해서는 우라노시마코(浦嶼子: 浦島太

郎를 말함) 이야기[12]가 참고가 된다. 바다 속 용궁에서 용녀 가메히메(亀比売)의 부모가 개최한 연회에는 여성의 형제자매 이외에 이웃들도 참석했다(『丹後国風土記』). 결혼 연회는 타향에서 온 남성을 극진히 대접한다는 의미가 있었다. 또한 그 남성을 여성이 속한 공동체 사람들에게 인정받기 위해 소개한다는 의미도 있었다. 반면에 남성 측 부모나 친족 등은 참석하지 않았는데 그것은 남녀 양가 차원에서 이루어진 결혼이 아니었기 때문이다.

헤이조쿄(平城京) 내에서의 야간 외출은 금지 사항이었다. 그러나 혼례와 관련한 통행은 허용되었다(宮衛令分街条). 귀족들 사이에서는 혼례 연회가 자주 열렸을 뿐만 아니라 늦은 밤까지 이어지기도 했던 것으로 보인다.

고대의 성애

'요바이'를 할 때 남녀가 밀회하는 장소로는 부모와 동거하는 건물 밖인 경우가 대부분이었지만, 여성이 건물 안으로 남성을 맞아들이거나 남성이 강제로 들어가는 경우도 있었다.

'쓰마도이'의 경우에는 쓰마야(妻屋)를 별도로 만들었다. '쓰마도이'를 하는데 남녀의 구별이 없듯이 쓰마야를 만드는 데도 남녀가 따로 없었다. 쓰마야는 아내를 위한 작은 별채라는 의미가 아니라 안채를

---

12 우라시마타로(浦島太郎)가 거북을 살려준 덕에 용궁에 초대되어 호화롭게 지내다가 돌아오지만, 지상에서는 이미 오랜 세월이 지나 친척이나 아는 사람은 모두 죽고 모르는 사람뿐이었다는 내용의 설화다.

기준으로 그 좌우의 어느 한쪽 끝에 마련된 부부를 위한 작은 별채를 의미했다. 여기에서 부부 생활을 했다. 스사노오가 구시이나다히메와 결혼할 때 "아내를 지키기 위해 여덟 겹의 울타리를 쳤노라" 라고 노래한 것처럼 울타리를 겹겹이 두른 훌륭한 집을 짓는 일도 있었지만, 이스케요리히메가 진무(神武) 천황을 맞이한 '갈대밭의 허름한 오두막'처럼 천황과의 결혼임에도 불구하고 작고 소박한 거처를 마련하는 경우도 있었다(『고지키』). 쓰마야는 일시적인 거처로서의 성격이 강했기 때문에 일정한 시간이 지나면 그곳에서 벗어나 부방 거주나 독립 거주로 이동하기도 했다.

남성과 여성의 관계는 성교를 의미하는 표현을 통해서도 살펴볼 수 있다. '미토노마구와이'는 '공위부부(共為夫婦)(『니혼쇼키』)'라고 표기되기도 한다.[13] '토(ト)'는 남녀의 성기를 가리키는 말로 '미토노마구와이'는 남녀가 대등한 입장에서의 성교를 의미했다. '토쓰구(嫁ぐ)' = 토쓰구(トツグ)도 '이모세후타하시라토쓰기타마히테(妹妖二柱嫁継給て)'[14]라는 표현에서 알 수 있듯이, 남녀가 '토'를 이어서 합치듯이 남녀의 성기('토')를 결합하는 행위를 뜻하는 말이었다. 현재와 같이 시집을 간다는 의미가 아니었다. '마쿠(マク)'와 '토루(トル)'도 한자를 차용해 '메토루(娶る)'라고 표기하게 되면서 '메토루(妻取る: 아내로 맞이하다)'의 의미로 이해하는 경향이 생겨났지만 사실은 그렇지가 않다. 이쿠타마요리비메

---

13 '미토노마구와이'와 '공위부부'는 이자나기와 이자나미 두 신의 생식 행위를 표현하는 말이다.

14 히시즈메노마쓰리(鎮火祭)의 축사에 등장하는 표현으로 '이자나기와 이자나미가 결합해서'라는 의미다.

에게 '요바이'를 한 오호타타네코가[15] '서로 사랑해서 성교하고' 여성의 집에서 살았다는 기록에서 알 수 있듯이(『고지키』), 남녀의 합의 하에서 이루어지는 성행위를 가리키는 말이었다.

이렇게 성행위는 남녀가 대등한 입장에서 합의한 후에 이루어졌다. 닌토쿠(仁德) 천황이 미야노히토(宮人: 후궁에서 시중드는 여성)를 신하에게 내려 주려고 했을 때 미야노히토가 이를 거부한 것처럼(『니혼쇼키』) 본인의 의사가 존중되었다. 그러나 그것은 근대적 자유연애와는 성격이 달랐다. 만남의 장소가 한정되어 있었고 연인들의 연락 담당자로 동세대의 동료가 중간에서 다리 역할을 하는 등, 공동체의 규제가 작용하고 있었다. 앞에서 말한 아제노이라쓰메와 사무타노이라쓰코가 서로에게 강렬히 끌리면서도 사랑의 결실을 보지 못한 채 헤어지게 된 것도 결국에는 공동체의 규제와 관습 때문이었다.

이혼과 재혼

'요바이' 단계에서는 남녀의 만남과 이별이 용이했지만 결혼 이후의 상황에 대해서는 잘 알려져 있지 않다. 율령법에는 남성이 일방적으로 이혼을 요구할 수 있는 조건이나 여성이 이혼을 요구해서는 안 된다는 제한 규정 등이 들어 있다(戸令七出条 및 結婚条). 다만 이런 것들은 실제와는 상당한 차이가 있었다. 당시의 실정을 기록한 법주석서에는 남성이 3개월 동안 아무런 이유 없이 아내를 방문하지 않을 경우에

---

15 이쿠타마요리비메는 일본 신화에 등장하는 여신이고 오호타타네코는 가모지(鴨氏)의 조신(祖神)이다.

는 여성이 이혼을 요구할 수 있다고 되어 있다. 부부가 검은 머리 파뿌리 될 때까지(万2602) 함께 할 생각이라 하더라도 남성이 찾아오지 않는 '요카레(夜離れ)'나 '도코카레(床離れ)'의 상태가 된다면 이혼한 것이나 다를 바 없었던 것이다. 오랜 세월 남편을 기다리는 여성이 있는가 하면 시간이 흘러 다른 아내를 얻게 되자 이전 여성과 이혼한 남성도 있었다(万3810左注). 다만 실제 정식 이혼이 성립하기까지는 어느 정도 시간이 필요했을 것이다.

재혼을 하는 데는 특별한 제한이 없었다. 아가타이누카이노미치요(縣犬養三千代)는 전 남편 미누오(美努王)가 살아 있는 동안에 후지와라노후히토(藤原不比等)와 재혼해서 고묘시(光明子: 후의 고묘 황후)를 낳았다.

8세기 전후까지 결혼은 여성 쪽 부모에게 승낙권이 있었지만 남녀 양쪽의 합의 하에 성립하는 것이 기본이었다. 다만 여성의 집에서 열리는 결혼 연회에는 남성만 참석하는 등 양가 차원에서의 결혼은 아니었다. 또 일부다처의 결혼 형태였지만 아내들 사이에는 별다른 차이가 없어서 후대의 정실과 첩과 같은 관계는 존재하지 않았다.

그러나 다카무레 이쓰에(高群逸枝, 1894~1964)가 밝혔듯이 10세기를 지나면서 우선 귀족층에서는 여성의 아버지(가부장)가 결혼을 결정하는 현상이 확실하게 나타난다. 남성이 사전 합의에 따라 여성의 거처를 다니러 오면, 여성의 아버지는 몰래 들어온 이 남성을 침실에서 붙잡아 미리 준비해 둔 떡을 먹이는 '도코로아라와시(露見)' 또는 '미카노모치이(三日餅)'라 불리는, 사위로 맞이하기 위한 주술적 의식을 거행했다. 이와 더불어 남성 쪽 집안에서 결혼에 관여하는 모습도 나타났다. 예

를 들면 '게시키바미'라 하여 여성 쪽 부모가 사위 쪽 부모에게 구혼 의사를 슬쩍 내비치는 일도 있었고, 결혼 이야기가 무르익은 후에는 남성 쪽에서 여성 쪽으로 사람을 보내 정식으로 구혼 절차를 밟기도 했다. 또 여성의 집으로 향하는 사위의 행렬이 등장하는가 하면 사위가 집에서 가져 온 횃불을 옮겨 붙이는 '히아와세(火合せ)' 등과 같은 행사도 열렸다. 이렇게 남녀 두 사람의 합의에 따라 술과 음식을 함께 하는 것으로 성립되던 결혼 의식은 복잡하고 형식적인 모습으로 변했다. 이것이 바로 가부장제적 결혼의 성립이다.

4. 여성과 재산

고대의 여성은 어느 정도의 재산을 소유하고 있었던 것일까? 원시 시대에는 아직 개인 재산이라 할 만한 것이 없었다. 이동 생활을 하는 원시 집단에게는 생활 영역이 존재했을 뿐이다. 정착해서 농경 생활을 시작하게 되면서 논밭의 소유가 문제가 되었지만 이런 것들도 집단이나 집락이 공유하는 형태였다. 그러나 생산 활동이 활발해져 수확물의 여분을 저장할 수 있게 되자 그 소유자가 나타나게 되었다. 처음에는 공동체 구성원 전체의 공유 재산으로서 집락 창고에 모아 두던 것들이지만, 시간이 지나면서 노동이나 전쟁을 지휘하는 수장의 사유물처럼 되어 간 것이다. 그래도 아직은 공동체를 떠나서는 존재할 수 없는 재산이었다. 7세기 후반이 지나서야 비로소 조정의 상층 귀족을 중심으로 개인의 사유가 법적으로 확립되었다. 지배자 계층은 공동체 성원이 납입하는 조세(곡물, 직물, 괭이 등)를 지위와 직무에 상응하는 거액의 국가 급여(위록, 식봉 등)로 수령하여 개인의 수입으로 삼았다. 이것은 강대한 지배 기구를 갖춘 율령제 국가의 성립이 있었기에 가능한 일이었다.

국가 기구의 보호 아래 지배층(과거 공동체 수장의 상위 계층)이 먼저 재산의 소유를 실현했고 8세기에는 서민의 상류층에서도 동일한 움직임이 나타났다. 그와 동시에 노동의 성과를 실질적으로 누가 장악할 것인지 또 법적으로 누구의 소유물로 할 것인지에 따라, 가족 내에서도 지배 관계가 발생하고 남녀 관계(성애와 결혼)도 변해 갔다. 8세기의 나라 시대는 공동체적 소유에서 사유로 변화해 가는 대전환기였다. 그리고 이런 대전환은 9세기 이후의 가족과 결혼의 변화 방향을 결정했다.

재산을 소유한 여성

8세기 초의 호적을 살펴보면 노비를 소유한 여성이 여러 명 등장한다. 그 가운데 현재의 기후현(岐阜県)에 해당하는 미노노국의 아가타노미야코(縣造) 나니모메(奈爾毛売)의 예를 살펴보자. 그녀는 호주의 어머니로 13명의 노비를 소유하고 있었다. 근처 다른 집 호주의 아내인 쓰무지메(都牟自売, 20세)는 그녀의 딸로 추정되는데 소유한 노비는 한 명이었다. 이 노비는 결혼할 때 어머니로부터 물려받은 것으로 보인다. 아가타노미야코는 과거 미노노국 지역에서 유력했던 수장 일족의 후손이다. 일찍이 공동체 수장이 지배하고 있던 노비가 8세기 초에 이르러서는 수장 일족 남녀의 개인 재산으로 변해 버린 것이다. 당시 토지는 아직 공동체의 소유였기 때문에 개인 재산은 주로 벼, 말, 소, 노비 등이었다.

본래 귀족과 호족의 우지 조직 내부에서는 남녀가 거의 평등해서 여성도 일족의 재산에 대해 남성과 똑같은 권리를 가졌고, 자신이 불린 재산과 함께 자식에게 물려줄 수 있었다. 고대의 재산 상속법(戸令応分条)은 중국의 법을 모방한 것이어서 표면적으로는 여성의 재산권을 거의 인정하지 않고 있는 것처럼 보인다. 그러나 실은 부칙 역할을 하는 수장처분(随状処分: 실제 상황에 따른 배분)과 존일처분(存日処分: 유언)의 규정이 있어서, 실질적으로는 전통적인 남녀 균분 상속의 관습법이 효력을 발휘했다. 나니모메는 13명이나 되는 노비를 소유하고 있었지만 호주인 그녀의 아들에게는 노비가 없었다. 이 아들의 아버지 즉 나니모메의 남편은 재산을 별로 남기지 않았던 것일까? 많은 노비를 소유한 나니모메의 입지는 결혼 생활 내내 탄탄했을 것이다.

고대의 호적은 중국의 제도를 모델로 만들어졌다. 그런데 중국의 호적에는 노비가 모두 호주의 재산으로 기재되어 있다. 일본에서처럼 남녀 개인의 재산으로 취급되지 않은 것이다. 이렇게 중국과 일본의 사정이 다른 것은 사회의 발전 단계가 달랐기 때문이다. 중국은 이미 가족을 대표하는 남성(아버지, 남편)이 가산(家産)을 독점적으로 소유하는 가부장제 가족 사회였지만, 일본은 그보다 훨씬 이전 단계 즉 수장 일족이 개인의 사유를 막 실현해 가는 단계였다.

일본에서는 여성도 남성과 마찬가지로 재산권을 보유하고 있었다. 결혼한다고 해서 남편에게 모든 관리를 맡긴 채 무권리 상태가 되는 일은 없었다. 747(天平19)년 구메노도네리이모메(久米舎人妹女)는 많은 논밭을 개간한 공적으로 남편과는 별개로 조정으로부터 관위를 받았다. 그녀는 자신이 소유한 재산을 투입하고 또 옛 수장층 일족으로서의 전통적 지배권도 활용하면서 사람들을 동원했을 것이다. 공동체적 소유를 타파하고 토지의 사유를 실현해 가기 위해서도, 옛 수장층 신분을 이용해 비축한 벼나 노비 등의 재산과 전통적 지배권이 필요했던 것이다. 이모메의 예는 여성도 이런 새로운 움직임에서 소외되지 않았다는 사실을 잘 보여 준다.

그렇다면 귀족층 여성은 어떤 상황이었을까? 율령 국가에서는 중앙의 관인부터 지방의 말단 이장(里長)에 이르기까지 모든 관리는 남성이었다. 여성은 원칙적으로 공적 지위에 오를 수 없었다. 그러나 히미코(卑弥呼)의 사례나 고분의 발굴 등을 통해 확인되듯이 이전 시대에는 여성 수장도 상당수 존재했다. 국가가 형성되어 가는 과정 속에서 최상위 지배층에서는 외교와 군사를 장악한 남성의 우위가 확고해졌고, 이것은 다시 지배층 내부에도 영향을 미쳐서 일부다처제 등과 같은 남녀관계의 불균형을 만들어 냈다. 그러나 '여성도 남성과 같이 대등하게 출사하는 것이 이치'라는 쇼무(聖武) 천황의 말에서 확인되듯이, 남녀가 함께 출사해서 조정을 섬기는 것이 도리라는 관념은 나라 시대에도 강하게 남아 있었다. 그렇기 때문에 중국 제도의 영향으로 여성의 출사 무대는 후궁의 미야노히토가 고작일 정도로 제한적이었지만 그에 비해 이들 미야노히토의 정치적 역할은 중국과는 달리 매우 컸던 것이다. 그 대표적인 예로는 쇼무 천황 때까지 미야노히토로서 6대에 걸쳐 천황을 모시다가 내명부(内命婦) 정삼위(正三位)로 세상을 떠난 다치바나노미치요(橘三千代: 후지와라노후히토의 아내이자 고묘시 황후의 어머니)를 들 수 있다.

그 밖에도 기혼과 미혼을 불문하고 많은 귀족 여성들이 미야노히토로서 조정에 출사하여 직무에 따른 중요한 역할을 수행했다. 또한 이들은 남편이나 아버지와는 별개로 자기 자신의 관위를 보유한 상태에서 막대한 수입을 올렸다. 말 그대로 고대의 직업 여성이었다.

일본의 율령 국가는 공동체 성원이 납부하는 조, 용, 조 등의 공납물을 상위 계층인 귀족과 관리가 관위와 관직에 따라 분배하는 체제였다. 귀족 여성도 이 체제에서 완전히 배제되지는 않았다. 그러나 여성은 기본적으로 공적 지위를 상실했고 그에 따른 영향은 매우 컸다. 후궁의 미야노히토는 9세기 이후가 되면 일부를 제외하고는 실질적 중요성을 상실했다. 귀족 여성도 천황 또는 고급 귀족의 아내나 어머니가 되어 명목적 관위를 얻을 수는 있었지만 그동안 보유해 온 독자적인 경제력을 잃고 말았다. 10세기에 등장한 『가게로닛키(蜻蛉日記)』에 묘사되어 있듯이, 헤이안 시대의 귀족 여성들이 불안정한 결혼 생활을 영위할 수밖에 없었던 근본적인 원인은 바로 여기에 있다. 다만 8세기에는 아직 옛 수장층 일족으로서의 전통적 지위와 소유권이 남아 있었다. 이를 바탕으로 여성은 결혼 생활과 가족생활에서 후대와는 비교가 되지 않을 정도의 자주성을 유지할 수 있었다.

공동체의 보장

서민들에게는 확실하게 재산이라고 부를 만한 것이 없었다. 다만 그런 가운데서도 일본에서는 중국과는 달리 여성도 재산에 대한 일정한 권리를 갖고 있었다. 반전수수법은 남성과 여성이 각각 일정한 면적의 농지를 국가로부터 지급 받아 경작하다가 사망하게 되면 반납하는 제도다. 언뜻 보면 남성과 여성에게는 아무런 권리도 없는 것처럼 보이지만 중국과 비교해 보면 그렇지 않다는 것을 곧 알 수 있다. 이 제도의 모델이 된 중국에서는 그 대상이 성인 남성과 과부로 한정되어 있었다. 이것은 중국에서 사유 제도가 발달하여 가부장제 가족이 확립되어 있던 것과 관련이 있다. 중국에서 여성은 한 남성(아버지나 남편)의 경제적 지배하에 있는 것으로 간주되어 국가는 성인 남성이 소유할 수 있는 한도액만을 결정했던 것이다. 따라서 여성은 남편이 사망하지 않는 한 농지를 물려받을 수 없었다. 이와는 달리 일본은 아직 공동체적 소유 제도의 마지막 단계에 머물러 있었다. 그 때문에 반전수수법도 국가가 공동체 성원에게 토지를 분할해 주는 체제였다. 남녀가 각각 공동체의 성원으로서 경작지를 분배받아 집락과 친족의 공동 노동에 의지해 가면서 경작했던 것이다. 이것은 귀족의 개인 수입과 같은 성격의 재산은 아니었지만 공동체를 구성하는 성원 자격으로서 보장받는 일종의 '소유'라고 부를 만한 것이었다.

한편 부채권이라는 측면에서도 서민 여성의 '소유'를 확인할 수 있다. 고대에는 종자나 식료로 쓸 벼를 빌려주고 나중에 이자를 붙여 갚게 하는 공출거(公出挙)와 사출거(私出挙)라는 제도가 있었다. 그 대부 장부를 보면 많은 여성들이 차주로 이름을 올리고 있다. 이것도 중국에서는 호주와 과부만이 대부의 대상이었다. 국가가 시행하는 공출거에는 공동체 성원의 재생산을 보장한다고 하는 본래적 성격과 함께 강제 대부 즉 수탈(조세)의 성격도 있었다. 어쨌든 중국의 경우와 비교해 보면 알 수 있듯이, 여성도 차주가 될 수 있다는 것은 여성이 자신의 경제력(변제 능력)을 가지고 있었다는 증거라 하겠다.

당시의 결혼은 남녀 간의 합의에 따른, 아직 경제적 단위로서의 중요성이 크지 않은 남녀 한 쌍의 결합(대우혼)이었다. 그것이 가능했던 이유는 부부가 별개의 경제적 기반—지배층에서는 남녀 각각의 사유, 서민은 사유 이전의 공동체 성원으로서의 '소유'—을 가지고 있었기 때문이다. 8세기의 일본은 아직 가부장제 가족으로 이행하기 이전 단계의 사회였다. 그것은 남녀 '평등'이 남아 있는 사회였다. 동시에 강대한 국가적 수탈 앞에서 아무런 권리도 보장받지 못하는 또한 불안정한 가족생활과 결혼 생활을 영위할 수밖에 없는 사회이기도 했다. 지배층 여성의 '높은 지위'는 이런 국가적 수탈 체제에 기생해서 성립했다는 점에서 주목된다. 전제적 국가 지배와 남녀 '평등'이 공존하는 사회, 그것이 바로 고대였던 것이다. 그러나 사람들은 여기에서 머무르려 하지 않았다. 자신의 노동성과를 자신의 것으로 만들고 부부와 부모 자식이 안정된 생활을 영위하고 싶어 하는 것은 남녀 공통의 소망이었을 것이다. 공동체적 소유 구조가 무너져 가는 8세기 중엽을 지나면서 새로운 움직임이 나타난다.

부부의 유대

750(天平勝宝2)년 야마지노마히토쓰모리(山道真人津守)와 그의 아내 오키나가노마히토야카메(息長真人家女) 그리고 세 명의 아들은 연대해서 400문의 돈을 빌렸다. 이때 아내의 아버지로 추정되는 오키나가노쿠로마로(息長黒麻呂)가 만일의 사태에 대비해 보증을 섰다(『大日本古文書』 編年3). 쓰모리(津守)는 미야코(都: 수도)에서 근무하는 하급 관리를 말한다.

지금도 독립된 수입원이 없는 사람은 차금의 연대 서명인이 될 자격이 없다. 쓰모리와 그의 아내 그리고 세 아들은 각각 사유의 주체로서 연대 책임을 지고 돈을 빌렸던 것이다. 이 사례를 통해 당시 하급 관리도 확실한 재산을 가지고 있었고, 부부간 및 부모 자식 간의 경제적 통합 또한 강화되고 있었다는 사실을 알 수 있다. 400문은 가족생활에 꼭 필요한 돈이었을 것이다. 경제적 고통을 서로 분담하면서 부부간 및 부모 자식 간의 유대와 애정도 깊이를 더해 갔던 것은 아닐까? 공동체의 보장 기능에 의존하던 대우혼적 결합에서 벗어나 진일보한 가족의 모습을 여기에서 확인할 수 있다.

당시 그들과 거의 동일한 계층에서, 부모가 협력해 모은 가산 즉 '부모공상성가(父母共相成家)'의 상속을 둘러싸고 벌어진 소송 관련의 문서도 남아 있다. 아내와 남편은 결혼할 때 가지고 온 각각의 재산을 한데 모아 경영의 확대를 도모하면서 하나의 가족과 가산을 구축하기 위해 노력했다. 다만 이 가족은 경제적 단위로서는 아직 불안정한 상태였다. 부부 중 어느 한쪽이 사망하게 되면 그 재산은 친자인 아들과 딸에게 분할 상속되었고 가산은 분해되어 버렸다. 다음 세대에서는 재산을 가진 남녀가 다시 결합해서 새롭게 '공상성가'를 구축할 수밖에 없었다.

『니혼료이키』에는 8세기의 부호층(서민 최상층이나 과거 호족 계층에 속하던 사람들)의 모습이 구체적으로 묘사되어 있다. 그 내용을 보면 이에기미와 이에노토지라 불리는 부부는 각자의 재산을 한데 모아서 이를 경영해 나가지만 사망을 하게 되면 경영 그 자체가 간단히 붕괴되어 버렸다. 부호층은 귀족층과는 입장이 달라서 관위와 관직에 따른 국가적 수입에 의존할 수가 없는 상태였다. 실력으로 재산을 축적한 이들 부호층에서부터 경제적 단위로서의 가족과 가산이 모습을 드러낸 것이겠으나 안정된 경영이 실현되기까지는 아직 갈 길이 멀었다.

귀족층 및 호족층의 대규모 토지 사유와 함께 서민이 개간한 소규모 토지에 대한 법적 사유가 인정되기 시작한 것은 8세기 중엽의 일이다. 이런 개간 노동에는 부부간이나 부모 자식 간의 협력이 불가결했다. 노동성과의 사유화는 역으로 부부와 가족의 연대를 강화시켜 과거의 공동체적 결합을 무너뜨리는 역할을 했다. 그 과정에서 부호층의 경영도 생겨난 것이겠지만, 동시에 공동체의 보장 기능이 약화되는 가운데 경쟁에서 뒤쳐진 사람은 문자 그대로 무소유자(노비나 하인)가 되어 몰락해 갔다.

사유가 확대되어 가는 움직임 속에서 공적 지위는 남성에게 독점되었고 이것은 여성에게 커다란 마이너스 요인으로 작용했다. 이런 사정은 서민의 경우에도 다르지 않아서 공적 지위는 남성의 차지가 되었다. 예를 들면 실제로는 여성이 짠 직물도 용(庸)과 조(調)로 납부할 때는 남성의 이름을 붙여 책임자로 삼았고 또 전조(田租)인 미곡도 호주(남성)의 책임 하에 납부했다. 고대에는 남녀 노동의 성과 자체에 큰 차이가 없었고 상속도 남녀가 균등했기 때문에 서민층에서 토지를 소유한 여성이 등장하는 것은 당연했다. 그러나 실제로는 여성이 소유한 토지임에도 불구하고 공적 대장에는 남성의 이름으로 기재되거나 남성이 그 토지에 해당하는 조세 공납의 책임자가 되었다.

또 사유권이 약한 고대 사회에서는 토지를 계속 보유하기 위해서도 공적 정치적 권력의 뒷받침이 꼭 필요했다. 그 점에서도 남성은 절대적으로 유리한 입장을 제도적으로 확보하고 있었다고 하겠다. 처음에는 이에기미와 이에노토지 두 사람의 공동 경영이던 것이 시간이 지나면서 점차 남성이 우위에 서게 되었고, 토지 소유에 대한 보증을 확보하기 위해 보다 상위의 정치적 권력과 결탁해 가는 현상이 벌어졌다.

이렇게 해서 높은 정치적 지위를 이용해 사적 영지를 끌어 모은 최상위 귀족층에서부터 헤이안 중, 후기 이후 안정적 경영체인 이에(家)[16]가 등장하게 되는 것이다. 전통적 지위에 의존할 뿐 새로운 관직에 진출할 수 있는 발판을 갖지 못한 귀족 여성이 이런 움직임에서 소외되는 것은 당연했다. 최상층에서 확립된 이에의 원리는 사유권의 보장을 축으로 점차 하층으로 파급되어 갔다. 공적 권리와 의무의 장에서 여성이 체제적으로 배제된 일은 가부장제 가족 형성으로의 방향을 결정지었다. 그 과정에서 남녀가 함께 원하던 가족의 안정이 실현된 반면에 가족을 형성할 수 없는 많은 약자들이 도태되었다. 남녀의 원시적 '평등'이 상실되고 상하 식 부부 관계와 매춘이 발생하는 등 성애 관계에도 큰 변화가 일어났다.

조상 공양

726(神亀3)년 도고쿠 가미쓰케누노국(上野国: 현 群馬県)의 호족인 미야케(三家)의 자손 일족이 조상 공양에 관해 기록한 비문이 남아 있다(金井沢

16 이에란 이 시기 이후 일본 사회의 단위를 구성하는 조직으로서, 가업을 갖고 가산을 소유하지만 혈연 단체뿐만 아니라 양자나 고용인까지도 포괄하는 협동 조직을 가리키는 개념이다.

碑). 이것을 보면 당시 이에노토지(家刀自)라 불리는 리더 격 여성을 중심으로 조모(祖母), 모(母), 자(子)의 3대에 걸친 여계(女系) 쪽 사람들이 모여 공양을 올리고 있다. 이것은 부부가 조상을 공양하는 독립된 단위로까지는 아직 성장하지 못한 상태였다는 것을 말해 준다. 공양의 대상인 조상을 표현할 때도 불교 경전에서 유래한 '칠세 부모(七世父母)'라는 관용적 표현을 사용하는 등 상당히 막연한 느낌이 든다. 조상 공양과 같은 일상생활상의 행사에서 여계가 중심이 된다는 것은 그 배경에 방문혼이나 처방 거주혼이 존재한다는 의미가 아닐까? 그들은 '미야케의 자손'임을 내세우면서도 실제로는 이케다노기미(池田君)와 모노노베노기미(物部君)라는 성(姓)을 사용하고 있다. 이 점 또한 그 시대에 새롭게 공적으로 정해진 부계의 씨성(氏姓) 계승 원칙과 일상 현실의 여계적 통합과의 사이에 존재하는 불일치를 보여 주는 것으로 주목된다.

한편 당시 미야코의 하급 관리 사이에서는 공양을 위해 사경을 하는 것이 유행이었다. 그중에는 사경의 마지막 부분에 부부가 함께 양쪽의 부모 공양을 위해 사경을 했다고 직접 밝힌 것도 많다(『寧楽遺文』). 이에기미와 이에노토지가 서로 협력해서 만들어 낸 가족에 어울리는 조상 공양이라 할 수 있다. 오랜 일족의 결합 방식이 남아 있는 도고쿠와는 달리 기나이의 선진 지역에서는 새로운 형태의 가족 결합에 대응하여 새로운 조상 공양관도 생겨났던 것이다. 그러나 대대로 가산을 계승하는 후세의 이에처럼 '이에의 조상'에 대해 제사를 지내는 모습은 아직 찾아볼 수 없었고 따라서 '이에의 묘' 또한 존재하지 않았다. 부부가 합심해서 수행하는 어느 쪽에도 치우치지 않는, 한 세대에 한정된 공양이었다. 재산과 소유의 변화는 일상 가족의 모습뿐만이 아니라 조상 제사의 변화와도 깊은 관련이 있었던 것이다.

5. 유행(遊行)하는 여인들

대우혼

현행의 결혼 형태는 일부일처제로 이런 식의 단혼이 정착한 것은 그리 오래전의 일이 아니다. 고대에는 단혼보다 앞선 결혼 형태로 대우혼이라 불리는 지금으로서는 생소한 방식의 결혼이 일반적이었다. 한 남편에 한 아내라는 결혼 방식은 단혼과 같지만, 단혼과의 차이는 이런 일대일의 결합이 서로 마음이 내키는 동안에만 효력을 발휘하는 느슨한 형태의 결혼이었다는 점이다. 따라서 영속적이라 할 수 없었고 또 부부 중 어느 한쪽이 배우자 이외의 이성과 성관계를 갖는다 하더라도 그다지 비난받는 일은 없었다. 남편이 아내 이외의 여성과 성관계를 갖는 것은 어느 시대에나 허용되던 일이라는 점에서, 대우혼의 특징은 아내가 남편 이외의 남성과 성관계를 갖는다 해도 비난받지 않는 구조에 있었다고 하겠다.

이런 특징을 갖는 대우혼은 이윽고 단혼으로 변해 간다. 그 시기는 대략 지배층에서는 10세기 전후, 일반 서민층에서는 12세기 전후로 추정된다. 단혼에서는 부부 일대일의 결합이 고정화, 영속화되었고 아내의 성도 남편 이외의 남성에 대해서는 완전히 닫혀 버렸다. 따라서 만약 이를 위반했을 때는 간통으로 엄하게 처벌되었다. 이는 거꾸로 말하면 대우혼에서는 간통이 없었다는 말이 되는데, 실제로 당시 사료에는 간통을 가리키는 말이 없었을 뿐만 아니라 간통을 나타내는 일본어 자체가 없었다. 이런 사실은 고대 일본에는 아직 간통이 없었다는 것을 무엇보다도 잘 보여 준다고 하겠다.

대우혼에서는 여성이 자신과 성관계를 갖거나 결혼할 상대를 스스로 결정할 수 있었다. 또 이혼도 여성 자신이 결정할 수 있었다. 왜냐하면 대우혼이란 앞에서 말한 것처럼 마음이 내키는 동안에만 지속 가능한 결혼, 다시 말해서 남녀가 서로 좋아하게 되면 함께 하고 어느 쪽이든 한쪽이 싫어지면 헤어질 수 있는 결혼이었기 때문이다. 여성이 결혼 상대를 스스로 선택할 수 있다는 것은 지금 생각하면 아무것도 아닌 일처럼 보이지만, 이에 제도가 존속하던 패전 전까지도 여성은 스스로 결혼 상대를 결정할 수 없었다는 점에서 그것은 대단히 중요한 일이었다. 그리고 더욱 중요한 것은 고대 일본에서는 여성의 의향에 반하는 성관계는 성립하지 않았다는 사실이다. 이것은 당시의 여성이 결혼이나 성관계 상대를 스스로 결정할 수 있었다(자신이 원하지 않는 성관계를 거부할 수 있었다)는 점에서 볼 때 당연한 일이겠지만, 성폭행의 위험에 일상적으로 노출되어 있는 현재 우리들의 관점에서 본다면 놀랄 만한 사실이라 하지 않을 수 없다.

한편 이런 사실(특히 당시에는 여성의 의향에 반하는 성관계가 성립하지 않았다는 사실)

은 고대 일본에는 매매춘(買売春: 매춘이라는 말은 성매매에서 사는 쪽인 남성을 제외한 용어이기 때문에 여기에서는 양쪽 모두를 포함한다는 의미에서 매매춘이라는 용어를 사용함)이 없었다는 것을 말해 주기도 한다. 왜냐하면 매매춘은 여성의 의향에 가장 반대되는 성적 결합이자 당시의 관행에도 전혀 들어맞지 않는 성적 행위라는 점에서, 그런 일이 일어났을 것으로는 생각되지 않기 때문이다.

'시대 조명—원시 시대와 고대'에서도 설명했듯이 당시의 여성은 남성과 대등하게 소유권을 보유하고 있었다. 이것은 간통이 존재하지 않는 등의 여러 가지 대우혼적 특징을 만들어 낸 배경이기도 했다. 이렇게 경제적으로 거의 대등한 남녀 사이에서는 성애(남녀 간의 애정)도 또한 대등해서, 단혼에서와 같이 여성의 성이 남성의 욕망의 도구가 되는 상태(다카무레 이쓰에는 이것을 여성의 성 도구화라 불렀다)에까지는 아직 이르지 않았다. 성애는 다른 시대와 비교해 볼 때 훨씬 소박하고 대범한 성격의 것이었다. 이런 대우혼에서는 당연히 매매춘이 없었을 것으로 생각된다. 그렇다면 과연 실제로도 고대 일본에는 매매춘이 없었던 것인지, 아래에서 구체적으로 살펴보기로 하자.

유랑하는 예능인

고대에는 우카레메(遊行女婦)라 불리는 여성이 있었다. 문제는 『만요슈』에 등장하는 이들 여성이 성을 파는 여성이었는지의 여부다. 이들은 각 지방(国)의 관청인 고쿠가(国衙)의 관리들이 개최하는 연회에 참석하여 자신이 만든 노래나 옛날부터 전해 내려오는 노래를 부르며 생활

했다. 그 역할은 메이지 이후의 게이샤(芸者)와 많이 닮아 있다. 메이지와 다이쇼(大正) 시대에 게이샤가 성을 판다는 사실은 공공연한 비밀이었기 때문에 고대의 우카레메도 매춘을 했을 것으로 자칫 생각하기 십상이다. 우카레메 사부루코(左夫流児)에 관한 에피소드를 단서로 이 문제를 생각해 보기로 하자.

『만요슈』를 편집한 오토모노야카모치(大伴家持)가 지방 장관인 가미(守)로 엣츄(越中: 현 富山県)에 부임했을 당시 아랫사람 중에 오와리노오쿠이(尾張少咋)라는 인물이 있었다. 오쿠이는 교(京)[17]에 아내를 두고 엣츄에 부임한 상태였다. 오늘날에도 단신 부임 기간 중에 가끔씩 발생하듯이 오쿠이도 우카레메인 사부루코의 매력에 빠져 결국에는 동거하기에 이르렀다. 이에 상사인 야카모치는 오쿠이에게 두 사람의 아내를 갖는 것은 법률에 위반되는 일이라고 경고했다. 그러나 오쿠이는 야카모치의 충고를 완전히 무시하고 당당하게 동거하는 집에서 출근하기를 계속했다. 그러던 중 남편의 동거 소문을 전해 듣고 교의 선처(先妻: 사료에 이렇게 기록되어 있음)가 파발마를 타고 급하게 남편의 근무지로 달려왔다.

이것이 『만요슈』(4106~4110)에 실려 있는 에피소드의 내용이다. 그 후 오쿠이를 두고 교의 선처와 사부루코 사이에서 어떤 소동이 벌어졌는지에 대해서는 아쉽게도 기록이 없어서 알 수가 없다. 그러나 이 이야

17 '교'는 당시 일본의 수도인 헤이조쿄(平城京, 710~784)를 말한다. 헤이안 시대에 들어와 수도를 지금의 교토(京都)인 헤이안쿄로 옮긴 이후, 메이지 초에 도쿄 천도가 이루어지기까지 일본의 수도는 줄곧 교토 헤이안쿄였다. 따라서 헤이안 시대 이후 에도 막부 말기까지 등장하는 '교'란 헤이안쿄를 의미한다.

기는 우카레메와의 동거에 대해서 당시 최고의 지식인이었던 야카모치조차도 아내를 맞이하는 결혼으로 생각하고 있었다는 점에서 흥미롭다. 또한 사부루코와 동거(결혼)하게 되자 교의 아내는 선처가 되어 버린 사실을 보여 준다는 점에서도 매우 흥미롭다. 특히 해당 시점에서 성관계를 갖고 있는 여성(사부루코)이 아내가 되고 이에 따라 교의 아내는 자동적으로 선처가 되어 버리는 점에, 쉽사리 만나고 헤어지던 당시 대우혼의 특징이 잘 나타나 있다.

그렇다면 사부루코와 같은 우카레메는 과연 성을 파는 여성이었던 것일까? 실례를 들어 이 점을 확인해 보도록 하자. '우카레메 하지(土師) 지음'으로 되어 있는 『만요슈』(4067)의 노래는 하지 자신이 엣츄의 죠(掾: 관청의 3등관)가 머무는 관사에서 연회가 열렸을 때 부른 노래다. 이것으로 보아 우카레메는 연회에 출석해서 노래를 부르는 여성 즉 예능인이었다는 것을 알 수 있다.

또 우카레메는 그 명칭만으로도 유랑하는 여성이었음을 짐작할 수 있다. '유행여부(遊行女婦)'는 '우카레메'라는 일본어를 한자로 써서 표현한 것이다. 당시의 일본인은 가나 문자가 만들어질 때까지는 중국의 한자밖에 몰랐기 때문에 '우카레'에 '유행', '메'에 '여부'라는 한자를 차용한 것이다. 표기 문제는 어쨌든 간에 중요한 것은 여성을 나타내는 '메' = '여부'가 아니라 '우카레' = '유행'이다. '우카루(うかる: 우카레는 그 연용형)'는 '떠돌아다니다, 정착할 곳 없이 방랑하다'라는 의미이고 이를 한자로 표기한 '유행'은 '여러 지방을 떠돌다'라는 의미이기 때문에 '우카레메' = '유행여부'는 이곳저곳을 떠돌아다니는 여성이라

는 말이 된다. 연회에 출석해 노래를 부르는 행위와 더불어 생각해 보면 우카레메는 유랑하는 예능인이라는 의미가 된다고 하겠다.

이런 성격을 갖는 우카레메는 절대로 자신의 성을 파는 여성이 아니었다. 이것은 첫째로 우카레메가 성을 팔았다는 것을 증명해 주는 사료가 전혀 존재하지 않는다는 사실, 둘째로 우카레메의 작명 방식은 성을 파는 유녀의 방식과는 전혀 다르다는 사실에서 알 수 있다. 또 당시에는 우카레메뿐만 아니라 그 이외에도 성을 매매하는 여성은 없었던 것으로 생각된다. 예를 들어 남녀 노예의 몸값을 비교해 보면 여성 노예 쪽이 더 쌌는데, 이것은 성적 상품으로 매매되는 여성 노예가 없었다는 사실을 잘 말해 준다고 하겠다. 우카레메는 물론 그 이외에도 성을 파는 여성은 없었던 것이다.

우카레메가 성을 팔지 않았다는 것은 그들이 연회 후에 참석했던 남성 관리들과 잠자리를 함께 하지 않았다는 의미가 아니다. 유부녀의 성관계도 인정되던 시대에, 술잔이 오고가는 연회가 끝난 후에 남성 관리와 우카레메 사이에서 아무런 일도 일어나지 않았다고 생각하는 것이 오히려 부자연스러울 것이다. 다만 그것은 매매춘이 아니었다. 연회 후의 동침은 마음이 맞는 사람들 사이에서 자연스럽게 이루어졌다. 성매매의 경우에 일반적으로 동반되는 금전이나 또는 물품의 수수 따위는 없었다. 매매춘에서는 여성이 성 상대를 선택할 수 없고 또 여성은 이를 생계의 수단으로 삼는 것이 보통이다. 우카레메의 동침은 그런 매매춘과는 전혀 다른 것이었다.

우카레메에서 유녀로

성을 팔지 않던 8세기의 우카레메는 9세기에 이르는 사이에 점차 성격이 바뀌어서 10세기 초에는 확실히 성을 파는 여성으로 탈바꿈했다. 이것은 10세 전반에 성립한 사전 『와묘루이쥬쇼(和名類聚抄)』의 유녀 해설을 보면 알 수 있다.

> 유녀(遊女)는 『요시칸고쇼(楊子漢語抄)』(8세기 전반 성립한 사전)에는 '유행여아(遊行女児)'로 기재되어 있고 또 그에 해당하는 일본어는 '우카레메(ウカレメ)'로 되어 있다. 그러나 현재(10세기)는 유녀라고 불리며 일본어도 '우카레메' 이외에 '아소비(アソビ)'라는 호칭이 추가된 상태다. (중략) 일설에 따르면 낮에 유행하는 여성을 유녀라 하고 밤에 성을 파는 여성을 야호치(夜発)라 한다.

이상에서 8세기의 우카레메(遊行女児 또는 遊行女婦)는 10세기에 들어와서 한자로 '유녀(遊女)'라고 표기하게 되었고, 일본어 표현도 그때까지의 '우카레메'에 '아소비'라는 말이 새롭게 추가되었다는 사실을 알 수 있다. 이것은 성을 팔지 않는 여성에서 파는 여성으로의 변화를 의미하는 것이다. 또 우카레메의 후신인 유녀는 이미 성매매만을 전문으로 하는 야호치와 동일한 항목에서 다루어지고 있는데, 그런 의미에서도 성을 파는 여성으로 변해 가고 있었다고 할 수 있다.

유녀가 성을 파는 여성이라는 사실은 11세기 전반에 성립한 『본조문수(本朝文粋)』에 수록된 한시 '유녀를 보다'를 통해서도 확인할 수 있다. 이 한시를 보면 유녀는 '천하에 여색을 팔고 다니는 사람' 즉 다시 말해서 성을 파는 사람으로 묘사되어 있다.

한편 『와묘쇼(和名抄)』를 보면 낮에 활동하는(이것은 자신의 예능을 보이기 위한 것이다) 유녀 이외에도 성매매만을 전업으로 하는 야호치가 있었다는 사실을 알 수 있다. 이런 야호치의 등장은 '우카레메' 이외에 '아소비' 라는 새로운 일본어가 탄생하게 된 배경이었다. 다시 말해서 성매매만을 전문으로 하는 여성이 등장하자, 이들과 구별하기 위해서 성도 매매하고 예능도 파는 여성의 예능인으로서의 측면을 강조할 필요가 생겨났고, 그 결과 새롭게 만들어진 말이 바로 '아소비'였던 것이다. 이렇게 8세기에 사용되던 유행여부와 우카레메라는 말은 10세기에 들어오면 각각 유녀와 우카레메 또는 아소비라는 말로 바뀌었다. 한자와 일본어 양쪽에서 모두 변화가 일어난 것이다. 그리고 이런 변화 속에는 매매춘을 하지 않는 8세기의 우카레메와 매춘을 하는 10세기의 유녀와의 차이가 투영되어 있다.

예명(源氏名)을 지닌 유녀들

앞에서 말한 것처럼 '우카레메 = 성을 팔지 않는 여성'과 '유녀 = 성을 파는 여성'의 차이는 이름을 붙이는 작명 방식에서도 확인할 수 있다. 마지막으로 이 점에 대해서 살펴보기로 하자.

우카레메의 대표적인 이름으로는 쓰꾸시오토메(筑紫娘子, 万381)와 가모우오토메(蒲生娘子, 万4232) 등을 들 수 있다. 이들 이름의 특징은 앞부분은 지명을 나타내고 뒷부분은 젊은 여성을 의미한다는 점이다. 이런 여성의 이름은 『만요슈』에 등장하는 보통 여성의 이름 예컨대 가쓰시카노마마오토메(葛飾真間娘子), 무쓰노카토리오토메(陸奧可刀利乎登女), 히타치오토메(常陸娘子), 하리마오토메(播磨娘子) 등과 형태가 동일하다. 『만요슈』에서는 귀족층 여성을 제외한 일반 여성의 이름으로 '지명+젊은 여성' 형태의 이름을 사용하고 있다. 이상의 내용을 종합해 보면, 우카레메의 이름은 당시 일반 여성의 이름과 다르지 않았다는 것을 확인할 수 있다.

한편 유녀의 이름은 12세기 초에 성립한 『유녀기(遊女記)』에 따르면 '간논(観音), 나카노키미(中君), 고우마(子馬), 시로메(白女), 도노모리(主殿), 미야기(宮城), 뇨이(如意), 고로(香炉), 구자쿠(孔雀)' 등 다양했다. 이런 유녀의 이름이, 현재 호스티스로 불리는 여성들이 예명으로 사용하는 이름과 공통된다는 것은 바로 이해가 될 것이다. 다시 말해서 12세기에 들어오면서 유녀의 이름은 일반 여성의 이름과 공통성이 없는 유녀만의 독특한 이름으로 변화했던 것이다. 그리고 이런 변화야말로 유녀가 일반 여성과는 다르게 성을 파는 여성으로 변화했다는 사실을 보여 준다고 하겠다. 반면 우카레메는 일반 여성과 공통된 이름을 갖고 있었다는 점에서 일반 여성과 마찬가지로 성을 팔지 않는 여성이었다고 할 수 있다. 우카레메에서 유녀로의 변화는 작명 방식의 변화에서도 드러나듯이 성을 팔지 않는 여성에서 성을 파는 여성으로의 변화였다.

유녀의 독특한 이름으로는 『야마토모노가타리(大和物語)』[18](145)에서

18 모노가타리는 헤이안 시대 이후에 등장한 산문 형식의 문학 작품을 말한다.

'우카레메 중에 시로라는 자가 있었다'고 한 것이 최초의 사례다. 이 여성은 10세기 초에 성립한 『고킨슈(古今集)』에는 '시로메'로 소개되어 있는데, 이것으로 보아서 10세기 초에는 특수한 형태의 유녀 이름이 성립했던 것으로 보인다. 또 『모토요시신노(元良親王, 890~943) 교슈(御集)』에는 '신노께서 우카레메 고키와 사셨을 때'라는 구절이 나오는데, 여기에 '고키'라는 유녀 이름이 보인다. 이처럼 '시로메'와 '고키'는 유녀 이름의 초기 사례로서 그 등장 시기는 10세기 초에서 전반에 걸친 것으로 확인되는데, 이것은 앞서 살펴본 『와묘쇼』의 유녀에 대한 설명 즉 성을 파는 여성으로서의 유녀의 출현 시기와 일치한다. 일본에서는 10세기 초에 이르면 확실한 형태로 성을 파는 여성이 등장했다고 할 수 있다.

그렇다면 성을 파는 유녀는 왜 독특한 이름을 사용할 필요가 있었던 것일까? 그것은 이들이 일반 여성과는 사회적으로 구별되는 존재였기 때문이다. 인간이 사회적으로 어떤 존재에서 다른 존재로 이행할 때는 이행 의례와 개명을 거치는 것이 보통이다. 예를 들면 성인식, 장례식, 득도식을 거칠 때 각각 아명에 대신한 성인명, 속명에 대신한 계명, 속명에 대신한 법명을 내리는 행위가 바로 그것이다. 이와 마찬가지로 성을 팔지 않는 일반 여성이 성을 파는 유녀로 이행하는 과정에서, 지금까지 쓰던 이름을 버리고 유녀에 걸 맞는 독특한 유녀 이름을 내세울 필요가 있었던 것이다.

지금까지 확인해 본 것처럼 일본에서는 10세기 초에는 이미 성을 파는 여성이 있었다. 그러나 중국에 비하면 일본에서는 매매춘의 발달이 상당히 늦은 편이라 하겠다. 예를 들면 일본에서는 유곽이 에도 시대에 들어와서야 비로소 성립하지만 이와는 달리 중국에서는 그보다 훨씬 앞선 시대인 당 대(唐代, 618~907)부터 유곽이 이미 존재하고 있었다는 사실이 이를 뒷받침한다. 그렇다면 일본에서 매매춘의 성립이 늦어진 원인은 무엇일까? 그것은 단혼의 성립이 늦었기 때문이다. 일본에서는 지배층에서부터 단혼이 성립했으며 그것은 대략 10세기를 전후한 시기의 일이었다. 이에 따라 아내의 성은 남편에게 독점되었고 결혼은 지속화, 고정화되었다. 또 이와 함께 여성은 자신의 결혼 상대를 스스로 선택할 수 없게 되었다. 결혼하는 과정에서조차도 자신의 의향에 반대되는 성적 결합을 강요받는 일이 일반적이 되었을 때, 그런 식의 성적 결합의 극단적 형태라 할 매매춘도 발생하게 되는 것이다. 매매춘이 10세기 전후에 성립한 것은 당연하다고 할 수 있다.

나라(奈良) 시대까지는 형제자매를 부르는 호칭이 지금과 많이 달랐다. 남녀 모두 동성(同性) 형제끼리는 서로를 '에(年長: 연장자)'나 '오토(年少: 연소자)'라고 불렀고 이성(異性) 형제끼리는 장유(長幼)의 구별 없이 남성은 '이모(자매)', 여성은 '세(형제)'라고 불렀다.

동성 또는 이성을 기준으로 한 형제자매의 호칭법은 류큐(琉球: 오키나와현)의 '오나리가미(おなり神)' 신앙에서 확인되듯이 정치, 경제, 군사적 측면과 종교, 영적 측면에서 남녀의 역할 분담이 뚜렷한 사회에 널리 분포하는 것이 일반적이다. 가족 관계에서도 이성 형제가 서로 보조, 지원, 의존하는 관계와 대응하고 있다. 위와 같은 호칭법이 존재한다는 것은 고대 일본에서도 유사한 관계가 성립해 있었다는 사실을 말해준다.

당시의 형제와 자매는 깊은 친밀감과 신뢰감을 바탕으로 비혈연 관계의 부부보다도 강한 유대 관계를 형성하고 있었다. 유대감이 약해 불안정한 젊은 부부는 자신들의 관계를 의식적으로 남매 관계에 빗대어 서로를 '이모'와 '세'라고 부르면서, 깨지기 쉬운 혼인 관계를 유지하고 강화하기 위해 안간힘을 썼을 정도였다.

헤이안 시대에 접어들면 위와 같은 호칭법은 사라지고 현재와 같은 형제자매 호칭법이 등장한다. 이런 현상은 이성 형제 사이에 작용하던 깊은 친밀감이 희박해진 것과 무관하지 않다. 이에 반비례하여 부부간에는 강한 유대감이 생겨났다.

한편 배우자의 호칭은 남편이 '오, 오히토, 오토코'인 것에 대해 아내는 '메, 오무나, 무카히메, 고나미, 우하나리' 등 다채로웠다. 이것은 본처, 부처(副妻)와 같은 일부다처혼의 관행을 반영한 것이다. 또 '오(남)'와 '메(여)'라는 일반적인 호칭을 중심어로 활용하고 있다는 점에서, 아직은 배우자가 다른 남녀와 결정적으로 구별되는 존재가 아니었던 당시의 시대적 흔적이 짙게 남아 있다고 하겠다. 남녀 한 쌍의 결합이 영속성을 가질 수 없었던 당시의 사회 상황에 잘 어울리는 호칭이라 할 수 있다.

그 밖에 아내는 물론 때로는 남편을 가리키는 명칭으로 '쓰마'라는 말이 사용되었다. 이 말은 한 사람의 성적 상대에 대해서만 제한적으로 사용되었다는 점에서 부부가 서로를 부르는 호칭으로 쓰기에 적절한 표현이었다. '쓰마'라는 호칭은 일부일처(다처)제로 변화해 가는 과정 속에서 정착되었다.

『만요슈』의 아즈마우타(東歌)와 사키모리우타(防人歌)를 중심으로 서민의 사랑 노래를 소개해볼까 한다. 아즈마우타에는 노동이나 일과 관련된 소박한 성애의 노래가 많다.

언덕 쪽으로 끌어당겨 우리들이 베는 억새풀은 정말 부드럽구나. 허나 웬걸, 그녀는 그렇게 부드럽게 '같이 자요'라고는 하지 않네(万3499).

쓰루천(都留川)의 제방도 드디어 완성되었구나. 우리 둘 사이도 완성된 듯이 그녀는 말하지만, 아직 함께 자 보지도 못했으니(万3543).

여성이 남성에게 '안아 주세요. 제발'이라고 간청하는 현대의 엔카(演歌)와 비교해 보자. 『만요슈』의 이런 노래들은 남녀 두 사람이 아직 맺어지기 전 단계인 연애 시절에 여성이 어떤 입장에 있었는지를 짐작케 해 준다. 당사자들의 순수한 성애를 기초로 성립하는 대우혼(対偶

婚)이 일반적이던 당시에는 아이를 낳는 성(性)인 여성에게 주체성이 있었기 때문에, 여성은 어지간한 상대에게는 몸을 허락하지 않았을 것이다. 여성의 동의를 받아 내려는 남성의 모습도 사뭇 진지하다. 만요 시대의 성애는 결코 만만한 일이 아니었던 것이다. 그렇기 때문에 힘겨운 노동의 고단함을 떨쳐 버리는 듯한, 남녀 모두에게 공감의 미소를 짓게 하는 밝은 표현을 사용하고 있는 점에 더욱 주목하고 싶다.

사키모리우타는 사키모리[19]로 징발된 남성과 고향에 두고 온 연인, 처자, 노부모와의 애절한 사랑을 노래한 내용이 압도적으로 많다.

> 나의 타향살이는 힘들어도 어쩔 수 없는 일이기에 참기라도 하지만, 고향집에서 아이를 돌보느라 야위었을 아내를 생각하니 애처로워서 견딜 수가 없구나(万4343).

'사랑의 고통으로 야위어 간다'라는 노랫말은 귀족이나 관리 사이에서도 유행하던 표현이다. 그러나 '아이를 돌보느라 야위었겠지'라는 노랫말처럼 고단하고 지친 일상생활 속에서도 처자를 향한 절실한 사랑을 극적으로 노래한 것은 이 사키모리우타뿐이다. 남편 자신이 부재중일 때 농사일을 하느라 여념이 없을 아내와 어머니를 걱정하는 노래도 있다. 국가는 방문혼이나 동거혼을 막론하고 여성들에게는 더할 나위 없이 의지가 되던 귀중한 일손을 계속해서 빼앗아 갔던 것이다.

---

19 변방의 수비를 위해 징발된 병사로, 주로 도고쿠 지방에서 징발되어 기타큐슈(北九州)의 수비를 담당하던 병사를 일컫는다.

부부의 성이나 묘의 형태에 대해서는 현재, 자립한 남녀의 연대 의식의 변화나 환경 문제 등과 관련시켜 이를 규명하려는 새로운 시도가 이루어지고 있다. 일반적으로 아내는 남편의 성을 따르고 사망하면 그 유골을 남편 쪽 집안의 묘에 안장하는 경우가 많다. 그러나 아내가 남편의 성을 따르기 시작한 것은 메이지(明治) 시대 이후의 일이고 이에 단위의 묘지가 생겨난 것은 에도(江戶) 시대 이후의 일이다. 더구나 '○○가의 묘' 등과 같은 묘비를 세우는 풍습은 최근에 들어와서의 일이다.

고대에는 중국의 율령법이 도입됨에 따라 아버지와 자식은 같은 성을 쓰게 되었고 부계 관념도 침투했다. 그러나 성을 달리하는 부부의 경우는 결혼 후에도 각자의 성을 유지했다.

한편 옛날의 묘라 하면 현재 각지에 남아 있는 고분을 떠올리기 십상이지만, 고분 시대에 만들어진 다양한 고분에 매장된 피장자의 일족 관계나 그 변화 등에 대해서는 여러 가지 설이 있어서 한마디로 단언하기가 어렵다.

여기에서는 기록을 통해 죽음이나 장묘와 관련한 인간관계를 일부나마 확인할 수 있는 헤이안 시대의 예를 들어보기로 하겠다.

헤이안 후기에 이르면 미야코의 귀족들은 불교의 영향으로 일족마다 정해진 장지에 화장터를 갖게 되었고 묘당과 납골당도 세우게 되었다. 그러나 부부의 경우 아내의 장례는 남편의 장지가 아니라 아내의 고향인 친정에서 치러졌다. 이 때문에 부부가 같은 묘소에 매장되는 일은 거의 없었다. 즉 부부 별묘가 보통이었다.

또 당시 미야코에서는 동일 계통의 불교 신앙을 가진 귀족이나 승려들이 서로 간에 끈끈한 연대 관계를 맺고 있었다. 동료 중 누군가가 병에 걸리면 순번을 정해 교대로 간병했고 임종이 가까워지면 아미타불을 안치한 암자에 병자를 옮기고 극락왕생을 빌었다. 그리고 병자가 죽으면 미리 공동으로 구입해 둔 공동묘지에 매장하고 명복을 빌었다. 이런 장례 방식은 일족이나 부부의 수준을 넘어서는 것이었다.

한편 율령 국가는 서민의 장례와 관련해서 정해진 장소에 사망한 당일 토장하도록 했다. 이에 따라 마을 사람들은 정해진 산비탈이나 중턱, 마을 경계 등의 공동묘지에 고인을 매장했다. 절부(節婦)나 효자 등 극히 예외적인 경우를 제외하면 일반적으로는 부부나 집안에 구애받지 않았다.

II. 중세

주부 자리에 앉아 있는 여성 (『마쓰자키텐진엔기(松崎天神縁起)』)

'병 꽃나무 꽃향기 나는 울타리에'라는 노래가 있다. 이렇게 정겨운 창가(唱歌)의 풍경은 헤이안 시대가 한창이던 시절이 아니고서는 찾아보기 어려운 광경일 듯하다. 대문을 세우고 울타리를 두른 터에 대나무와 나무 벽을 한 집, 이것이 중세의 경관이었다. 울타리에는 병 꽃나무 꽃이 많았다. 이런 집은 독립성이 매우 강한 공간이어서, 아무리 지방 관청인 고쿠가나 센고쿠다이묘(戦国大名)[1]와 같은 공권력이라 해도 집주인의 허락 없이는 마음대로 출입할 수가 없었다. 허락이 없으면 집안에 숨어 있는 범인을 체포하는 일조차도 불가능했다. 물론 저택의 규모는 계층에 따라 매우 달라서 4,000평이나 되는 귀족의 저택, 보루로 둘러싸여 파수꾼이 배치된 무사의 거관, 그보다 규모가 작은 유력한 백성의 저택 등 실로 다양했다. 또 이들 저택에는 집주인의 아내와

---

1 센고쿠다이묘는 센고쿠 시대에 각지에 할거한 다이묘(大名)를 말한다. 에도 시대의 다이묘란 고쿠다카(石高) 1만 석 이상의 공인을 받은 쇼군(将軍) 직속의 무가를 가리킨다. 고쿠다카는 토지의 가치를 미곡의 수확량으로 표시한 것이다.

자식뿐만 아니라 종자나 하인 등 많은 남녀가 생활하고 있었다.

중세의 특징은 사회의 기초 단위 집단인 이에(家)가 미숙하기는 하지만 모든 계층에서 성립했다는 점이다. 성립 시기는 계층에 따라 약간씩 차이가 난다. 귀족층에서는 10세기부터 성립하기 시작했고 '재가(在家)'[2]라 불리던 이에가 과세의 단위가 되는 11세기 후반에 이르면 농민층에서도 미숙하게나마 성립했던 것으로 보인다. 이런 이에에서 가장이 될 수 있는 것은 기본적으로 남성뿐이었다. 고대적 공동체 사회가 붕괴된 이후 새롭게 사회적 단위가 된 이에는, 가장이 종자와 하인을 통괄하는 권한을 보유한 상태에서 여성과 아이들까지도 복종시키는 가부장제 가족으로서의 이에였다. 이것이 바로 지금까지도 일본 사회에 영향을 미치고 있는 이에의 성립이다.

『가족, 사유 재산, 국가의 기원』을 저술한 엥겔스(Engels, 1820~1895)는 가부장제 가족의 성립은 '여성의 세계사적 패배'이며 이때부터 여성이 남성에게 종속되기 시작했다고 말한 바 있다. 일본에서는 고대가 아니라 헤이안 시대 중엽에 가부장제 가족이 성립했고 이에 따라 여성은 남성에게 종속되기 시작했다. 다만 일본의 가부장제는 여성의 종속 성향이 그다지 강한 편은 아니었다. 가장에게 복종하면서도 집안의 일은 가장의 아내가 주도하는 등 강한 권한을 갖고 있었다. 이것이 이른바 주부권의 성립이다. 주부권을 가진 아내는 화로의 중앙 자리를 차지했다. 지금도 아내의 자리를 '에누시(家主) 자리'라 부르는 지역이 남

2 중세 시대 영주의 재가역(在家役) 부과의 단위로서 장원 내의 저택과 이에 부속한 농경지를 포함해서 부르던 말이다.

아 있다고 한다. 주부권은 중세 시대를 거치면서 점차로 약화되었지만 여성은 상속권과 재산권을 보유하고 있었기 때문에 중세 여성으로서의 당당함을 유지할 수 있었다. 결혼의 형태도 신혼 때는 아내 집에서 아내의 부모와 동거하는 초서혼(데릴사위제)에서, 결혼하면 남편 집에서 동거하는 취가혼으로 바뀌었다. 다만 결혼식만큼은 중세 시대 내내 초서혼에 가까운 의례 형태가 남아 있었다.

가마쿠라(鎌倉) 시대는 교토(京都) 조정의 공가(公家)와 가마쿠라 막부(幕府)의 무가(武家)를 두 축으로 하는 이원 정권(二元政権)으로 출발했지만 점차 막부가 전국으로 통치권을 확대해 간 시대였다. 하나의 토지에는 귀족이 보유한 영가직(領家職), 무사가 보유한 지토직(地頭職), 백성의 묘슈직(名主職) 등 여러 형태의 직(職)이 그 토지에 대한 권리로서 중층적으로 영향을 미치고 있었다. 그리고 이들 직 사이에는 일정한 질서와 함께 그에 상응하는 각각의 몫이 정해져 있었다. 이 질서를 배경으로 무사와 유력 농민층에서는 여성도 영지를 상속할 수 있었다. 분할 상속에 따라 분가한 이에는 총령(惣領)[3]을 중심으로 형성된 무사단의 일원이었기 때문에 각각의 독립성은 그다지 강하지 않았다. 이 무사단에서는 사위가 아내 쪽 일족으로 참가하는 경우도 있었고 여성의 역할도 중요했다. 그러나 시간이 지나면서 새로운 사회를 갈망하는 움직임이 나타나기 시작한다. 그 배경에는 몽골의 침략에 따른 군사비의 지출, 분할 상속으로 영지가 세분화되어 버린 고케닌(御家人)[4]의 경제적 궁핍, 호조

---

3 일족의 영지를 통할한다는 의미에서 전화되어 일족의 우두머리를 가리키는 말이 되었다. 중세의 무가에서 분할 상속이 이루어질 때 그 주요한 영지나 재산을 계승했다.

씨(北条氏) 적류의 전제 정치에 대한 고케닌의 누적된 불만 등이 있었다.

60년 가까이 이어진 남북조(南北朝) 시대에는 총령제가 무너지고 단독 상속이 확대되면서 가독(家督)[5]을 중심으로 결집했던 각각의 이에가 독립하는 현상이 벌어졌다. 이에 따라 적자 이외에는 남녀를 불문하고 상속권이 현저히 감소하게 되었고 가장에 대한 복종도 심화되었다. 이전보다 가부장권이 강한 이에가 된 것이다. 또 가마쿠라 시대의 무라(村)가 유력 묘슈[6]의 결합이었던 것과는 달리, 약소 농민도 포함하는 총촌(惣村)[7]이라는 공동 조직이 만들어져 공동으로 무라를 지키고 유지했다. 그리고 대관(代官)의 교체나 연공, 단센(段銭)[8]의 경감 등을 요구하면서 단결을 강화시켜 나갔다. 농민층에서도 이에는 안정화되었던 것이다.

이에의 성립과 발전을 특징으로 하는 중세 사회의 여성과 관련해서 잊어서는 안 되는 것은 매매춘의 성립과 변화다. 이전 시대에는 여성의 성을 매매하는 풍습 자체가 없었다. 그러나 10세기에 들어와 가부장제적 이에가 모습을 드러내면서 매매춘이 시작되었다. 다만 처음에

---

4 가마쿠라 시대에 쇼군과 주종 관계를 맺은 무사를 말한다. 에도 시대의 고케닌은 쇼군 직속의 하급 가신을 말하며, 이들은 쇼군 직속의 가신이었던 하타모토(旗本)의 하위에 위치했다. 하타모토는 고케닌과 달리 쇼군을 알현할 수 있었다.

5 가부장제 사회에서 이에를 계승하는 적자 또는 가장권을 의미한다.

6 묘슈(名主)는 12세기경에 장원이나 고쿠가령(国衙領)의 내부에서 사적 점유권을 인정받은 묘덴(名田)의 소유자를 말한다. 묘덴은 구분전의 사유화와 황무지의 개발 등을 계기로 특정 개인에게 집적된 토지를 가리킨다. 장원과 고쿠가령(国衙領)의 기본 단위를 형성했고 장원제가 붕괴될 때까지 연공의 부과 단위로서 기능했다.

7 장원 내부에서 묘슈층을 중심으로, 소뱌쿠쇼(惣百姓)라 불리는 촌민(村民)을 구성원으로 해서 만들어진 지연적 자치 결합을 의미한다.

8 무로마치(室町) 시대에 논밭에 부과되던 임시 세금이다.

는 유녀나 시라뵤시(白拍子)[9]도 주된 활동은 예능이었고 매매춘은 부수적이었다. 그러던 것이 남북조 시대 이후 화폐 경제의 발전을 배경으로 성을 사는 남성이 많아지면서 매매춘의 성격이 강해졌다. 주목되는 것은 매매춘이 성립할 즈음 귀족층에서 정치적 지위를 미끼로 젊은 남성에게 성관계를 요구하는 남색도 시작되었다는 점이다. 남녀의 성이 불평등한 사회에서는 우월한 입장에 있어야 할 남성의 성 마저도, 신분이 낮은 남성이 신분이 높은 남성에게 종속되는 일이 있다는 점을 간과해서는 안 될 것이다. 또 가부장제적 이에 제도 하에서는 지배층이 일부다처첩제였다는 점에서 알 수 있듯이, 남편에게는 성의 방종이 허용된 반면 아내에게는 다른 남성과의 성관계가 금지되었다. 매매춘과 아내의 성적 종속은 표리일체를 이루며 시작되었던 것이다. 그러나 중세는 아직은 대범하게 성관계를 용인하는 사회였고 처녀성 등의 관념도 약했다. 또한 지배층 여성들 사이에서도 후세와 같은 정조 관념은 정착되지 않은 상태였다. 이런 것들은 여성사의 관점에서 볼 때 대단히 중요한 의미를 갖는다. 특히 자신의 노동력을 기반으로 일정한 생활력을 보유하고 있던 서민층 여성의 경우, 성적인 측면을 포함해서 남성에게 종속되는 정도가 약했다는 사실은, 여성의 현재와 미래를 전망하는 데 있어서 많은 시사점을 던져 준다.

9 헤이안 시대 말부터 유행하기 시작한 가무 또는 그 가무를 추는 유녀를 가리키는 말이다.

1. 헤이안 후기 이에의 성립과 결혼, 성애

성립한 이에에서

옛날에 어느 마을에 살던 한 호족의 이에에서 벌어진 이야기다. 아주 맛있어 보이는 참외가 들어왔기에 나중에 친한 지인에게 갖다 주려고 참외를 선반 위에 잘 올려놓고서 이에의 가장은 외출을 했다. 저녁에 돌아와 선반을 보니 참외가 한 개도 남아 있지 않았다. 아니 이럴 수가! 이에 사람들을 불러 모아 없어진 참외에 대해 물었다. 하녀의 증언으로 일곱, 여덟 살쯤 되어 보이는 어린 아들이 참외를 먹은 사실이 밝혀졌다. 그러나 무엇을 생각했는지 이에의 가장은 주변 지역의 대표 격인 몇몇 '오토나(大人)'를 불러 모았다. 그리고 아들과의 인연을 끊겠다고 선언하고는 증인이 되어 줄 것을 부탁해 서명을 받아냈다. '고작 참외 한 개 먹었을 뿐인데.' 아내와 게닌(家人)[10] 등은 말렸지만 가장은 들은 척도 하지 않고 끝내 아들을 이에에서 내쫓아 버렸다. 그 후 10여 년의 세월이 흘렀다. 쫓겨난 아들은 성인이 되었지만 결국에는 도적질을 하

10 게닌이란 헤이안 시대 중기 이후에 가신이나 종자를 가리키는 말로 쓰였다.

고 말았다. 게비이시(検非違使)[11]가 찾아와 부모로서의 책임을 묻자 이에의 가장은 과거의 절연 증서를 보여 주고는 책임을 면했다. 그러자 사람들은 과연 현명한 부모라며 칭송했다고 한다.

이것은 11세기 무렵의 사회상을 생생하게 전해 주는 『곤쟈쿠모노가타리(今昔物語)』에 실려 있는 설화다. 이를 통해 다음과 같은 몇 가지 흥미로운 역사적 배경을 확인할 수 있다. 호족층 저택에는 아내와 자식뿐만 아니라 다수의 종자와 하인이 살고 있었고 또 이것이 농업 경영의 단위를 이루고 있었다는 사실, 남성 가장은 그 이에를 대표하면서 이에에 속한 사람들을 지배하고 통괄했으며 설령 자신의 자식이라 하더라도 추방할 수 있는 권한을 갖고 있었다는 사실 등이 그것이다. 물론 이 이야기는 설화인 만큼 다소 과장된 내용도 있을 것이다. 그러나 적어도 헤이안 시대 중기에는 남성을 가장으로 하는 이에가 성립해 있었다는 사실만큼은 확실하다. 또 절연 증서에 서명을 한 것은 주변 지역에 사는 똑같은 입장의 가장들이었다. 동일한 형태의 이에가 이미 상당 부분 성립해 있었던 것이다.

헤이안 중기가 되면 고대 이래의 수장제적 공동체가 흔들리기 시작한다. 이런 변화의 원동력은 호족층이었다. 이들은 주변의 몰락한 농민을 자기 집안의 예속민과 하인으로 받아들이는 한편 새로운 토지를 개간하고 농업 경영을 발전시켜 나갔다. 그 과정에서 성립한 집단 조

11 헤이안 시대에 교토 내의 치안, 풍속, 범죄를 단속하고 재판을 관장하던 관직이다. 나중에는 각 지방에도 설치되었다.

직이 바로 이에다.

이에는 교토에서 생활하는 귀족층을 중심으로 먼저 성립했다. 조정에 출사하는 관리는 본래는 대학에서 학문을 배우고 시험을 거쳐 관직에 오른 사람이다. 이들은 일정 기간이 지나면 근무 평정을 받았다. 출근 일수가 규정 이상이고 근무 성적이 좋으면 그에 따라 관직과 위계가 상승하는 규정이었다. 반면 음위제라 불리는 특권도 있었다. 아버지나 할아버지의 관위가 높을 경우 처음부터 높은 위계를 보장받았다. 다만 이런 경우에도 능력이 없거나 당시의 권세가와 친분이 없으면 더 이상의 승진을 기대할 수 없었다. 따라서 그 가계도 높은 지위를 유지할 수 없었다. 다시 말해서 대대로 동일한 지위를 계승할 수 있는 규정은 아니었던 것이다. 그 때문에 율령을 보완해서 조정의 지위인 관직을 자신의 자식에게 물려줄 수 있는 새로운 방법을 고안해 냈다. 각각의 이에가 조정의 관직을 대대로 계승하는 시스템 즉 가직(家職)과 가업(家業)의 성립이 바로 그것이다. 그리고 그 이에는 조정의 관직이 기초였기 때문에 남성에게 계승되었다. 한편 지방의 유력 호족도 각 지방에 설치된 고쿠가의 관직에 종사하면서 유리하게 토지를 개발하고 민중을 지배할 수 있었기 때문에 귀족과 동일한 상황을 연출했다. 남성을 가장으로 하는 이에가 성립한 것이다.

농민층에서도 9세기까지는 경작지를 청부 맡은 여성의 사례가 사료에서 확인되지만 10세기 이후에는 주로 남성이 토지 청부 대장에 이름을 올렸다. 그리고 헤이안 후기에는 남성 명의의 이에 단위로 과세가 징수되었다. 농민층에서도 농업 경영의 단위로서 이에가 확실하게 성립했기 때문에 이에 단위의 과세가 성립한 것이다. 민중 세계에서도 남성이 대외적 대표가 되는 이에가 등장했다는 것을 확인할 수 있다. 그렇다면 이에에서 여성은 어떤 위치에 놓여 있었던 것일까? 이하에서 살펴보도록 하자.

초서혼(데릴사위제)의 성립

결혼식은 부부 관계를 사회에 공표하고 인정받는 절차다. 일본에서 결혼식이 하나의 의식으로 정착한 것은 9세기 이후의 일이다. 물론 그 이전에도 어떤 형태로든 사회적 의사 표시는 있었겠지만 질적인 면에서는 차이가 있었을 것으로 생각된다. 달라진 것은 그것뿐만이 아니어서 예컨대 결혼에 대한 결정권도 아내의 아버지가 장악하게 되었다. 다만 헤이안 초기에는 아직은 남녀 당사자의 의사를 존중하는 측면이 남아 있었다. 즉 결혼 준비에 착수하기 위해서는 그 전제 조건으로서 남성의 러브레터와 이에 대한 여성의 답장이라는 프로세스가 필요했다. 그러나 이것도 시간이 지나면서 점차 형식만 남게 되었다. 이렇게 해서 가장이 결혼 약속이나 의식 집행 등 결혼과 관련한 권한을 장악하는 가부장제적 결혼이 성립하게 되는 것이다.

헤이안 시대의 저명인사 후지와라노미치나가(藤原道長, 966~1027)의 결혼에 대해 살펴보자. 미치나가는 좌대신(左大臣) 미나모토노마사노부(源雅信, 920~993)의 딸 린시(倫子)에게 반해서 결혼 의사를 마사노부에게 타진했다. 그러나 미치나가는 섭정 가네이에(兼家)의 아들이긴 했지만 형이 둘씩이나 있는 3남인데다가 장래도 불확실한 새파란 풋내기였기 때문에 린시의 아버지 마사노부는 단호하게 거절했다. 그때 이 사태를 중재한 것은 다름 아닌 린시의 어머니였다. 마지못해 마사노부도 승낙해서 결혼이 결정되었다. 혼인 날 밤 미치나가는 사위 행렬을 대동하고 아내의 아버지 마사노부의 쓰치미카도다이(土御門第)를 찾아가서 첫날밤을 보냈다. 다음날 아침 자기 집으로 돌아온 미치나가는 곧바로 지난밤 나누었던 사랑의 여운을 노래로 만들어서 사람을 보내 이를 전달했다. 이것을 기누기누노쓰카이(後朝使)라 한다. 똑같은 일을 반복한 지 3일째 되던 날 밤, 처가에서 조리한 떡을 사위 입에 넣어주는 '미카요노모치(三日夜餅)' 의식을 거행하고, 처가 쪽 친족이 한데 모여 지금의 결혼 피로연에 해당하는 연회를 열었다. 그날 밤부터 사위는 아내의 부모와 동거를 시작했다. 때는 987(永延1)년 12월 16일, 신랑 미치나가는 22세 신부 린시는 24세였다.

미치나가의 결혼에서 볼 수 있는 첫 번째 특징은 결혼 의식은 아내 아버지의 주최로 처가에서 거행한다는 것이다. 즉 데릴사위 의식이다. 남편의 아버지는 표면에 모습을 드러내지 않고 있다. 두 번째 특징은 결혼 초에는 아내의 부모와 함께 산다는 것이다. 다만 몇 년 후 린시에게서 아이가 태어나고 미치나가의 관위도 상승해서 생활이 안정되자 마사노부 부부는 미혼의 딸을 데리고 근처 이치죠다이(一条第)로 거처를 옮겼다. 처가의 부모와 별거하게 된 것이다. 차녀 이하의 경우 처음부터 아내 쪽 부모와 별거하는 경우도 많았지만 이때도 신혼부부의 집은 처가에서 마련해 주었고 데릴사위 의식도 거행했다. 이런 결혼 형태를 역사학에서는 '처방 거주를 거친 독립 거주혼'과 '신혼 초부터의 독립 거주혼'의 병존이라고 말한다. 세 번째 특징은 처가에 거주하면서도 미치나가의 자식들은 어머니 쪽 성인 미나모토(源)를 따르지 않고 아버지 쪽 성인 후지와라(藤原)를 따랐다는 것이다. 이와 같이 헤이안 시대의 데릴사위제는 후세의 데릴사위제와는 성격이 달랐다.

10세기에 들어와 동거가 널리 관습화되고 부부의 결합이 일생 동안 유지되는 견고한 형태로 바뀌게 되면서 모든 계층에서 이에가 성립하기 시작했다. 바로 이때 아내 쪽에서 결혼식을 주최하고 일정 기간 처방 거주를 거치는 결혼 형태가 나타났던 것이다. 이런 거주 형태도 11세기 말이 되면 신혼 초부터 곧바로 독립 거주를 시작하는 쪽으로 이행하게 되지만, 적어도 헤이안 시대에는 남편의 부모와 같은 집에서 동거하는 일은 없었다. 따라서 고부간의 갈등도 없었다. 이렇게 볼 때 가부장제 가족과 가부장제적 결혼 형태의 성립에도 불구하고 처음에는 가부장의 권한이 그다지 강한 상태가 아니었다고 하겠다. 그러나 이에의 주인에게 종속된 예속민이나 하인 등은 평생 결혼하는 일 없이 가족도 이루지 못한 채 살아가는 경우도 있었다. 게다가 그런 사람이 상당히 많았다는 사실 또한 결코 잊어서는 안 될 것이다. 신분제 사회이기에 겪어야만 했던 가혹한 현실이었다.

그렇다면 남편을 자신의 집으로 맞이하던 당시의 여성은 결혼과 관련해 아무런 고민도 없었던 것일까? 그것은 결코 그렇지 않았다. 미치나가에게는 후처인 미나모토노아키코(源明子, 965~1049) 이외에도 여러 명의 첩이 있었다. 귀족층에서는 정식 아내를 두세 명 두는 일부다처제가 일반적이었다. 다만 후처 이하의 아내나 첩의 집은 방문하는 형태를 취했다. 더구나 결혼을 해도 방문하는 것은 신혼 초기뿐이었다. 임신이라도 하게 되면 다른 여성의 집으로 발길을 돌리고 그나마 가끔씩 들러서는 변명을 늘어놓기 일쑤였다. 한밤중에 태연한 얼굴로 잠자리를 찾아드는 남편. 『가게로일기(蜻蛉日記)』에는 후처의 고뇌가 곳곳에서 묻어난다. 이렇게 이에의 성립은 남성에게 성적 자유를 가져온 반면 여성에게는 성적 종속과 인내를 가져왔다. 눈부시게 화려한 『겐지모노가타리(源氏物語)』의 시대에 여성의 남성에 대한 예속은 확실하게 그 모습을 드러내기 시작했던 것이다.

그러나 후처를 얻고 나서 집으로 찾아오지 않게 된 남편을 묵묵히 못 본채 할 수만은 없었다. 과감하게 맞선 여성도 있었다. 자신의 친족과 종자, 이웃 등을 동원해서 후처 집으로 쳐들어가 가구와 세간을 마구 부수고 의기양양하게 돌아오는 '우와나리우치(後妻打ち)'라는 풍습이 있었다. 여기에서 말하는 '우와나리'는 후처를 의미한다. 전처가 후처에게 과시하는 일종의 실력 행사였던 셈이다. 이 풍습은 호조 마사코(北条政子, 1157~1225)가 남편 미나모토노요리토모(源頼朝, 1147~1199)의 첩 가메노마에(亀の前)의 집을 부숴 버린 일로도 유명한데, 서민층에서는 에도 초기까지도 관련 사료가 남아 있는 것으로 보아서 널리 유행하던 풍습인 것 같다. 여성은 남편에게만 허용되는 다처, 첩 등의 성관계를 묵묵히 받아들이고 있지만은 않았던 것이다. 다만 때려 부수는 대상이 남편 당사자가 아닌 후처인 점이 눈길을 끈다. 활기에 넘쳐 보이는 서민층에서도 여성이 남성에게 종속되어 가는 조짐이 엿보이는 대목이다. 그리고 상층 귀족부터 남편에게 의존하지 않고서는 생활의 안정을

도모할 수 없는 상황이 되면서, 아내는 그저 아무 소리 없이 인내할 수 밖에 없는 처지에 놓이게 되었던 것이다.

한편 신혼 생활을 처가에서 시작한다는 것은 처가에서 사위의 생활을 보장해야 한다는 것을 의미했다. 『곤자쿠모노가타리』에는 '옛날 교(京)에 부모도 친척도 없이 매우 가난하게 사는 한 여인이 있었다. 젊고 아름다웠지만 가난해서 결혼도 못하고 홀로 살았다'는 이야기가 나온다. 다시 말해서 돈이 없는 집은 사위를 맞이할 수 없었다는 말임과 동시에 가난한 여성은 결혼을 할 수 없었다는 말이다. 또 설령 결혼했다 하더라도 친정 부모가 사망해서 생활에 필요한 지원을 받을 수 없는 상황이 되면, 아내는 어쩔 수 없이 "부디 돈 많은 여성을 찾아보세요" 라고 이혼을 요구해야만 했다. 11세기 말까지는 이런 종류의 사료가 상당히 많이 남아 있다. 이에가 성립하는 과정에 있었고 또 부부의 결합도 아직 확고하지가 않아서 이혼이나 재혼이 많았기 때문이다. 그러나 12세기에 들어와 모든 계층에서 이에가 확립되자 이를 안정시키기 위해, 불안정한 부부 결합의 상징이라 할 수 있는 이혼은 귀족층에서부터 감소해 간다. 단혼이 확립된 것이다.

재산을 보유한 여성들

다음 자료는 11세기 초 우대신(右大臣)에 올랐던 후지와라노사네스케(藤原実資, 957~1046)의 일기 『소우기(小右記)』에 나오는 내용이다.

오노미야(小野宮)와 장원, 목장, 마구간, 남녀, 재물 그리고 집안의 자질

구례한 것까지 모두 남김없이 딸 치후루(千古)에게 물려준다.

이것은 사네스케가 자신의 딸 치후루에게 모든 재산을 물려줄 것을 약속한 증서의 초안이다. 오노미야는 당시 아름다운 저택으로 유명했던 약 4,000평에 달하는 사네스케의 대저택을 말한다. 사네스케는 그런 오노미야뿐만 아니라 부유한 공경 신분에 걸맞은 유명 재산의 대부분, 장원, 당시의 교통수단이었던 말을 사육하는 목장과 마구간 그리고 그곳에서 일하는 하인 등, 이에 중의 모든 재산을 치후루에게 물려주겠다고 약속한 것이다.

그런데 사네스케에게는 아들이 없었던 것이 아니다. 친아들도 있었다. 그러나 사네스케는 친아들을 낳은 아내의 신분이 낮다는 이유로 그 아들을 출가시키고 그 대신 형제들의 자식인 조카를 여럿 양자로 맞아들였다. 이것은 모계 쪽 혈연도 중시하는 혈연 의식이 남아 있는 상황에서 '배는 잠시 빌리는 것'이라는 부계 혈연만을 중시하는 혈연 의식이 성립하는 과도기였기에 벌어진 현상이었다. 실질적으로 정치적 지위를 계승하게 될 양자가 있는데도 불구하고 양자에게는 재산을 거의 물려주지 않은 채 외동딸에게만 물려줬던 것이다. 안타깝게도 치하루는 90세라는 당시로서는 경이적인 장수를 누린 사네스케보다도 일찍 세상을 떠난 탓에 재산을 상속받지는 못했다.

10세기까지는 귀족과 서민을 불문하고 남녀가 평등하게 상속권을 갖고 있었다. 사네스케처럼 딸에게 재산의 대부분을 상속한 예도 있지만 평균적으로 보면 남녀가 평등했다. 헤이안 시대의 문서 대부분이 수록되어 있는 『헤이안유문(平安遺文)』의 관련 문서를 검토해 보면, 10세기까지는 모든 계층에서 남녀가 평등하게 상속하는 실태를 확인할 수 있다.

그러나 11세기에 들어오면서 귀족과 호족층에서는 아들에게 재산의 대부분을 상속하는 일이 많아졌고, 12세기에는 귀족들 사이에서 여성을 대상으로 한 일기 양여(一期譲与)[12]가 시작되었다. 한편 토지 매도 문서인 매권(売券)의 통계를 보면, 9세기까지는 매입자가 남녀 반반이던 것이 10세기 이후가 되면 여성 매입자의 모습이 거의 자취를 감춘다. 또 9세기 이후 여성은 조정의 정치적 역할에서도 배제되었기 때문에 조정으로부터 받는 급여도 거의 없는 상태였다. 이런 여성의 상속 실태와 경제 활동을 종합해 볼 때, 10세기 이후에는 여성의 재산권이 점차로 약화되어 갔다는 사실을 알 수 있다.

그렇다면 여성의 재산권이 약화된 이유는 무엇일까? 11세기 초까지 조정에 출사하는 귀족층 남성은 막대한 급여를 받고 있었다. 그러던 것이 장원 공령제(莊園公領制)가 성립하면서 급여 대신에 장원을 영유할 수 있게 되었다. 더구나 장원은 이에에 부속한 가산이 되었고 가직을 계승한 남성이 주요 재산을 상속했다. 헤이안 후기에는 귀족 여성이 친정으로부터 분리되어 남편 쪽 이에의 일원으로 인식되게 되면서, 여성에게 상속된 재산은 남편 쪽 이에의 재산이 되어 버리는 현상이 나타났다. 그러자 여성에게는 살아 있는 동안에만 재산을 물려주고 사망

12 여성은 자신이 살아 있는 동안에만 영지 등 상속받은 재산에 대해 권리를 행사할 뿐, 사망한 후의 상속 문제 등에 대해서는 주체적으로 관여할 수 없게 되었다.

하면 친정에 돌려주도록 하는 일기 양여가 시작되었던 것이다. 이것은 가마쿠라 시대 중기에 이르면 무사층에도 침투하게 된다.

사랑과 성의 갈등

11세기 중기에 작성된 『신원락기(新猿楽記)』에는 주인공인 중급 귀족 우에몬노죠(右衛門尉)의 세 아내가 등장한다. 여기에는 다음과 같이 당시의 여성관이 생생하게 묘사되어 있다.

> 첫 번째 본처는 나이가 이미 60세에 달해 얼굴의 생기도 찾아볼 수 없다. 남편 나이는 이제 겨우 40세에 불과한지라 색을 몹시도 밝힌다. 그 옛날 약관의 나이 20세에 관직에 나갈 수 있었던 것은 장인 장모의 은덕에 힘입은 바 크다. 그렇지만 성장해서 자신을 돌아보게 된 지금, 나이 차이가 너무 나는 점이 한탄스러울 뿐이다. (중략) 위아래 이는 다 빠져서 애완용 원숭이가 따로 없다. 유방은 양쪽 모두 늘어져서 마치 한여름의 소 음낭 같다. 화장을 아무리 해도 사랑해 주는 사람이 없다. (중략) 질투의 눈길은 마치 독사가 내 몸을 휘감는 것 같은 느낌이 들게 할 정도다. (중략) 그렇지만 어쩌겠는가? 이런저런 결점이 있다고는 하나 이미 자식 여럿 키운 자신의 아내인 것을!

주인공은 젊었을 때 유복한 연상의 여성과 결혼해서 처가의 도움을 받아 출세할 수 있었다. 그런데 자신이 성장하자 도리어 아내의 나이가 많다며 멀리했다. 젊은 남편은 성욕이 왕성했기 때문에, 나이 60세의 노인이 다 된 아내는 백발에 치아도 없고 주름투성인데도 남편 성욕에 맞추기 위해 열심히 몸을 가꾸려고 노력했다. 그렇지만 기껏해야 무더운 여름날 힘없이 늘어진 소 음낭 같은 유방이라니. 젖을 먹여 여러 자식을 길렀으니 유방이 늘어진 것은 당연한 일이 아닌가! 물론 작자는 남성.

평생을 함께 하는 것이 부부다. 잠자리를 함께 하고 일을 함께 하고 자식을 양육하고 싸움도 하면서 부부애는 더욱 깊어지기 마련이다. 『만요슈』의 상문가(相聞歌)에는 남편과 평생 동거할 수 있기를 간절히 바라는 여성의 노래가 수록되어 있다. 그러나 귀족 여성을 기다리고 있던 것은 여러 명의 아내와 첩을 거느린 남성과의 결혼이었다. 남편을 기다리다 지친 애절한 밤이지만 아내에게는 남편 이외의 남성과 성관계를 맺는 것이 기본적으로는 허용되지 않았다. '기본적으로는'이라고 표현한 이유는 에도 시대 무사의 아내들처럼 엄격한 법도가 사회규범으로서 존재하고 있는 상황은 아니었기 때문이다. 『겐지모노가타리』에는 남편 이외의 남성과 성관계를 가진 여성이 깊은 죄책감과 후회로 번민하는 모습이 잘 묘사되어 있다. 그러나 남편인 천황은 그 사실을 알면서도 이혼하지 않는다. 불륜으로 태어난 자식에게 황위를 물려주기까지 한다. 물론 픽션이기에 가능한 일이라고 말할 수도 있을 것이다. 그러나 당시에 베스트셀러가 된 배경에는 독자의 공감이 있었기 때문이다.

이에가 성립하자 자신의 아들에게 확실하게 이에를 물려줄 필요가 있었다. 이를 위해서도 아내가 다른 남성과 정을 통하는 것을 금지하는 한편, 남편은 많은 아이를 낳기 위해 아내 이외의 다른 여성과의 성관계를 정당화했다. 불평등한 성관계가 성립한 것이다. 이것은 경제적으로 남편에게 의존할 수밖에 없었던 귀족층에서 특히 심했다. 반면에 노동의 한 축을 담당하던 서민 여성의 경우에는 그렇게까지 심하지 않았다. 왜냐하면 아내를 종속시키는 데 필요한 배경이 될 만한 것이 없었기 때문이다.

주부권의 탄생

그러면 이번에는 『신원락기』에 등장하는 후처상에 대해 살펴보도록 하자.

후처는 남편과 동갑이다. 서시(西施: 중국 제일이라 일컬어지던 미녀)를 능가하지는 못할지언정 특별한 하자도 없다. 마음가짐이 조화로워서 그릇 모양에 자신을 맞추는 물과 같다. 강직함과 부드러움, 나아가고 물러섬이 마치 바람에 몸을 맡긴 구름과 같다. 하물며 재봉, 염색, 직물, 방적, 관복의 준비는 물론이거니와 매매 수완이나 이에의 관리, 일상의 일처리 등에서도 어느 것 하나 빠지는 것이 없다. 아침저녁의 식사 준비는 마음에 꼭 들고 여름 겨울의 옷차림은 시기적절하다. 두건, 복장, (중략) 말, 안장, 화살 통, 종자, 일족 등 모든 것이 아내의 덕임에 감복할 따름이다.

본처와 달리 후처는 평판이 매우 좋았다. 미인은 아니지만 남편의 말을 잘 들었다. 직접 길쌈을 해서 의복을 만들고 남편이 조정 행사에 입고 갈 알맞은 관복도 준비했다. 또 현물로 지급받은 물품을 시장에 들고 나가 생활필수품과 교환하는 데도 수완을 발휘했다. 이에를 돌보는 것은 물론 이에의 종자와 하인, 하녀들을 관리하고 통솔하는 것도 아내의 몫이었다. 이에가 성립하면서 남편이 가장으로서 이에를 대표하게 되었지만 이에 내부의 관리는 아내의 담당이 된 것이다. 이른바 '주부권'의 성립이다. 가부장제 가족으로서의 이에의 성립은 여성이 남성에게 종속되는 결과를 가져온 것이 사실이지만 이에 내에서의 아내의 권한은 크고 강했다.

농민층에서도 이에를 대표해서 토지 대장 등의 공적 명부에 이름을 올린 것은 남편이지만 실제로는 아내가 이에 내부의 통솔, 식료의 분배, 하인 그중에서도 특히 하녀의 관리 등과 같은 중요한 일을 분담했다. 물론 모내기, 제초, 양잠, 벼 베기, 탈곡 등의 농업 노동도 병행해 가면서 이에 내부의 일까지 처리했던 것이다. 중세의 에마키모노(絵巻物)[13]를 보면 주부의 자리는 이에의 귀중품을 보관하거나 침실로 쓰기도 하는 헛방 앞 중앙에, 마치 그 헛방의 수호신인양 위치하고 있다. 주부권의 강대함을 상징하는 듯하다.

그러나 주부권은 어디까지나 이에가 성립하는 과정에서 생겨난 것으로 남성의 가장권에는 미치지 못했다. 더구나 이런 주부권을 행사할 수 있는 여성은 헤이안 시대에는 극소수밖에 없었다. 오히려 대다수의 여성은 그 주부권에 복종하는 존재에 지나지 않았다.

13 이야기나 전설 등을 그림으로 그린 두루마리.

2. 중세의 '유녀'

중세의 '유녀'

아시가라산(足柄山)에서 생긴 일이다. 달도 없는 캄캄한 한밤중에 유녀 셋이 어디선가 나타났다. 나이는 각각 50세, 20세, 15~16세쯤 되어 보였다. 모두가 묵고 있는 오두막 앞에 지우산을 쓰고 앉게 했다. 유녀는 예전에 '고하타'라 불리던 유녀의 손녀라고 했다. 머리카락이 아주 길고 앞머리도 매우 아름다웠다. 피부는 희고 깔끔한 느낌이 들었다. "그것 참, 궁녀로도 손색이 없겠네!"라며 모두가 감탄했다. 그러자 그녀는 세상 어느 것에도 비할 바 없는 아름다운 목소리로 하늘에 울려 퍼지도록 노래를 부르기 시작했다. 모두가 감탄해서 가까이 불러놓고는 "사이고쿠(西国)의 유녀는 도저히 이렇게까지 잘 부르지는 못할 거야"라며 칭찬을 쏟아냈다. 이 말을 들은 유녀는 이번에는 '나니와(難波: 지금의 오사카 지방)의 유녀에 비하면'이라는 유행가를 멋지게 불렀다.

이것은 『사라시나일기(更級日記)』의 일부로 필자인 스가와라노다카스에노무스메(菅原孝標女, 1008~?)가 13세 때 가즈사노국에서 상경하는 도중에 실제 체험한 11세기 초의 일을 기록한 것이다. 당시 유녀의 용모와 생활상은 물론 이를 바라보던 사람들의 반응 등을 살펴볼 수 있다. 특기해야 할 점은 후대에 비해 유녀의 예능 수준이 질적으로 대단히 높았다는 사실이다. 유녀는 목소리가 아름답고 노래가 능숙할 뿐만 아니라 현장의 분위기에 잘 어울리는 노래를 선별해서 즉흥적으로 대응할 수 있는 감각과 재능을 겸비하고 있었다.

한편 유녀와 유사한 직능을 보유한 구구쓰(傀儡子)라 불리는 사람들이 있었다. 이들은 원래 남녀 혼성 집단으로 남성은 주로 사냥에 종사했지만 그와 동시에 다양한 예능을 선보이는 역할도 했다. 이에 비해 노래를 부르고 성을 파는 일을 가업으로 삼고 있던 여성은 남성보다 돈벌이가 좋았을 뿐만 아니라 귀족에게도 얼굴이 잘 알려져 편의를 도모할 수 있었다. 미노노국 아오바카(青墓)의 구구쓰 오토마에(乙前) 등은 교토 헤이안쿄에 초대되었을 때 유행가 마니아였던 고시라카와 법황(後白河 法皇, 1127~1192)에게 자신의 기예를 전수하기도 했다.

흔히 '유녀'라 하면 유곽 안에서 자유를 박탈당한 채 살아가던 에도시대의 여성을 떠올리기 십상이다. 그러나 여기에서 설명하는 중세의 '유녀(구구쓰, 시라뵤시 등을 포함)'는 성을 팔기는 하지만 각자 노래와 춤 등의 수준 높은 예능을 몸에 익히고, 이를 무기로 비교적 자율적인 생활을 영위하던 일종의 '여성 예능민'에 가까운 존재였다.

그런 성격의 중세 '유녀'가 등장한 것은 10세기로 추측된다. '유녀'라는 말이 최초로 수록된 당시의 사전 『와묘루이쥬쇼』에는 '유행여아'의 일본식 명칭이 '우카레메' 또는 '아소비'로 표기되어 있다. 그리고 '낮 시간에 이곳저곳을 유력하며 활동하는 사람을 유녀라 하고, 밤이 오기를 기다려 성을 파는 사람을 야호치라 한다'라는 설명이 붙어 있다. 이 시기의 유녀가 성을 팔았다는 사실은 동시대의 사료로 보아 의심할 여지가 없다. 그렇지만 10세기의 시점에서는 성매매를 전문으로 하는 야호치와 명확하게 구별되고 있었다. 그러던 것이 11세기 중엽에 성립한 『신원락기』에 '16번째 딸은 유녀와 야호치의 리더로 유녀들이 모여드는 에구치(江口)와 가와지리(河尻)에서도 이름난 미인이다'라고 기록되어 있듯이, 시간이 지나면서 유녀와 야호치는 혼동되기 시작했다. 유녀의 가업 중에서 성을 파는 일이 조금씩 비중을 높여가는 양상을 엿볼 수 있다.

여성 리더와 유녀들

『사라시나일기』에서 확인했듯이 유녀들은 나이가 서로 다른 세 명의 여성이 한 팀을 이루어 움직이고 있었고, 머리는 길게 늘어뜨렸으며 지우산을 갖고 다녔다. 동시대의 사료인 『본조문수』에는 더 구체적인 내용이 나온다. 즉 '젊은 여성은 화장을 하고 노래를 불러 사람들의 애간장을 녹인다. 나이든 여성은 우산을 둘러멘 채 상앗대를 품고 있다'라고 하여 나이든 여성과 젊은 여성의 분업 양상을 묘사하고 있다. 후세의 작품이기는 하지만 『호넨쇼닌에덴(法然上人絵伝)』에는, 머리를 늘어뜨린 채 장구를 들고 붉은색 하카마(袴)와 고우치기(小袿)[14] 복장을 한 유녀와 우산을 펼쳐 들고 조각배를 젓는 유녀가, 3인 1조로 동행하는 모습이 묘사되어 있어 흥미롭다.

유녀는 자신을 불러 주지 않은 귀족의 연회에도 마음대로 참석하는 것이 허용되었는데 이를 '스이산(推参)'이라 한다. 13세기의 설화집 『고사담(古事談)』에는 '후지와라노미치나가(藤原道長)가 출가한 후 시치다이사(七大寺)를 참배하고 돌아가는 길에, 가와지리에서 유녀 쇼칸논(小観音)의 갑작스러운 방문을 받고는 얼굴이 빨개져서 자신이 입고 있던 옷을 벗어 주며 돌려보냈다'라는 이야기가 나온다. 만년의 미치나가는 권력을 한 손에 장악한 아무것도 두려울 것이 없는 존재였다. 그런 미치나가가 유녀의 갑작스런 방문(스이산)에 당황해서 얼굴을 붉혔다는 일화는 유녀들이 큰 제약 없이 상당히 자유롭게 행동할 수 있는 존재로 인식되고 있었다는 사실을 말해 준다. '유녀'는 귀족이 주최하는 대규모 행사가 열릴 때면 여러 척의 배에 나눠 타고 집단으로 몰려가기도 했다. 그 경우 유녀들이 맡은 역할은 성을 파는 일만은 아니어서 행사 중에 주로 가요 등의 예능 서비스를 제공하고 그에 상응하는 보수를 받기도 했다. 당시의 사료를 보면 보수로는 쌀이나 견사 등의 분배 가능한 물품이 유녀 집단 전체에 다량으로 지급되었다. 또 예능 솜씨가 뛰어나거나 마음에 드는 유녀가 있을 경우에는 귀족들이 개인적으로 자신이 입고 있던 옷을 벗어 주는 일도 있었다.

11세기 말의 학자 오에노마사후사(大江匡房, 1041~1111)가 쓴 『유녀기(遊女記)』를 보면 유녀들은 집단으로 지급받은 물품을 다음과 같은 방식으

---

14 하카마는 일본 옷의 겉에 입는 주름 잡힌 하의. 고우치기는 헤이안 시대에 상류 계급 여성이 입던 약식 예복.

무로쓰(室津)의 유녀(『호넨쇼닌에덴』)

로 나누어 가졌다.

분배 때가 되면 수치심 따위는 신경조차 쓰지 않아서 살벌한 광경이 연출되었다. 크고 작은 말다툼은 마치 전쟁터를 방불케 했다. 비단은 조각조각 잘게 잘랐고 싸라기까지도 조금씩 나누어 가졌다. 모두에게 공평하게 돌아갈 수 있도록 분배했다.

유녀들은 서로 다투면서도 받은 물품을 비교적 공평하게 나누어 가졌다. 다만 위에서 소개한 쇼칸논과 같이 고위 귀족과 교류가 깊은 예명을 지닌 유녀는, 보통의 유녀들보다 한 단계 높은 리더의 입장에서 유녀 집단을 통괄하고 있었던 것으로 생각된다. 중세의 '유녀' 집단은 여성 리더를 필두로 어느 정도 평등하고 자유로운 관계를 형성한 상태에서 자율적으로 운영되던 것이 특징이다.

또 아시가라야마의 유녀가 자신을 유녀 '고하타'의 손녀라고 소개한 것처럼 '유녀'가 하나의 가업으로서 어머니로부터 딸과 손녀에게로 대물리고 있었다는 점도 중요하다. 고시라카와 법황에게 유행가를 가르친 아오바카의 구구쓰 오토마에는 양녀였지만 어머니에게서 유행가를 배웠고, 오토마에 주위에 있는 다른 구구쓰도 여성 계통의 혈연관계를 중심으로 대를 이어가며 예능을 계승했다. 중세의 '유녀'가 등장해서 활약하던 시대는 아버지로부터 아들에게로 재산과 가업이 대대로 계승되는 이에의 원리가 침투해 가던 시기였다. 그와 똑같은 원리로 '유녀'의 세계에서도 어머니로부터 딸과 손녀에게로 가업이 계승되었던 것이다.

'유녀'의 쇠퇴

12세기 후반에서 13세기로 접어들면 '유녀'는 교토와 가마쿠라 등 중세의 대도시를 왕래하면서 지방의 교통 요충지에 거점을 두게 된다. 오토마에의 출신지인 미노노국의 아오바카가 바로 그런 예에 해당한다. 『헤이지모노가타리(平治物語)』에는 오이(大炊)라는 '유녀'가 아오바카 역참(青墓宿)의 리더로 기록되어 있다. 스루가노국(駿河国) 우쓰노야향(宇都谷郷)의 이마 역참(今宿)에서는 구구쓰 여성이, 역참의 운영과 관련해서 새로운 세금으로 '여인잡사(旅人雑事)'와 '재가간별전(在家間別銭)'이 부과된 것에 항의해서 소송을 걸어 승소하기도 했다. 이 구구쓰메는 사위가 3대에 걸쳐 우쓰노야향의 아즈카리도코로다이(預所代)[15]를 맡을 정도로, 그 지역의 실력자이자 역참의 리더와 같은 존재였다. 이처럼 '유녀'들은 지방 교통의 요충지에서 때로는 역사의 공식 무대에 모습을 드러낼 정도로 실력을 과시했고, 또 어느 정도 자율성을 확보한 상태에서 경영을 주도하는 모습도 보여 주었다. 그러나 중앙의 통치 권력이 침투해 교통망을 정비하는 부분에까지 힘이 미치게 되자, 유녀들의 자유로운 활동은 서서히 제약을 받게 되었고 결국에는 몰락의 길을 걷게 된 것으로 보인다.

그러면 교토와 가마쿠라 등과 같은 도시의 유녀는 어떻게 되었을까? 가마쿠라 시대에 편찬된 『아즈마카가미(吾妻鏡)』에는 '시모게바교(下々馬橋) 서쪽의 색줏집에서 주연과 난무가 어우러진 연회가 열렸다'라는 기록이 나온다. 이것으로 보아 가마쿠라의 번화가인 와카미야오지(若宮大路)에 문을 연 '색줏집'이 무사들의 사교장으로 번창하고 있었다는 사실을 알 수 있다. 명칭만으로도 여기에서 '유녀'가 성을 팔고 있었던 것은 분명할 것이다. 교토에서도 이와 유사한 형태로 색줏집이 번창했을 것으로 생각된다.

한편 무로마치 시대에는 즈시기미(辻子君)라는 것이 등장한다. 즈시는 교토 시내에 새롭게 만들어진 좁고 긴 길을 말하고, 즈시기미는 여기에 늘어서 있는 색줏집에서 손님을 받게 된 '유녀'의 몰락한 모습을 일컫는 말이다. 15세기 중엽의 교토에서는 시내에 있는 집 10채 중 4~5채가 창루였을 정도로 매춘이 번창했다. 즈시기미에게 요구되는 것은 이제 더 이상 지난날의 '유녀'와 같은 질 높은 예능이 아니었다.

---

15 아즈카리도코로는 장원 영주를 대신해서 장원을 지배, 관리하는 사람을 말한다. 장원 영주인 중앙의 귀족은 장원의 수가 늘어나 기존의 아즈카리도코로만으로는 관리가 어려워지자 아즈카리도코로의 대관으로 아즈카리도코로다이를 임명해 장원의 관리를 맡겼다.

그들에 대한 세상의 눈도 변했다. 즈시기미가 살던 장소는 '지옥즈시(地獄辻子)'라 부르거나 또는 여성의 성기 모양을 닮은 조개 이름을 빗대어 '가세즈시(加世辻子)'라 불렀다. 일찍이 '간논'이라 불리던 '유녀'가 이제는 '지옥'이라 불리게 된 것이다.

즈시기미가 묘사되어 있는 16세기 초의 『칠십이번직인가합(七十二番職人歌合)』에는 즈시기미 옆에 머리에 무언가를 뒤집어 쓴 야리테바바(遣手婆)[16] 같은 여성이 보인다. 그림 속 대화에서는 "시골뜨긴데요"라고 말하며 뒷걸음치는 손님에게 "아는 분이네요. 어서 안으로 들어오세요"라면서 안으로 들어올 것을 재촉하는 역할을 하고 있다. 일찍이 '유녀'에게 우산을 씌워 주고 나룻배를 저어 주던 나이든 유녀가 이렇게 모습을 바꾼 것인지도 모른다.

조금 더 후대로 내려오면 나이든 유녀의 역할은 남성 중매인이 대신하게 된다. 예를 들면 당시의 세금인 공사전(公事錢)을 납부하는 주체는 이마숙의 그 유명했던 구구쓰메가 아니라 '게이세이야(傾城屋)'의 '나코도카타노테이슈(仲人方之亭主)' 즉 중매인의 리더였다. '색줏집'도 성(城)을 쇠망하게 한다는 의미의 '게이세이야'로 이름을 바꿨다. 여성 리더를 필두로 마음 내키는 대로 귀족들 사이를 누비던 유녀 집단은 이제는 지나가 버린 옛날 일이 되어 버렸다. 게이세이야는 에도 시대 유곽의 영업 형태에 점점 더 접근해 갔다.

교토 시내에서는 특정 장소에 자연 발생적으로 '게이세이야'가 집

---

16 에도 시대에 유곽에서 만사를 총괄하던 나이든 여성.

중되는 현상이 벌어졌다. 1588(天正17)년 도요토미 히데요시(豊臣秀吉, 1537~1598)의 통치 하에 있던 교토에서는 정치적 배려에서 이들 게이세이야가 니죠야나기마치(二条柳町) 한 곳으로 모여들게 되었고, 이로써 유곽의 원형이 형성되었다. 이것은 도쿠가와 이에야스(徳川家康, 1542~1616) 시대부터 시작된 본격적인 집창화에 비하면 소규모이기는 하지만 유곽의 선구적 존재로서 주목된다.

여성 예능민의 쇠퇴

유녀의 계보를 잇는 여성 중에는 전통적 예능을 물려받아 예능민으로 살아가는 여성도 있었다. 『칠십이번직인가합』에는 즈시기미와 함께 시라뵤시와 구세마이(曲舞) 등이 묘사되어 있는데, 이들은 즈시기미에 비해 예능자로서의 성격이 훨씬 강한 여성이었다. 시라뵤시는 원래 춤의 형식을 일컫는 명칭이었으나 가마쿠라 시대에 들어오면서 그 춤을 추는 여성 자신을 가리키는 말로 쓰이게 되었다. 시라뵤시의 원류는 구구쓰라고 주장하는 사람도 있다. 전성기에는 유녀와 함께 고토바상황(後鳥羽上皇, 1180~1239)에게 불려가 프로그램을 준비하고 그에 따라 춤을 선보이던 무리도 있었다. 그러나 15세기에는 '게이세이, 시라뵤시, 야호치의 패거리'라고 일컬어졌듯이 시라뵤시도 매춘을 본업으로 하는 여성과 동일한 부류로 취급되었다.

한편 온나쿠세마이(女曲舞)는 시라뵤시마이(白拍子舞)에서 갈라져 나와 발달한 예능이다. 15세기 후반에는 이미 미노국 출신의 좌(座)[17] 조직에 편입되어 남성이 연기하는 예능의 일부로서 공연되고 있었다. 또 남도(南都) 고후쿠지(興福寺)의 지배하에 있으면서 가도즈케게이(門付け芸: 걸립 예능)를 전문으로 하던 쇼몬지(声聞師) 집단에 소속된 온나쿠세마이도 있었다. 이렇게 예능민으로 살아가던 여성도 남성 중심의 예능 집단에 편입되어 그 일부분을 담당하는 역할에 머물거나, 쇼몬지처럼 사회에서 차별받는 예능 집단에 흡수되는 처지가 되었다. 다시 말해서 자립한 여성 예능민 집단으로서 존재하던 과거의 유녀와 같은 모습은 더 이상 찾아볼 수 없게 된 것이다. 그렇게 된 배경으로는 중세 시대를 거치면서 여성의 사회적 지위가 낮아진 점, 예능에 대한 사회적 관점이 변해 버린 점 등을 생각해 볼 수 있다. 앞서 언급한 중세적 유녀는 이제 완전히 몰락해 버렸다고 할 수 있다.

17 가마쿠라, 무로마치 시대에 조정이나 귀족, 사사(社寺) 등의 보호를 받는 상공민이나 예능 집단으로 구성된 특권적 동업 조합을 말한다.

3. 취가혼으로의 움직임과 부부의 애정

남성의 가업 계승과 여성의 역할

무사 계층에서도 12세기에는 '이에의 계승' '무사의 이에'라는 말이 사용되었듯이, 선대의 위업을 이어받는 이에가 성립하고 가업이 계승되는 현상이 나타났다. 가마쿠라 시대의 무사의 가업은 영지를 개발해 경영하고, 그 경영을 거점으로 주군을 섬기면서 경호 역할을 맡거나 전쟁에 참가해 영지를 하사받는 일이었다. 무력은 농민을 지배하는 데 필요했고 또 주변 지역의 무사나 고쿠시(国司)[18]와의 싸움을 위해서도 필요했다. 유력한 무사는 막부의 역직을 담당하거나 고쿠후(国府)의 관리가 되었고 또 지토(地頭)[19]에도 임명되는 등 권력의 일부를 떠맡는 역할을 했다. 그러나 전투나 경호에 직접 참가하기 어려운 여성은 막

---

18 고쿠시란 고대에서 중세 시대의 지방 행정 단위인 구니(国)의 행정관으로서 중앙에서 파견된 지방관을 말한다. 고쿠시가 정무를 집행하던 관청을 고쿠가(国衙) 또는 고쿠후(国府)라고 부른다. 고쿠후는 고쿠가의 소재지를 의미하기도 한다.

19 가마쿠라 막부가 전국의 장원에 두었던 관직이다. 장원을 관리하고 조세의 징수나 치안 유지 등을 담당했다.

부의 역직을 맡을 수 없었고 장관(莊官)[20]이나 묘덴의 소유주인 묘슈의 지위에서도 대부분 배제되었다. 미나모토노요시나카(源義仲, 1254~1284)의 첩이었던 도모에고젠(巴御前)이나 한가쿠(板額) 같이 무용(武勇)으로 이름을 날린 여성도 있지만 그것은 어디까지나 예외적인 일이었다. 무력을 배경으로 한 정치적 권력과 그에 걸맞은 경제력을 확보한 무사는 가족의 가장으로서의 권력을 강화시켜 나갔다.

무사 부부는 어떤 형태의 역할 분담을 통해 그 경영을 유지하고 있었던 것일까? 13세기의 세상 이야기를 모아 놓은 『사석집(沙石集)』에 등장하는 어느 무사는 여성에게 청혼할 때 "자, 함께 삽시다. 내게 영지가 약간 있는데 당신이 재산 관리를 해 주었으면 좋겠소"라고 말했다. 여성도 남성의 뜻을 따라 '행복하게 아주 잘' 살았다고 한다.

지토 클래스의 무사는 보통 수로나 보루로 둘러싸인 꽤 넓은 택지 안에 가족과 가신이 사는 가옥, 하인이 기거하는 오두막, 마구간과 대장간 등의 작업장, 창고 등을 짓고 살았다. '이에의 주인'인 무사는 자신이 직영하는 저택 주변의 전답을 하인이나 친족, 가신 등에게 경작시키거나 영내에 사는 농민을 부역으로 동원해 경작시켰다. 동시에 농민이 장원 영주에게 납입하는 연공을 징수하고 그중의 일부를 수입으로 삼았다. 영내에 거주하는 일족의 자제와 그 밖의 무사를 규합하여 강력한 무사단을 조직하는 것도 임무였다. '이에의 여성'인 아내는 거점인 저택에서 아이를 낳아 기르고 창고 등에 보관된 가산을 관리하는

---

20 장관이란 장원 영주로부터 현지의 장원 관리를 위임받은 사람을 총칭하는 표현이다.

동시에 하인들을 지휘하여 제사, 염직, 의복의 봉제 등 의료 생산을 분담했다. 수확물을 팔아 필요한 물자를 사들이고 갑옷과 무기를 갖추어 마련해 두었으며, 식사를 준비하고 하인을 양육하는 등 생활을 책임지고 노동력을 재생산하는 데 공헌했다. 일족 간 결합의 요체가 되어 무사단의 단결을 굳건하게 하는 역할도 담당했다. 생산 노동과 소비 생활을 관리하고, 노동력의 생산과 재생산을 위해 노력하는 아내의 역할이 얼마나 중요했는지를 잘 알 수 있다.

그러면 서민 여성은 어떤 생활을 하고 있었던 것일까? 당시 서민은 울타리를 친 좁은 부지 안에 주춧돌도 없이 기둥을 세우고 초가지붕을 얹어 만든 좁고 열악한 오두막에 살았다. 이들 서민의 신분은 소규모 묘슈, 장관이나 묘슈의 토지를 경작하는 하층 농민, 아침저녁으로 주인집 잡일이나 논밭 일을 하는 하인, 어부나 행상, 수공업 직인 등이 대부분이었다. 아내는 남편과 함께 생산 노동에 종사하는 한편 육아일도 맡았다. 에마키모노에는 서민 남녀의 일상생활이 생생하게 묘사되어 있다. 이에 따르면 남성도 아이를 돌보거나 요리 특히 닭이나 생선을 손질해 굽는 일을 맡아서 했다. 농민의 아내는 모내기와 벼 베기에 가담하는 것은 물론 오두막 근처 텃밭에서 채소 등을 재배하고 또 양잠을 해 실을 뽑아 옷감을 짰다. 그중에서도 목면이 아직 발달하지 않은 당시의 상황에서, 삼을 말려 실을 뽑고 삼베를 짜는 일은 장시간을 필요로 하는 중노동이었다. 어린 아이를 발가벗긴 채 자신이 입고 있는 옷 속에 넣어 업은 상태로 물을 긷거나 빨래를 하는 모습도 보인다. 『사석집』에 따르면 영지를 양도받지 못한 가난한 지토의 적자는 사람들이 자신의 아내에 대해 "머리꼭지에 머리카락 한 올 없다던데" 라며 비웃는 소리를 듣고는 "하인이 없어서 매일 직접 머리에 물을 이고 나르기 때문이다" 라고 대답했다고 한다.

이 시대에 등장하는 에마키모노에는 아이를 돌봐 주는 사람의 모습이 전혀 보이지 않는다. 항상 아이 엄마가 아이를 업은 채 일을 하고 있다. 당시에는 노동 생산성이 낮고 상품 생산이 아직 발달하지 못해서 수작업이 많았다. 그 때문에 아내는 집 주변의 노동에 매달릴 수밖에 없었는데, 이것이 오히려 아이를 가까이 둘 수 있는 요인으로 작용했던 것 같다. 또 노인도 아이를 돌보는 일을 도와주었기 때문에 아이를 돌 볼 사람을 따로 둘 필요성을 느끼지 않았을 것이다. 한편 아이는 부모를 위해 심부름을 하거나 몸이 불편한 노인을 도왔다.

이렇게 부부는 서로 돕는 관계에 있었지만, 곡물 중심의 농업 경영의 주도권을 장악하고 부역을 매개로 영주로부터 경영의 책임자로 인정받은 남성이, 점차 가장권을 장악해 가게 된다.

분할 상속과 고케(後家)의 권한

『사석집』에는 단고노국(丹後国: 현 京都府)에서 비교적 유복한 생활을 하던 한 묘슈가 처분장을 남긴 사례가 실려 있다. 여기에는 8명의 남성과 여러 명의 여성에게 재산을 상속하는 문제와 관련하여 '적자에게 주로 물려주고, 차남 이하 나머지 자식들에게는 차례로 조금씩 줄여 골고루 물려주도록 하라'고 적혀 있다. 이렇게 뒤를 이을 적자(꼭 장남을 의미하는 것은 아니다)를 위주로 남녀 자식들에게 분할 상속(여성은 상속분이 적었다)하고, 적자 = 총령의 지휘 아래 형제자매가 재산 규모에 따라 연공과 공역(公役: 병역이나 부역)을 부담하는 것이 당시의 관습이었다. 자식은 부모 양쪽으로부터 재산을 물려받았고 부부는 별산제였기 때문에 아내는 재산 처분권을 갖고 있었다. 부부의 연대가 강해짐에 따라 남편이 아내에게 재산을 양여하는 일도 늘어났지만, 그 영지는 남편이 중죄를 범하거나 아내가 죄를 짓지 않는 이상 몰수되지 않았다. 남편과 사별한 후 재혼하는 것은 자유였으나 이 경우에는 남편에게서 물려받은 영지를 반환해야 했다. 아이가 없는 여성이 양자를 들여 재산을 물려줄 수도 있었다.

이 시대에 부모가 행사하던 막강한 친권과 상대적으로 미약한 자식의 권리는 지금의 기준에서 보면 상상 그 이상이었다. 불효로 간주되면 재산을 물려받을 수 없었고 의절당하는 경우도 있었다. 일단 물려준 재산이라 하더라도 자식이 마음에 들지 않으면 부모는 그 재산을 되돌려 받을 수 있었다. 호조 도키요리(北条時頼, 1227~1263)를 시중들던 여관(女房)이 홧김에 아들자식이 자신을 폭행했다고 신고하는 바람에 그 자식은 영지를 몰수당한 채 유형에 처해졌다. 나중에 가서야 어머니의 거짓을 두둔한 아들의 '지극한 효심'이 밝혀져 칭송받게는 되었지만 말이다. 막부의 법은 아무리 불합리한 경우라 해도 부모를 고발하는 것 자체를 인정하지 않았다.

부부의 깊은 유대와 이 시대의 강한 친권 덕분에 남편의 영지를 고케(後家: 미망인)가 대부분 상속받고 또 남편을 대신해 가장의 자격으로 자녀들에게 배분하는 일도 생겨났다. 이것을 고케의 처분권이라 하는

데 남편의 유언이나 처분하지 않은 재산이 있을 경우 행사했다. 분고노국(豊後国: 현 大分県)의 슈고(守護)[21] 오토모 요시나오(大友能直, 1172~1223)의 고케였던 비구니 신묘(深妙)의 경우를 살펴보자. 신묘는 남편으로부터 본거지(相模国: 현 神奈川県)와 분고노국 양쪽 영지의 지토직을 '자식들의 어머니이자 부부였다는 이유'로 물려받았다. 신묘는 그 후 처분장을 작성해 영지를 적자 이하 다섯 명의 형제와 세 명의 자매에게 분배했고, 이들 형제자매에게 앞으로 적자의 지배에 따를 것을 지시했다. 막부는 여성이 지토직을 상속할 경우에도 이를 정식으로 인정하고 있었기 때문에, 신묘는 '이에 중의 잡다한 일'뿐만이 아니라 '영지의 수호'를 책임지게 되었고 또 고케닌으로서 마땅히 해야 할 각지의 경호 임무도 아들이나 사위를 동원해 수행하게 되었다.

이 시대에 들어오면서 고케나 여성이 상속받은 영지를 사망한 후에 총령에게 반환하는 일기 상속(一期相続)이 시작되기는 했지만, 실제로는 처분권을 동반한 영대 상속(永代相続)이 많았다. 그러던 것이 무로마치 시대에 들어와 장자의 단독 상속으로 이행하게 되면서, 여성의 상속분은 거의가 일기 상속이 되었고 그 규모도 축소되어 갔다.

이렇게 재산을 가질 수 있는 사람이 있었던 반면, 아무것도 갖지 못한 채 주인에게 복종만 해야 하는 처지의 하인도 많았고, 가난 때문에 어렵게 낳은 아이를 길에 버리거나 몸을 파는 여성도 많았다. 13세

---

21 슈고는 가마쿠라, 무로마치 시대의 직명으로 유력한 고케닌 중에서 선발되었다. 각 구니(国)에 파견되어, 평시에는 모반인이나 살인자를 검거하는 등 구니의 치안을 유지하고 전시에는 무사들을 지휘하는 역할을 맡았다.

기의 불교 설화집인 『선집초(選集抄)』의 필자는 에치고노국(越後国: 현 新潟県) 시다(志田)의 가미무라(上村)라 불리는 바닷가 나루터의 아침 시장에서 해초와 견포, 말 등에 섞여서 사람이 인신매매되는 현장을 목격했다. 그중에는 어린아이와 한참 일할 나이의 성인뿐만 아니라, 백발에 허리가 굽은 노인이 얼마 남지 않은 목숨을 연명하려고 자신의 몸을 팔고 있었다고 한다. 가마쿠라 말기에 사누키노국(讃岐国: 현 香川県) 구사키노쇼(草木荘)에 살고 있던 도로쿠(藤六)와 히메야샤(姫夜叉) 부부는, 여덟 살짜리 아들 치마쓰(千松)를 '아이도 살고 나도 살기' 위해 고작 단돈 500문에 내다 팔았다. 게다가 만약 아이가 도망칠 경우에는 부부가 목숨을 걸고 찾아내겠다는 약속까지 했다. 막부는 기본적으로 인신매매를 금지했지만 기근이 발생할 경우에는 공공연하게 이를 인정했다.

취가혼으로의 전환

가마쿠라 시대에는 애초부터 아내를 남편 집으로 맞아들이는 취가혼(부방 거주. 단, 이 경우 부모 부부와 자식 부부는 동거하지 않는다. 또는 남편 쪽에서 거주할 곳을 제공하는 독립 거주)이 늘어났다.

1191(建久2)년 섭정 후지와라노가네자네(藤原兼実, 1149~1207)의 적자인 좌대장(左大将) 요시쓰네(良経)와, 쇼군 미나모토노요리토모(源頼朝, 1147~1199)의 조카이자 게비이시의 장관 이치조 요시야스(一条能保, 1147~1197)의 딸이 결혼할 당시의 이야기에는 그런 사정이 잘 드러나 있다. 가네자네의 일기 『옥엽(玉葉)』에 따르면 처음에 쇼군 요리토모는 딸을 사위집으로 보내는 취가혼을 생각하고 있었다. 요리토모로서는

그것이 무사의 관습이고 또 귀족의 1인자인 가네자네의 적자에게 경의를 표하는 방법이라고 생각했을 것이다. 그러나 가네자네는 "여성을 맞아들이는 식의 결혼은 좋지 않다. 따라서 이쪽에서는 신혼부부를 위한 주거 준비 따위는 하지 않겠다"고 말하고, "요즘 유행하는 결혼 방식은 정말 불쾌하다"고 분노했다. 요리토모는 "모두 가네자네 님의 뜻에 따르도록 하라"고 요시야스에게 말했지만, 요시야스는 여전히 적당한 집이 없다며 주저했다. 그러자 가네자네는 "요시야스가 살고 있는 집(一条家) 정도면 충분하지 않은가? 좁은 것 따위는 문제가 되지 않는다"라고 말했다. 결국 결혼식은 요시야스의 집에서 데릴사위를 맞이하는 식으로 거행되었고 신혼부부는 그 집을 신혼집으로 정했다. 처방 거주혼이었다. 데릴사위가 곧 양자를 뜻하는 것은 아니지만 취가혼과 비교해 볼 때 결혼 생활을 시작하는 방식에서 차이가 큰 것은 분명했다. 이렇게 데릴사위 식을 밀어붙이는 일은 가네자네에게조차도 "요시야스와의 사이에서 수십 번이나 말이 바뀌는 통에 진절머리가 날 정도다. 좀처럼 보기 드문 일이다"라고 개탄할 정도로 실현하기가 어려운 상황이었던 것이다.

『사석집』에도 시나노(信濃: 현 長野県) 사라시나(更科)의 한 지토 집안의 세 딸이 제각기 생가를 떠나 자신들의 남편인 다른 지역의 지토 집으로 옮겨가서 사는 사례가 나온다. 가부장제가 진행됨에 따라 처방 거주혼과 처가가 주거를 제공하는 독립 거주혼이 줄어들고, 처음부터 아내를 남편 집으로 맞아들이는 부방 거주혼 내지 남편 쪽에서 주거를 준비하는 독립 거주혼으로 시대는 변해 가고 있었다.

아내를 맞아들이는 형태의 결혼인 취가혼은 부부관계를 안정시키고 애정을 돈독하게 해 주었다. 남편은 아내에게 고마움을 느껴 영지를 물려주게 되었고 아내는 남편이 죽은 후 출가하여 명복을 빌었다. 남편이 아내의 죽음을 슬퍼하여 출가한 예도 있다. 부부는 인연이 있어 맺어진 사람이라는 의미에서 서로를 '연우(縁友)'라 부르며 함께 양쪽 집안의 조상에 공양을 올렸다. 앞에서 소개한 바 있는 머리카락이 다 닳아 없어진 조강지처와 함께 살던 남편은 영지를 손에 넣자 '고생시킨 아내에게 햅쌀밥을 먹이고 싶다'면서 임지로 데리고 갔다. 이혼당할 위기에 처한 도오토미노국(遠江国: 현 静岡県)의 한 아내는, 집안 물건 중 필요한 것이 있으면 뭐든지 가지고 가라는 남편 말에 "당신처럼 대단한 분을 버리고 가야 하는 판국에 무슨 물건이 필요하겠습니까?" 라고 대답했고, 이 때문에 남편은 아내가 가여워져서 오래도록 함께 살았다고 한다.

그러나 이 시대에 형성된 부부의 강한 유대 관계는 아내의 인격적 자유를 구속하고 가장에게 종속시키는 결과를 초래하기도 했다. 『사석집』에는 "남편이 아내를 떠나는 것은 있을 수 있는 일이겠지만 아내된 입장에서 남편을 떠나다니 도대체 무슨 까닭인가?" 라고 하여 남편 입장에서의 일방적인 이혼 원칙이 주장되고 있는데, 여기에는 '아내는 남편에게 복종하는 사람'이고 남편은 영지를 획득해서 자신을 부양함과 동시에 '처자를 먹여 살리는 사람'이라는 관념이 드러나 있다. 남편의 간통은 못 본 체하지만 아내를 범한 간부(姦夫)는 죽임을 당해도 어쩔 수 없다는 관념도 생겨나서, 간부는 살상을 당했다. 『조에이시키모쿠

(貞永式目)』는 남녀가 간통을 했을 때는 이들이 각각 소유하고 있는 영지의 절반을 몰수하도록 규정하고 있다. 다만 영지가 없는 경우에는 유배형에 처하고 또 묘슈 이하에게는 벌금형에 처하도록 규정했다. 그렇지만 아직 간부(奸婦)가 죽임을 당한 예는 보이지 않으며, 간부(奸夫)를 죽이려고 하다가 천정에서 떨어진 남편을 간부(奸夫)가 도리어 구해줘서 사이가 좋아진 이야기 등, 간통에 대한 다소 너그러운 의식도 보인다.

하인 여성의 성은 주인이 원하는 대로 취할 수 있었다. 주인은 손님을 환대하기 위해 하인 여성에게 손님과 동침하도록 하는 경우도 있었다. 주인은 하인의 아내가 임신하고 있는 상태임을 뻔히 알면서도 아무런 거리낌 없이 아이의 아비인 하인을 팔아넘겼다. 막부의 법은 태어날 아이를 아버지와 어머니 중 어느 쪽의 주인 소유로 할 것인지를 문제시할 뿐이었다.

호조 마사코(北条政子)의 경우

아마 쇼군(尼将軍)으로서 후에 막부의 중심이 되고 또한 '엄격, 과감하고 장부의 풍채를 갖추었다'라고 일컬어지던 호조 마사코의 가족생활을 살펴보자. 『아즈마카가미』에 따르면, 미나모토노요시쓰네(源義経, 1159~1189)와 도망하던 중 요시노(吉野)에서 헤어진 후 가마쿠라로 호송된 첩 시즈카(静)는, 쓰루가오카하치만궁(鶴岡八幡宮)에서 시라뵤시 춤을 추며 '요시노산(吉野山) 봉우리의 흰 눈길을 헤치고 사라져 간 그 사람(義経)의 흔적이 그립다'라고 노래하여, 요시쓰네와 대립하던 형 미나모토노요리토모의 분노를 샀다. 이때 요리토모의 아내 마사코는 다음과 같이 요리토모의 마음을 달랬다고 한다.

당신이 유배를 당한 죄인으로 즈시우(豆州: 현 伊豆)에 오셨을 때 저와 사랑에 빠져 장래를 약속한 사이가 되었음에도 불구하고, 저의 아버지(北条時政)께서는 당시의 상황을 두려워해서 저를 가두고 집 밖으로 내보내지 않았습니다. 그렇지만 저는 당신을 향한 그리움에 밤길을 헤매고 폭우를 헤치며 당신이 있는 곳으로 달려갔습니다. 또 당신이 이시바시산(石橋山) 전투에 출전하셨을 때도, 저는 홀로 이즈산(伊豆山)에 남아서 당신의 생사도 모른 채 하루 온종일 넋이 나가 있었습니다. 그 때의 근심과 슬픔을 표현한다면 지금의 시즈카 고젠(静御前)의 마음 바로 그것입니다.

상대가 유배형에 처해진 죄인이라 할지라도 마음이 끌리면 자신을 감시하는 아버지의 눈마저 뿌리치고 달려가는 자주성과 정열적인 행동력은 귀족 여성에게서는 볼 수 없는 것이었다.

요리토모는 마사코가 임신하자 기뻐하여 쓰루가오카하치만궁 신사 앞에서 유이가하마(由比ヶ浜) 해안까지 곧게 뻗은 참배 길을 만드는 등의 배려를 하면서도, 다른 한편으로는 마사코가 임신할 때마다 애첩을 두었다. 『아즈마카가미』는 이것을 요리토모의 '밀통'이라고 기록하고 있다. 조강지처인 마사코를 놔둔 채 피우는 무사의 바람은, 당시의 귀족이나 센고쿠다이묘의 바람기 가득한 여성 관계처럼 공공연하게 인정되는 행위는 아니었던 것 같다. 수도 교토의 귀족풍을 흉내 내는 요

리토모에 대해, 마사코는 마키 무네치카(牧宗親)에게 명령하여 요리토모의 애첩 가메노마에(亀の前)가 기거하는 후시미 히로쓰나(伏見広綱)의 저택을 부숴버렸다. 히로쓰나는 가메노마에를 데리고 간신히 수난을 피했다. 마사코의 행위는 전처가 후처를 엄벌하는 우와나리우치였다. 무네치카는 "왜 은밀히 알려주지 않았는가?"라며 격노한 요리토모에게 상투를 잘려 무서움에 떨었고 히로쓰나는 "쇼군 마님(政子)의 분노를 사서" 도오토미노국으로 유배되고 말았다.

마사코는 요리토모의 무사 안위를 기원하기 위해 절과 신사를 참배했고 병약한 장녀 오히메(大姫, 1178~1197)를 비롯한 형제자매 이남이녀를 양육했다. 오히메의 약혼자 시미즈 요시타카(志水義高, 1173~1184)의 목숨을 요리토모로부터 구해 주려고 했고, 시즈카의 남자를 도우려고도 했으며, 요시나카(義仲)의 여동생에게 장원을 주는 등 가족과 친족에게 마음을 썼다. 당시 재지 무사의 아내들이 보여 주던 마음 씀씀이와 다르지 않은 모습이었다. 마사코는 요리토모 사후에는 2대 쇼군 요리이에(頼家, 1182~1204)와 3대 쇼군 사네토모(実朝, 1192~1219)의 후견인 자격으로 정치적 권한을 발휘했는데, 이것도 미망인인 고케가 죽은 남편의 가산을 임의로 처분하고 또 자식을 후견하는 고케 처분권의 발전된 형태라 할 수 있다. 마사코는 요리이에가 아다치 가게모리(安達景盛, ?~1248)의 첩을 빼앗고 가게모리까지도 토벌해 버리려고 했을 때, 아다치의 저택으로 급히 달려가서 직접 중신의 난을 막고 요리이에를 훈계했다. 마사코는 결국 호조 씨와 손을 잡고 요리이에를 죽음으로 내몰게 되는데, 이것은 요리이에와의 사이에 의사소통이 거의 없었기 때문이다. 상류 무사의 이에에서는 남성은 태어나면 곧바로 유모와 유모 일족에게 맡겨져 극진한 보살핌 속에서 자라났고, 성장한 후에는 아내 일족의 지원 아래 정치적 발언권을 강화시키는 과정을 거쳤다. 이런 것들이 친자 간의 자연스러운 정을 가로막는 요인이 되었다. 마사코는 정치상의 성공과는 반대로 자식들을 차례차례 불행하게 잃고 말았다.

4. 무로마치, 센고쿠 시대의 성애와 그 행방

기가 센 아내와 센고쿠 무사

부부 싸움 건. 아내의 성격이 사나워서 남편이 쫓아냈다. 그런데 그 아내는 남편에게 이별을 통고받았다며 재혼을 하려고 한다.

부부 싸움이라는 어찌 보면 다소 뒤숭숭한 내용으로 시작되는 이 사료는 실은 센고쿠다이묘가 만든 분국법(分国法)의 한 조항이다. 이 분국법의 이름은 『진카이슈(塵芥集)』다. 도고쿠에서 으뜸가는 다이묘로 도쿠간류(独眼竜: 애꾸눈의 영웅)라는 별명으로도 유명한 다테 마사무네(伊達政宗, 1567~1636)의 증조부에 해당하는 인물이, 16세기 전반 센고쿠 시대가 한창일 무렵 제정했다. 전란이 계속된 이 시대에 강국을 건설하느라 여념이 없던 센고쿠다이묘가 이런 부부 싸움에 관한 법률을 만들었다는 것은 참으로 의외라 하지 않을 수 없다.

이 부부 싸움에 관한 법에서 놀라운 점은 '아내의 성격이 사나워서'라는 싸움의 원인이다. '사나워서'라는 말은 기가 세거나 거칠다는 뜻이다. 즉 이 아내는 말대답 한마디 하지 않고 남편에게 복종하는 유순한 여성이 아니라 자신의 생각과 의지에 따라 이혼도 아랑곳 하지 않으면서 할 말은 확실히 하는 여성이었던 것이다. 그러나 더욱 놀라운 사실은 마음이 맞지 않는다는 이유로 남편 집을 뛰쳐나온 여성이 망설임 없이 새로운 남성과 재혼하려고 했다는 점이다.

지금까지 센고쿠 시대의 여성이라 하면 정략결혼의 도구로 이용되던 비극적 여성의 이미지가 대부분이었다. 그러나 다이묘 가신의 부부 싸움, 그것도 '아내의 성격이 사나워서' 발생한 부부 싸움이나 재혼에 관한 법까지도 만들어 넣어야만 했던 그런 분국법의 존재를 보면, 센고쿠 시대의 여성을 비극적인 존재로서만 설명할 수는 없을 것이다. 분국법은 다음과 같이 계속된다.

> 그런데 전남편은 반은 후회스러운 마음에 또 반은 지금 사랑하는 남편(전처의 재혼 상대)에 대한 원한 때문에 이혼을 하지 않겠다고 대답한다. 이혼을 입증할 수 있는 명백한 증거(이혼장이나 이혼을 증명하는 물건, 예를 들면 칼 등)가 있다면 전남편은 죄과를 벗어나기 힘들다.

이것은 전남편이 이혼한 것을 후회하기도 하고 아내의 재혼 상대에게 원한을 품기도 한 것이 원인이 되어서, 재혼에 트집을 잡는 일이 발생했을 경우에 대한 대처 부분이다. 미련을 떨쳐버리지 못하는 이런 남자의 행동에, 센고쿠 무사에 대해 품어 왔던 지금까지의 이미지는 한순간에 무너져 내린다. 울컥해서 아내를 쫓아냈다가 나중에 후회하는 일이 있을 수는 있겠지만, 재혼 상대가 마음에 들지 않는다고 해서 헤어진 아내의 재혼에 시비를 거는 행동은 결코 바람직해 보이지 않는다.

그럼에도 법률이 만들어진 것을 보면 아마도 그런 무사가 많았기 때문일 것이다. 다테가(伊達家)의 분국법은 이혼과 관련한 명백한 증거가 존재하는 상황에서 위와 같은 갈등을 일으킬 경우에는 전남편에게 죄가 있는 것으로 엄격하게 규정함으로써, 이혼이나 재혼과 관련한 분쟁을 미연에 방지하려고 노력했다.

중세의 결혼은 특히 무사층 정도가 되면 이에와 이에의 결합이 대전제가 되었다. 그러나 다테가의 분국법에서 알 수 있듯이 여성은 남편의 가부장권에 일방적으로 종속된 존재가 아니었다. 오히려 자립적 존재로서 주체성을 갖고 시집과 친정을 결합시키는 데 있어 중요한 역할을 했다고 할 수 있다. 또 살벌한 부부 싸움을 하고 집을 뛰쳐나오는 행위는 이에 간의 결합을 중시해 결혼을 주도한 아버지의 뜻을 거역하는 일이 된다는 점에서, 아버지의 가부장권에도 완전히 종속되어 있었다고는 할 수 없다. 이렇게 여성은 가족 관계 속에서 일정한 자립성과 상대적으로 높은 지위를 확보한 형태의 결혼 생활을 영위하고 있었다. 그리고 그런 결혼 생활이 가능했던 이유는 이에가 사회의 기본이던 중세 시대의 사회에서, 여성이 이에 경영의 유지와 발전이라는 측면에서 독자적인 역할을 수행하고 있었기 때문이다.

선교사의 경악

센고쿠 시대 사이고쿠의 일본 여성을 유럽 여성과 비교하면서 선명하게 부각시킨 귀중한 기록이 있다. 16세기 중엽에 일본을 방문한 포르투갈 선교사 루이스 프로이스(Luis Frois, 1532~1597)가 남긴 기록이다. 프로이스는 이혼과 재혼이 매우 흔하고, 이혼 당한 여성도 명예를 잃어버리는 일 없이 재혼할 수 있으며, 또 아내 쪽에서 먼저 이혼을 제기할 수도 있다고 기록하고 있다. 기독교는 이혼을 엄격하게 금지하고 있었고 중세 유럽 여성에게는 이혼권이라는 것도 없었기 때문에 프로이스는 아마 상당히 놀랐을 것이다.

프로이스는 일본 여성의 일상생활에 대해서도 아내나 딸이 남편이나 아버지의 허락 없이 자유롭게 행동할 수 있다고 기록했다. 더욱 흥미로운 것은 다음과 같은 내용이다.

> 유럽에서는 미혼 여성의 최고의 명예와 미덕은 정조이고 또 순결을 잃지 않은 정결함이다. 일본 여성은 처녀의 순결을 조금도 중요하게 생각하지 않는다. 순결을 잃어도 명예가 실추되지 않을 뿐만 아니라 결혼도 할 수 있다.

처녀성의 요구나 처녀 숭배라는 성 규범은 일본에서는 근대에 이르러서 성립된 것이라고 한다. 실제로 중세에는 이렇게 미혼 여성이 처녀인지 아닌지는 문제가 되지 않았다. 중세 유럽에서와 같은 가부장적, 억압적 성 규범은 일본의 경우에는 전체적으로 아직 희박했다.

그렇다면 일본 여성의 사회적 지위가 상대적으로 높은 이유는 어디에 있었던 것일까? 앞에서도 설명했듯이 여성의 역할 분담인 가정(家政)

이 차지하는 사회적 위치가 높았던 점도 중요한 요인이겠지만, 프로이스가 무심코 던진 다음과 같은 말에서도 이 문제를 해결하는 데 필요한 키를 찾을 수 있다.

> 유럽에서는 재산을 부부가 공유한다. 그런데 일본에서는 부부가 각자 자신의 몫을 소유하고 있다. 때로는 아내가 남편에게 비싼 이율로 돈을 빌려주기도 한다.

이것은 부부의 재산 소유권과 관련하여 유럽과 일본 사이에 존재하는 차이점, 즉 유럽에서의 부부 재산 공유와 일본의 부부 별산제를 비교한 것이다. 부부 공유라는 말은 듣기는 좋을지 모르지만 관리권이 남편에게 있기 때문에 아내의 재산이라 하더라도 아내가 자유롭게 쓸 수가 없다. 따라서 재산은 있어도 없는 것과 다를 바 없다. 하물며 유럽에서는 일본에서처럼 아내가 남편에게 고리로 돈을 빌려주는 일은 절대로 일어날 수가 없다.

위의 기록은 일본의 경우, 여성에게도 재산의 소유권과 관리권이 인정되고 있었다는 것을 말해 준다. 여성의 재산 상속분은 무로마치와 센고쿠 시대를 거치면서 적자 이외의 서자에 대한 상속분이 줄어든 것처럼 크게 감소하기는 했다. 그러나 여성의 재산 상속권은 아직은 완전히 상실된 상태가 아니었다. 다이묘를 비롯한 무사 계층의 여성은 결혼할 때 화장료(化粧料: 일종의 지참금) 명목으로 부모로부터 재산을 양도받아 이를 가지고 시집을 갔으며, 이에 대해 남편은 함부로 간섭할 수가 없었다. 서민 여성도 독자적인 재산을 갖고 있어서 이것을 절이나 신사에 기부하기도 했다. 이런 경제적 뒷받침도 없이 단지 남편에게 부양만 받는 존재였다면 애초부터 자기주장은 불가능했을 것이다. 물론 가정을 담당하고 생산적 활동에 종사하면서 이에 경영의 유지와 발전에 기여하는 등, 여성의 역할 또한 컸다는 점도 잊어서는 안 될 것이다.

교겐(狂言)을 즐기는 중세인

그렇다면 당시의 남녀 관계 그중에서도 특히 부부 관계는 어떤 모습이었을까? 남북조 시대에 성립해 무로마치, 센고쿠 시대를 거치면서 급속히 발전한 교겐을 통해 이를 알아보도록 하자.

교겐의 대본으로는 현재 중세 말기의 것과 근세의 것이 남아 있는데 양자를 비교해 보면 흥미로운 사실을 발견할 수 있다. 거울에 대한 무지를 웃음의 주제로 삼은 근세의 교겐 '가가미오토코(鏡男)'와 중세의 교겐 '마쓰야마카가미(松山鏡)'를 비교해 보자. 근세의 '가가미오토코'는 수도 교토에서 재판에 승소한 남성이 아내에게 줄 선물로 거울을 사가지고 집으로 돌아오자, 거울을 들여다본 아내가 애인을 데리고 왔다고 오해해서 화를 낸다는 내용이다. 거울을 모르는 아내가 질투하며 화내는 모습을 웃음의 소재로 삼은 것인데, 오늘날 여성들이 이것을 보고 재미있어 하거나 폭소를 자아내는 일은 없을 것이다.

왜냐하면 이 작품은 남성 우위의 부부상을 설정한 상태에서 아내의 무지와 질투를 비웃는 구성이기 때문이다. 남편은 재판에서 승소했을 뿐만 아니라, 아내를 깊이 배려해 선물을 구입하고 거울에 대해서도 잘 아는 결점이 거의 없는 훌륭한 사람으로 묘사되어 있는 반면에, 아내는 무지하고 바보스럽고 질투심이 많은 사람으로 묘사되어 있다. 그렇다면 과연 중세의 여성도 이런 근세의 작품에 공감하고 즐거워할 수 있을까?

이런 의문은 중세의 대본인 '마쓰야마카가미'를 보면 자연스럽게 풀린다. '마쓰야마카가미'는 하인을 구해 오라는 아내의 명령에 수도 교토를 찾은 한 남성이 사기꾼에게 속아 거울에 비친 자신의 모습을 하인이라고 착각해 사가지고 돌아왔다가, 거울을 들여다본 아내에게 여성을 사왔다고 혼나고, 노인으로부터도 아무런 도움이 되지 않는 늙은이를 사왔다고 혼난다는 내용이다. '마쓰야마카가미'는 '가가미오토코'의 원형으로 알려져 있다. 이 두 작품은 거울에 대한 무지를 웃음의 주제로 삼았다는 점에서 공통적이지만 그 웃음의 질은 전혀 다르다. 근세의 '가가미오토코'는 웃음의 소재를 여성에게서만 찾고 있는 점이 특징이다. 더구나 그 웃음은 여성의 무지와 질투심에 대한 비웃음이다. 반면에 중세의 '마쓰야마카가미'는 여성뿐만 아니라 남성과 노인 등 거울을 모르는 등장인물 모두에게서 웃음거리를 찾는다(그중에서도 하인이라는 거짓말에 속아 거울을 사 버린 남성에게 가장 많은 웃음이 집중되어 있다). 또 그 웃음은 비웃음이 아니라 폭소에 가깝다. 어느 쪽이 더 남녀를 불문한 수많은 관객의 웃음을 이끌어 내는데 성공한 희극이었는지는 명확할 것이다.

노(能)를 관람하는 여성들(町田家旧蔵本, 洛中洛外図屛風)

여성의 어부바

그러면 이번에는 교겐을 통해 중세 서민 부부의 애정 표현에 관해 알아보기로 하자. '치기리키(乳切木: 호신 용 막대기)'라는 작품은 '싸움 끝난 뒤의 치기리키' 즉 싸움이 끝난 뒤에 치기리키를 가져와 봐야 아무런 소용이 없다는 것을 웃음의 소재로 삼은 교겐이다.

렌가(連歌)[22] 동료에게 호되게 당한 겁쟁이 남성이, 복수하고 돌아오라는 아내의 명령에 따라 조심조심 동료의 집을 찾아갔다가 마침 그가 집에 없는 것을 알게 되자마자 곧바로 큰소리를 친다는 내용이다. 설정된 부부상을 보면 남편은 못난이, 반면 아내는 기가 세긴 하지만 상대가 없는 것을 알자마자 허장성세를 부리는 바보 같은 남성에게도 반하는 약간은 어리숙한 마음씨 좋은 여성으로, 둘은 잘 어울리는 커플

22 두 사람 이상이 와카(和歌: 일본 고유의 정형시)의 상구(上句)와 하구(下句)를 서로 번갈아 읽어 나가는 형식의 노래.

이라 할 수 있다. '가가미오토코'에서 확인한 남편 상위의 부부상과는 차이가 있다(이 작품의 부부상에 관해서는 중세의 대본과 근세의 대본 사이에 차이가 없다).

그러나 이 작품에서 주목하고 싶은 것은 마지막 부분에서 아내가 남편을 업고 퇴장하는 장면이다. 이런 업는 행동에는 어떤 의미가 함축되어 있는 것일까? 어머니가 갓난아이를 업는 것은 지금도 흔히 볼 수 있는 광경이지만 성인 남녀가 서로 업고 업히는 것은 결코 흔한 일이 아니다.

이에 대해서는 성애를 나타내는 행동이라는 해석이 유력한데 이런 해석은 예로부터 전해지는 다양한 이야기에 근거한다. 예를 들면 죽은 후에 지옥에 떨어진 여성이 삼도천을 건널 때는 '초개(初開)의 남성' 즉 처음 성관계를 가진 남성에게 업혀서 건너게 된다는 이야기 등이 바로 그것이다. 교겐에서도 어부바는 부부 싸움(이혼 소동) 후의 화해를 위한 행동이나 결혼 소원이 성취되어 상대 여성을 데리고 갈 때의 행동으로 묘사된다. 또 신부를 맞이한 신랑은 신부를 업고 집으로 들어간다는 민속 사례도 있다. 다시 말해서 남녀 사이에서 업고 업히는 행위는 단순한 친근함 이상의 섹스까지를 동반하는 긴밀한 관계를 나타내는 행동이라고 할 수 있다.

그러나 무엇보다도 주목하고 싶은 것은 '치기리키'에서처럼 여성이 남성을 업는 행동이다. 에마키모노 등을 보면 남성이 여성을 업는 장면만 등장하기 때문에 업는 것은 오로지 남성만이 하는 행동인 것처럼 생각하기 십상이지만, 교겐을 보면 남성만큼이나 여성도 남성을 업는다는 것을 알 수 있다. 이것은 여성도 남성처럼 사랑하는 남성에게 그 마음을 표현하고 있었다는 것을 말해 준다.

1945년 패전 이전의 성 규범이 상당 부분 사라져 버린 현대 사회에서도 프러포즈는 여전히 남성 쪽에서 하는 것이라는 인식이 남아 있다. 하물며 이런 상황에서 여성이 먼저 성적 요구를 하게 된다면 당연히 강한 저항감에 맞닥뜨릴 수밖에 없다. 남성의 성은 강하고 적극적인데 반해 여성의 성은 수동적이고 소극적이라는 견고한 성 관념이 지배하고 있기 때문이다. 심지어 여성에게는 마치 성욕이 없는 것처럼 간주하기도 하는 것이 현실이다. 그러나 교겐에 등장하는 여성이 남성을 업는 것을 보면 그런 식의 신화 = 주박(呪縛)은 무너져 내릴 수밖에 없다. 본래 남녀의 성은 결코 일방적이 아닌 더 자유롭고 자연스러운 건강한 것이었다.

그러나 여성의 어부바는 근세 작품 중에서도 가장 오래된 작품에서밖에 보이지 않는다. 그 후에 써진 대본에서는 어부바 대신 손을 잡고 퇴장하는 것으로 내용이 바뀌었다. 또 손을 잡는 주체를 역전시켜 남성이 여성의 손을 잡는 것으로 바꾼 작품도 등장했다. 근세 사회가 진행될수록 성애의 긍정과 직선적인 표현이 금기시되고 나아가서 여성의 의사 표시가 억압되는 경향이 뚜렷해진다.

성애의 행방—밀회법

지금까지 무로마치와 센고쿠 시대의 여성이 가부장권의 테두리 안에서 완전히 갇혀 지내기만 한 것은 아니라는 사실을 분국법이나 선교사의 기록, 교겐 등을 통해 확인해 보았다. 그러나 무로마치 막부와 슈고가 전국을 지배하는 모습이나 센고쿠다이묘가 군웅할거하는 모습에서 확인할 수 있듯이, 무사 = 남성이 지배 정권을 구축했던 무로마치와 센고쿠 시대는 분명히 이전 가마쿠라 시대보다도 가부장권이 강화된 시대였다. 여성의 지위와 밀접한 관련이 있는 가부장권이 어떻게 해서 강화되었던 것인지를 고찰해 보지 않고서는, 여성의 모습도 그 역사도 정확하게 파악할 수가 없다.

가부장권의 강화는 여성(기혼 여성)의 성을 억압하는 것에서 시작되었다. 그리고 그 발단은 한 밀회 사건이었다. 센고쿠 시대로의 문을 열어준 오닌(応仁, 1467~1469) 및 분메이(文明, 1469~1487)의 대란이 종식된 지 얼마 지나지 않은 1479(文明11)년, 한 무사가 교토 고죠(五条) 가라스마(烏丸)의 술집 아내와 밀통을 했다. 그 사실을 알게 된 남편은 간부(姦夫)를 거리에서 살해했다. 메가타키우치(妻敵討ち)였다.

그런데 이 일은 뜻밖에도 2대 유력 슈고다이묘(守護大名)[23]가 서로 대립하는 천하를 뒤흔드는 일대 사건으로 발전했다. 그렇게 된 배경으로는 다음의 두 가지를 생각해 볼 수 있다. 첫째로는 노상에서의 메가타키우치는 공인받지 못하는 행동이었다는 점이다. 당시 밀통한 남성에 대한 남편의 처벌권은 간통 현장인 집 안에서만 그 효력이 있었다. 둘째로는 중세 사람들은 개인으로서 존재한 것이 아니라 친족이나 주종관계, 도시나 마을 공동체의 일원으로서 살아가는 존재였다는 점이다. 이것은 사건이 확대되어 가는 과정을 보면 쉽게 이해할 수 있다. 술집

23 무로마치 시대에 1국(国) 내지 수개 국을 영유하면서 다이묘화한 슈고를 말한다. 센고쿠 시대에 들어가면 대부분 몰락한다. 그들을 대신해 새로 등장한 것이 센고쿠다이묘다.

주인이 메가타키우치를 하자 간부의 주인 격인 아카마쓰(赤松) 측에서 복수하기 위해 무사를 파견했다. 부하의 원수를 갚아주기 위한 행동이었다. 그러자 이번에는 술집 주인의 아들을 부하로 데리고 있던 이타쿠라(板倉) 씨가 술집 쪽에 합류했다. 그뿐만 아니라 이타쿠라 씨의 친척 중 야마나(山名) 씨의 부하로 있던 무사까지 여기에 가담했다. 결국 사건은 아카마쓰와 야마나라는 유력 슈고다이묘의 대립으로까지 발전했던 것이다.

수도 교토를 초토화시킨 오닌, 분메이의 대란이 막 끝난 상황에서 무력 충돌이 벌어진다면 다시금 세상은 혼란스러워질 수밖에 없다. 이를 우려한 무로마치 막부가 조정에 나섰다. 그러나 당시에는 이런 메가타키우치를 재판할 수 있는 법 자체가 공가법에도 무가법에도 존재하지 않았다. 가마쿠라 막부의 법인 『고세이바이시키모쿠(御成敗式目)』에 밀회에 관한 법 조항이 있기는 했지만, 그것은 가마쿠라 막부의 법정에 제소된 밀회 사건을 재판하기 위한 법이었다. 메가타키우치로 인해 발생한 분쟁을 재판하는 데 적용시킬 수 있는 성격의 법은 아니었다.

결국 막부는 양자의 복수심을 가라앉히기 위해, 남편에게 자신의 아내를 죽이도록 하는 당시에는 존재하지 않던 해결책을 제시하여 사태를 마무리했다. 그리고 양측에서도 이를 수용했다. 현장 이외의 장소에서 메가타키우치를 하면 자신의 아내도 죽여야 한다는, 간부(姦夫)와 간부(姦婦) 모두를 함께 처벌하는 새로운 법이 여기에서 탄생하게 된 것이다.

남성의 복수심을 해소하기 위해 여성을 희생시키는, 분쟁을 방지해 막부의 권력 체제가 유지될 수 있도록 여성을 제물로 삼는, 철저한 여성 억압 법이 등장한 것이다.

무로마치 막부가 제정한 이 법은 센고쿠 시대의 분국법에도 계승되었다. 그러나 분국법에는 또 하나의 주목할 만한 새로운 움직임이 나타났다.

> 다른 사람의 아내와 비밀리에 간통한 것이 발각될 경우에는 남녀 모두 사형에 처한다.

이 법은 앞에서 소개한 다테가의 분국법 『진카이슈』에 수록되어 있는 밀회 관련법 중의 하나로, 제소된 밀회 사건에 관한 것이다. 제소된 밀회 사건에 대해서는 이미 『고세이바이시키모쿠』에 영지의 절반을 몰수한다는 벌칙 규정이 제정되어 있었다. 그러나 센고쿠 시대 각지의 분국법에서는 『진카이슈』의 규정처럼 형벌이 강화되어, 영지를 몰수하는 재산형에서 사형으로 바뀌는 현상이 나타났다. 간부(姦夫)와 간부(姦婦) 모두를 처벌하는 메가타키우치 관련의 신법이 이런 변화에 큰 영향을 끼친 것은 분명하다. 다만 집안의 현장에서 메가타키우치를 한 경우에는 당시의 관습이 그대로 인정되어 아내를 죽이지 않아도 되었다.

그러나 이런 예외 규정 또한 근세 국가가 성립하면서 곧 소멸되어 버린다. 모든 밀통은 사형이라는 엄벌에 처해졌던 것이다. 게다가 그것은 불의 밀통(不義密通)이라 일컬어진 점에서 알 수 있듯이 중세의 밀회 개념과는 차원이 다른 중죄로 인식되어 법 적용 또한 더욱 엄격해져 갔다. 간부(姦夫)와 간부(姦婦) 모두를 처벌하는 센고쿠 시대의 신법은 근세에 들어와 이전과는 비교도 할 수 없을 만큼 넓고 깊게 여성을 억압했던 것이다.

'밀회'란 기혼 여성이 남편 이외의 남성과 성관계를 갖는 것을 말한다. '밀회'라는 말 자체는 헤이안 시대 말기부터 등장했으며 '미소카고토'라고도 했다.

이 시기에 등장한 일본 최대의 설화집 『곤쟈쿠모노가타리』에는 밀회에 얽힌 이야기가 다수 수록되어 있어서 당시의 풍속을 엿볼 수 있다. 예를 들면 설화집에는 다음과 같은 이야기가 나온다.

장소는 교토, 어느 날 젊은 부부가 사는 작은 집에 한 승려가 나타나 옷을 갈아입게 해달라고 부탁했다. 실은 이 젊은 아내에게는 승려 애인이 있었다. 남편은 현장을 잡기 위해 외출하는 척하고는 몰래 숨어서 집안의 상황을 살피고 있던 중이었다. 마침 그때 승려가 나타났기 때문에 남편은 그 승려를 아내의 애인(간부)으로 오해하고 "이래도 바람을 피운 적이 없다고 속일 셈이냐?" 라며 칼로 찔러 죽였다.

'아내의 밀회 상대를 칼로 찔러 죽이다니, 이 얼마나 무모한 짓인가?'라고 생각할 수도 있을 것이다. 그러나 집안으로 들어온 간부를 죽이는 것은 당시에는 널리 인정되던 관습이었다. 남편이 유별났던 것은 아니다. 보통 바람을 피운 아내는 죽임을 당하지는 않았지만 개중에는 밀회를 이유로 일방적으로 이혼을 당하는 일도 있었다. 어떤 제재를 받게 된다 하더라도 어쩔 도리가 없다는 식의 관념이 이미 퍼져 있는 상태였다고 할 수 있다.

이렇게 남편이 아내를 속박하는 것은 고대에는 존재하지 않던 일이지만 중세에 들어오면서 서서히 그러나 확실하게 정착해 갔다. 즉 귀족층에서는 아내와의 인연을 끊어 버렸고 서민의 경우는 간부를 죽여 버렸던 것이다. 아내에게 남편 이외의 남성과 성관계를 갖는 것이 허용되지 않고 또 밀회가 부정(不貞) 행위라는 관념이 생겨났다는 것은, 부권(夫權)이 성립해서 강화되기 시작했다는 것을 말해 준다.

● 칼럼2 남색(男色) — 원정기(院政期)[24]의 또 하나의 성

해시(亥時: 오후 10시) 경에 사누마루(讃丸)가 왔다. 쾌감의 도가 극치에 달했다. 결국은 함께 사정을 했다. 드문 일이다. 이 사람과는 자주 이런 일이 있다. 감탄할 따름이다.

이것은 호겐의 난(保元の乱, 1156) 때 스토쿠(崇徳, 1119~1164) 상황 쪽에 가담했던 후지와라노요리나가(藤原頼長, 1120~1156)의 일기 『다이키(台記)』의 1152(仁平2)년 8월 24일자 기사다. 당시 요리나가의 나이는 33세로 정계의 톱인 좌대신 자리에 있었다. 사누마루는 사누키(讃岐)의 장관(守) 후지와라노나리치카(藤原成親, 1138~1177)를 말한다. 이 기사는 『다이키』에 자주 등장하는 같은 종류의 기사 가운데서도 출중한 것으로 '즉물적인 힘찬 서술'로 평가받는다. 남성들 간의 성적 쾌감을 그야말로 적

24 원정(院政)은 천황의 자리를 양여한 후 상황(上皇)이나 법황(法皇)이 되어 원청(院廳)에서 국무를 집행하는 제도다. 대략 10세기 중엽에서 13세기 초반에 해당하는 시기를 원정기라고 부른다.

나라하게 묘사했다는 점에서 놀라움을 금할 수 없다.

일반적으로 남색은 승려의 세계나 전장 등 남성만의 세계에서 생기는 일이라고 생각하기 십상이다. 그러나 요리나가에게는 본처는 물론 첩도 있었고 또 일기에는 유녀를 산 일 등도 자세히 기록되어 있어서, 여성과도 성관계를 가졌다는 것을 알 수 있다. 요리나가의 남색 상대로는 알려진 사람만 하더라도 공경층의 귀공자가 7명이나 되었고 더구나 이들에게도 처자가 있는 상태였다. 마음에 드는 사람을 획득하기 위해서 빈번히 편지를 쓰거나 중개인을 내세우기도 했으며, 마지막에 가서는 음양사(陰陽師)를 불러 부적을 쓰게 하는 등 실로 눈물겨운 노력을 했다.

당시 귀족 사회에서는 남색을 당연한 일로 생각하는 풍조가 있었던 것 같다. 일족의 결속을 강화하기 위한 투쟁 혹은 가장의 지위를 둘러싼 투쟁으로 익히 알려진 헤이지의 난(平治の乱)이나 시카가타니(鹿ヶ谷) 사건 등도, 실은 남색 관계의 갈등이 원인이었다고 일컬어지기까지 한다. 그야말로 '사건 뒤에 남자 있다'라고 해야 할 상황이다. 또 유력 귀족을 상대해 주면 그것이 정치적 지위의 상승과 주종 관계의 강화로 이어졌듯이 남색은 '출세의 도구' 역할도 했다. 이 때문에 상대의 강한 요구가 있을 때는 어쩔 수 없이 남색 관계를 가졌을 것으로 추측된다. 원정기라 하면 유녀가 성매매를 본격적으로 개시한 시기이기도 하다. 여성의 성적 종속은 남성의 성에도 영향을 끼쳤던 것이 아닐까? 현대를 살아가는 남녀의 성을 고찰하는 데 있어서도 시사하는 바가 크다고 하겠다.

가나가와현 요코스카시(橫須賀市) 아시나(芦名)에 조라쿠사(浄楽寺)라는 절이 있다. 그리 넓지도 않은 조용하고 아담한 이 절이 갑자기 각광을 받은 것은 1959년의 일이다. 안치되어 있는 아미타 삼존(阿弥陀 三尊: 아미타불, 관세음보살, 대세지보살)과 함께 부동명왕상과 비사문천왕상이 가마쿠라 초기의 작품이 틀림없는데다가 운케이(運慶, ?~1224)의 손에 의해 완성되었다고 보고되었기 때문이다.

보고자는 당시 미술연구소에 재직하던 구노 다케시(久野健, 1920~2007)씨였고 발표지는 『미술연구(美術研究)』였다. 결정적인 근거가 된 것은 비사문천왕상의 태내에서 발견된 명찰로 여기에는 1189(文治5)년에 작성된 묵서(墨書)가 들어 있었다. 이들 불상의 존재는 이미 알려져 있었지만 에도 시대의 치졸한 덧칠 때문에 후세의 작품으로 취급받고 있었다. 그러던 것이 갑자기 역사의 베일을 벗어던진 것이다.

그중에서도 흥미로운 것은 바로 명찰이다. 원문의 범자(梵字)를 생략하면 다음과 같다.

大願主平義盛芳縁小野氏

文治五年(己酉)三月二十日(庚戌) 大仏師興福寺内相応院勾当運慶小

仏師十人

執筆金剛仏子尋西淨花房

내용은 다이라노요시모리(平[和田]義盛, 1147~1213)와 '호엔(芳緣)' 오노(小野) 씨의 발원으로 운케이 이하 소불사(小仏師) 10명이 만들었다는 알기 쉬운 것이다. 불상의 전래 경위는 불확실하지만 이 지역이 요시모리의 본거지라는 점을 감안하면 불상이 안치되어 있는 것 자체는 조금도 이상할 것이 없는 일이라 하겠다.

그렇다면 '호엔'은 누구를 말하는 것일까? 발견 당시에는 이것은 별 문제가 되지 않았던 것 같다. 운케이의 진품을 발견했다는 사실에 온 미술사학계의 관심이 집중되고 있었다. '호엔' 문제가 풀린 것은 다소 시간이 지나서였다. 현재는 요시모리의 아내 즉 무사시(武蔵)의 호족 요코야마 도키히로(横山時広)의 누이동생으로 보는 것이 정설이다. 요코야마 씨는 무사시 칠당(武蔵七党)의 하나인 요코야마당(横山党)의 무사단으로 하치오지(八王子) 지역을 본거지로 삼고 있었다. 또 요코야마 씨는 오노 노다카무라(小野篁, 802~852)의 자손이라는 전승이 있었다. 이 때문에 와다 요시모리(和田義盛)가 스스로를 '다이라(平)'의 후손이라 내세웠던 것처럼, 아내인 요코야마 씨도 '오노(小野)'의 후손임을 내세웠던 것이다.

여성사 연구가 활발해짐에 따라 남편과 함께 아내의 이름이 적혀 있는 이 명찰은 주목을 받게 되었다. 그 후 태내명(胎内銘)과 원문(願文)에 여성의 이름도 많다는 사실이 알려지면서 드문 사례라고는 할 수 없게 되었지만, 지방에서는 좀처럼 접할 수 없는 이들 상의 발원주(発願主)에 여성의 이름이 올라 있다는 점은 역시 주목받을 만한 일이라 하겠다.

당당한 체구와 뛰어난 기법. 사무라이도코로(侍所)의 별당(別当)[25] 와다 요시모리(和田義盛)의 위세와 재력을 말해 주기에 부족함이 없다. 그리고 요시모리의 아내인 오노 씨가 동등하게 여기에 이름을 올린 것은 그녀의 재력뿐만이 아니라 친정인 요코야마 씨의 실력이 어느 정도인지를 짐작케 한다.

이 시기에 무사 계층에서는 취가혼이 시작되었지만 후세와 같이 여성이 친정으로부터 완전히 떨어져 나와 시집으로 들어가는 것은 아니었다. 오히려 친정과 시집을 서로 이어주는 존재였던 것으로 보이는데, 이 명찰도 그런 사례의 하나를 전해 주는 것이라 하겠다.

명찰의 배후에는 또 다른 드라마틱한 역사가 펼쳐져 있다. 잘 알려진 것처럼 요시모리는 1213(建保1)년 막부에 반기를 들었다가 격전 끝에 일족의 대부분이 전사해 버렸는데, 이때 요코야마당은 멀리 무사시에서 달려와 요시모리와 운명을 같이 하는 과정에서 전사하거나 자살했다.

당시 요코야마당의 당주는 도키카네(時兼, 1153~1213)로 『아즈마카가미』에서는 그를 도키히로(時広)의 적남이라고 기록하고 있다. 또 도키카네의 백모(時広의 누이동생)는 요시모리의 아내이고, 도키카네의 누이동

25 사무라이도코로는 1180년 가마쿠라에 설치된 기구다. 고케닌 통솔과 군사, 경찰의 임무를 맡았다. 별당은 사무라이도코로의 장관을 말한다.

생은 요시모리의 아들인 쓰네모리(和田常盛, 1172~1213)의 아내라고 한다. 이때 전사 또는 자살한 주요 인물을 보면, 요코야마당은 31명으로 와다 일족의 10명보다 훨씬 많았고 또 다른 동조자에 비해서도 비교가 되지 않을 정도로 그 수가 많았다.

그런 의미에서 와다의 난(和田の乱)으로 일컬어지는 이 사건은 오히려 요코야마와 와다를 주축으로 한 반막부, 반호조(反北条)의 쿠데타였다고 해야 하지 않을까? 만약 그렇다면 요코야마 씨와 와다 씨를 연결해 준 도키히로의 누이동생 '호엔'의 존재는 상당한 의미를 가질 수밖에 없다. 또 호조 마사코와 같은 저명한 인물을 제외하면, 별로 알려진 바가 없는 이 시기 여성들의 실상을 전해 주는 명찰의 의미 또한 크다고 하겠다.

현재 조라쿠사의 여러 상은 에도 시대의 덧칠을 벗겨냄으로써 가마쿠라 시대의 위용을 재현시킨 상태다. 이와 더불어 태내의 명찰 또한 그에 못지않은 가치를 지니고 있다는 사실에 주목해야 할 것이다.

무로마치, 센고쿠 시대의 결혼식은 무코이리(聟入り)라고 불렸다. 이는 신랑이 결혼 후에 길일을 정하여 아내의 친정으로 가서 처음으로 장인과 대면하고 술잔을 나누는 의식이었다. 이런 의식은 널리 유행했던 것으로 보이는데, 당시 무코이리를 희극화한 교겐이 여러 편 공연되고 있었다는 사실이 이를 뒷받침한다. 예를 들면 그중 한 작품인 '닭사위(鷄聟)'는 다음과 같은 내용으로 되어 있다.

> 오늘은 경사스러운 혼례(聟入り) 날. 신랑은 혼례 의식의 진행을 친구에게 부탁한다. 그러자 그 친구는 장난기가 발동해서, 요즘 유행은 닭 울음소리를 흉내 내거나 서로 발로 차는 시늉을 하는 것이라고 터무니없는 거짓 내용을 가르친다. 드디어 처가에 도착한 신랑은 친구한테서 들은 대로 "꼬끼오, 꼬끼오" 하고 운다. 이를 본 장인은 "이게 요즘 유행하는 건가?" 라고 지레짐작하고는 사위에게 뒤질세라 마당으로 내려와 우스꽝스러운 몸짓으로 둘이 서로 차는 시늉을 한다.

이런 교겐의 테마가 된 '무코이리' 의식에는 현대의 결혼식이나 패전 이전의 요메토리(嫁取り: 취가혼), 즉 며느리를 맞아들이는 형태의 결혼 의식과는 다른 큰 특징이 있다. 첫째는 무엇보다도 결혼식의 주역은 신부가 아니라 신랑이라는 점이다.

둘째는 그 목적이 사위가 장인과 술잔을 나눔으로써 처가로부터 사위로 인정받는 데 있다는 점이다. 며느리를 시집의 일원으로 인정하는 전전의 결혼 의식과는 정반대다.

셋째는 이것은 사실상의 결혼 생활이 시작된 후에 행해지는 것으로, 여성이 결혼하기 위해 남편 쪽으로 갈 때는 아무런 의식도 거행하지 않는다는 점이다.

이런 '무코이리' 의식에 대해서는 남성이 처가에서 결혼 생활을 하는 과거의 무코토리(婿取り: 사위를 맞아들이는 초서혼) 형태의 잔재라는 설이 있는 반면에, 사위의 친족화를 위한 의식으로 보는 설 등도 있다. 어느 경우이든 결혼식의 형태가 여성의 사회적 지위를 반영하고 있다는 것만큼은 확실하다고 하겠다.

III. 근세

저녁 더위를 식히는 부부와 아이(夕顔棚納凉図屛風)

일본인이 상식적으로 알고 있는 근세 가족에 관한 이미지는 근대에 이르러 형성된 것이 의외로 많다. 형제자매가 10여 명쯤 되는 대가족의 출현은 근대에 들어와 의학이 발달하고 생활수준이 향상되면서, 태어난 아이가 순조롭게 성장할 수 있는 환경이 조성되었기 때문에 가능한 일이었다. 또 고부간의 갈등도 인간의 수명이 길어지면서 부모 세대와 자식 부부가 장기간 동거하게 된 것이 원인이 되어 표면화된 문제였다.

근세의 가족은 부부와 그 직계 자식 또는 부모를 중심으로 한 소가족이 주류였다. 중세부터 발전해 온 생산력의 증대와 함께 막부와 다이묘에 의해 추진된 대규모 신전 개발, 관개용수 시설의 정비 등에 힘입어 집약적 농업이 가능해졌다. 이에 따라 중세와 같은 대경영체 즉 가장의 직계 친족을 비롯해 그 이외의 방계 친족 및 비혈연 관계의 예속적 농민을 포함하는 대경영체는 더 이상 필요하지 않게 되었다.

근세는 병농분리(兵農分離) 정책에 따라 지배 계급인 무사를 조카마치(城下町: 성 아래 도시)에 거주시키는 동시에 생산 활동으로부터 유리시켜 완전한 소비자로 만들고, 농민을 토지에 속박시켜 생산에 종사하게 한 다음 그 생산물을 연공이나 잡세로 징수하는 사회였다. 또 무사의 소비 생활에 필요한 물자를 공급하기 위해 직인(職人)과 상인을 조카마치에 거주시키고 영업을 허가하는 대신에 여러 가지 역(役)을 부담시켰다. 이처럼 근세 사회는 각각의 신분 계층이 막부에 대해 자신의 신분에 상응하는 역, 예컨대 무사는 군역을 농민은 연공을 의무적으로 부담하는 그런 사회였다.

이에는 이들 각각의 신분이 역을 부담하는 단위였다. 그리고 그 이에를 대표하는 것이 가장이었으며 또 그것은 남성이어야만 했다. 특히 군역을 담당하는 무사 계급은 주군에 대한 충성과 봉공을 조건으로 영지와 녹미를 이에 단위로 지급받고 있었기 때문에, 그 이에를 유지하고 계승하는 일이 최대의 과제가 되었다. 무사의 이에에서 가장의 지위는 군역을 담당할 수 있는 남성에게만 인정되었고 여성에게는 그와 관련한 아무런 권리도 주어지지 않았다. 여성이 무사의 배우자로서 해야 할 첫 번째 의무는 이에를 계승할 아들을 낳는 일이었다.

농민은 검지장(検地帳)에 등록된 토지를 보유하고 그에 해당하는 연공과 각종의 역을 부담했다. 가장으로서 검지장에 이름을 올리고 마을 공동체의 정식 성원인 '혼뱌쿠쇼(本百姓: 지주나 자작농)'로서 인정받은 것은 남성이었다. 다이코(太閤) 검지장[1]에는 남편이 사망한 경우 '고케'로

1 다이코 검지장은 도요토미 히데요시(豊臣秀吉) 정권 하에서 작성된 검지장을 말한다.

서 또는 아들이 너무 어릴 경우 어머니로서 여성이 대신 이름을 올린 사례도 보이지만, 에도 시대에 들어오면 이런 사례조차도 거의 사라져 버릴 정도로 여성의 토지에 대한 보유권은 극히 미약해졌다. 따라서 여성이 결혼할 때는 도구나 의류, 현금을 지참하는 일은 있어도 부동산을 가져오는 일은 거의 없었다.

조닌[2] 계층에서도 여성이 가옥과 택지를 소유하게 될 경우에는 그 기한을 한정하거나 후견인 또는 대리인을 둘 것을 강요했다. 이 때문에 여성은 후계자가 되어도 중계적 역할을 하는 것에 그치는 경우가 많았다.

이렇게 공적으로 가장의 자리에 오를 수 없었던 근세 사회의 여성은 『온나다이가쿠(女大学)』의 도덕률이 묘사하는 이상적인 여성상을 체현할 것을 요구받았다. '어려서는 아버지를 따르고, 시집가서는 남편을 따르고, 남편이 죽은 뒤에는 아들을 따르는 것을 삼종(三従)이라 한다. 일생 동안 제멋대로 함부로 행동해서는 안 된다. 반드시 아버지와 남편, 자식을 따라야 한다'라는 것이다.

그러나 이렇다 할 재산도 보유하지 못한 채, 하루하루 생활에 쫓기는 농촌의 빈농(水呑百姓: 미즈노미햐쿠쇼)과 도시의 세입자는 부부, 부모와 자식, 남녀를 불문하고 일가족 모두가 일을 해야만 하는 처지에 놓여 있었다. 그런 가운데 근세 후기가 되면, 여성이 다른 집에 고용되어 임금을 받거나 직업적으로 수공업이나 상업에 종사하는 모습이 나타난

2 에도 시대에 도시에 사는 상공업자를 가리킨다.

다. 가장의 밑에서 이에의 일원으로서 일한다기보다는 한 사람의 노동자로서 일하는 여성의 모습을 도시와 농촌에서 흔히 볼 수 있게 된 것이다. 막부의 법과 규칙 그리고 그것을 뒷받침해 준 유교적 도덕관은 무사층을 비롯하여 농촌의 상층부, 도시의 부유한 상인층 등에 영향을 끼쳤다. 그 결과 『온나다이가쿠』 적인 사고방식이 확산되었지만 반면에 그에 얽매이지 않는 서민의 남녀 관계, 즉 남성 가장이 지배하는 가족 제도에 반하는 움직임 또한 뚜렷해졌다.

한편 근세는 영주에 의해 통제되는 공창 제도가 존재한 시대였다. 에도 막부는 다이묘에게 산킨코타이(參勤交代)[3]를 강요했기 때문에 가족과 떨어져 에도에 일정 기간 체재해야 하는 사람이 생겨났다. 또 에도는 생활비를 벌기 위해 모여드는 사람으로 인해 남성 인구가 많은 불균형한 생활공간이 되었다. 이런 인구 구성은 다른 도시에서도 마찬가지였고 이에 막부와 영주는 매매춘이 가능한 공인된 장소를 마련했던 것이다.

산킨코타이는 교통과 경제 활동을 활성화시켰고 이에 따라 도시와 지방을 오가는 사람도 많아졌다. 또 이런 사람은 남성이 압도적으로 많았기 때문에 여인숙에서는 '메시모리온나(飯盛り女: 에도 시대 여인숙에 기거하던 창부)'의 매매춘이 성행하게 되었다. 에도 막부는 이런 매매춘을 처음에는 금지했지만 나중에는 묵인할 수밖에 없었다.

---

3 다이묘 통제책의 하나다. 1635년에 제도화되어 막부 말기까지 유지되었다. 다이묘는 아내와 자식을 인질로 에도에 잡혀둔 상태에서, 1년 마다 교대로 에도와 번(藩)에서 생활해야 했다. 그러나 막부 말기로 접어들수록 이런 원칙은 느슨해졌다.

1. 연애, 신주, 불의 밀통

신주의 유행—겐로쿠, 교호 시기

어제도 신주(心中: 남녀의 동반 자살), 오늘도 신주. 지금까지 볼 수 없던 희한한 일이 아스카강에서 유행하고 있다. 그래서 교토와 오사카 그리고 주변 지방에서 발생한 유사한 사례를 하나하나 모아 보았더니 전부 5책이나 되었다. 남녀가 사랑을 성취하려면 어떻게 해야만 하는 것인가? 그 방법을 제시한 세상에 둘도 없는 책이 바로 이 책이다.

이것은 1704(宝永1)년 출간된 『신주오카가미(心中大鑑)』의 서문 중 일부 내용이다. 이 책에는 겐로쿠(元禄, 1688~1704) 말기부터 호에이(宝永, 1704~1711) 초에 걸쳐 교토와 오사카 지방에서 일어난 21건의 정사(情死) 관련 사건이 수록되어 있다. 또한 권말에는 15건의 사건을 추가로 알리겠다는 예고와 함께 신주에 관한 새로운 정보가 들어오는 즉시 이들 내용도 책으로 간행하겠다는 방침이 게재되어 있다. 이런 문헌 자료 이외에도 신주 관련의 자료는 많이 남아 있다. 1703(元禄16)년에 상연

된 지카마쓰 몬자에몬(近松門左衛門, 1653~1724)의 세와조루리(世話浄瑠璃)[4] 처녀작인 『소네자키신주(曾根崎心中)』를 비롯하여 가부키(歌舞伎)와 가요(歌謠) 등 다양한 분야에서 소재로 다루어진 신주는 17세기 말부터 18세기 전기에 해당하는 겐로쿠, 교호(享保, 1716~1736) 연간에 특히 교토와 오사카 지방에서 크게 유행했고 또 많은 사람의 주의를 끈 관심사이기도 했다. 신주란 원래는 마음속을 의미하는 말이었다. 그러던 것이 점차 말 뜻 자체가 변화해서 '신주'라 하면 의례적으로 서로 사랑하는 남녀가 그 뜻을 이루지 못해 함께 자살하는 행위인 정사를 의미하게 되었고, 또 그렇게 된 것은 겐로쿠 시대에 들어오면서부터였다고 한다. 그렇다면 이런 신주가 빈발하게 된 이유는 어디에 있었던 것일까? 『신주오카가미』의 기록을 근거로 그 이유를 찾아보도록 하자.

표1은 『신주오카가미』에 수록된 남녀와 신주의 원인을 기재 순으로 정리한 것이다. 계층을 보면 대부분이 도시에 살면서 돈에 구애받지 않는 생활을 하는 중소 조닌이거나 가장 또는 주인 밑에서 일하는 사람들이다. 한편 신주의 원인에 대해서는 대략 다음과 같은 설명이 가능할 것이다.

오사카의 지물포집 딸 오우메와 염색집 헤이스케의 신주 등 3건의 사건은 생활수준이 평균 이상에 해당하는 조닌의 집에서, 딸자식의 연애 사실을 알아챈 부모가 그 연애를 금지시킨 것이 원인이 되어 일어난 사건이다. 또 남성과의 교제 사실을 끝내 털어놓지 못한 채, 부모가

---

4 조루리는 일본의 전통 예능에서 반주에 맞추어 이야기를 읊는 행위를 말한다. 세와조루리는 조닌 사회의 풍속이나 인정, 연애 등을 제재로 삼은 조루리를 가리킨다.

표1 「신주오카가미」에 기재되어 있는 남녀와 신주의 원인

지역		남	여	원인
교토	1	상인의 아들 헤이자에몬(平左衛門)	유녀 이마카와(今川)	남성이 집안의 돈을 훔치고 부모의 의견을 듣지 않아 절연당함.
	2	칠장이의 아들 리헤이(利兵衛)	유녀 요메	남성의 행동거지가 나빠서 절연당함.
	3	칠공예 장인 리헤이(理兵衛)	유녀 요쓰	원인 불명.
	4	옷감가게 야나기시치(柳七)	고케의 딸 초	약혼한 사이였는데, 부모의 오해로 이별.
	5	미곡상 쇼베에(庄兵衛)	채소가게 딸 오슌	딸의 첩살이 이후 노골화된 어머니의 탐욕과 사업 부진으로 인한 남성의 경제적 파탄.
	6	병풍가게 종업원 고헤에(小兵衛)	가마꾼 집 딸 오쓰타	여성을 첩으로 삼은 것이 주인에게 발각됨. 가게의 금전출납을 추궁당함. 야반도주 후 갈 곳이 없음.
	7	기모노 세탁소 종업원 요쿠로(与九郎)	고케의 고용인 마쓰	여성이 주인에게 중매를 부탁받고는 남성에게 접근해 임신. 주인에게 변명 못함(남성은 자살 미수).
	8	표구사 아들 스케에몬(助右衛門)	옷감 화공의 딸 고칸	남성의 행실 불량. 여성의 부모가 교제를 금지시키고 다른 남성과의 혼담을 진행시킴(남성은 여성 사망 후 도주).
	9	찻집 주인 도요타유(豊太夫)	유녀 오슌	사귀던 유녀에게 손을 대고, 그 유녀의 손님에게 질투를 느낀 남성이 일으킨 강제적 신주.
오사카	10	미곡상 종업원 로쿠베헤(六兵衛)	미곡상 딸 오우메(お梅)	부모가 딸의 혼담을 정해버림.
	11	떠돌이 무사 모쿠자에몬(杢左衛門)	유녀 기요	경제적 곤궁. 도주 후 의탁할 곳 없음.
	12	간장가게 종업원 도쿠베헤(德兵衛)	유녀 하쓰	남성에게는 주인 딸과의 혼담이 있고, 여성에게는 낙적(落籍) 이야기가 나옴(「소네자키신주」의 소재).
	13	신장 6척의 간페(勘平)	그릇가게 하녀 요시	여성에게는 어렸을 때부터 약혼자가 존재. 부모가 허락하지 않음.
	14	신발가게 동생 이치로베에(市郎兵衛)	형수 오산	형수가 접근해서 밀통, 남편에게 발각. 남편이 용서했지만 스스로 죄책감을 느낌.
	15	염색집 헤이스케(平助)	지물포집 딸 오우메(お梅)	여성의 부모에게 발각, 교제를 금지당함.
	16	목재상 종업원 세이스케(清助)	유녀 오하나	남성이 낙적료를 마련하려고 가게 돈을 훔침.
	17	술집 주인 마타베에(又兵衛)	마타베에의 아내	남성이 아내의 친정으로부터 금전적 원조를 받음. 아내가 친정 가게 종업원과 밀통. 남편에 의한 강제적 신주.
타지역	18	와카사(若狭)의 하급 무사 시바 단조(斯波弾正)	그의 제자 쓰즈키 마쓰노스케(都筑松之介)	남색. 연모의 대상이던 하급 무사를 죽인 남성에게 복수한 후, 제자도 뒤따라 죽음.
	19	오쓰(大津) 기름집의 지로자에몬(治郎左衛門)	유녀 우지바시(宇治橋)	남성의 부모가 어렸을 때 정해진 약혼자와의 결혼 준비에 착수함.
	20	이즈미(和泉) 면화 농가의 아들 우마노스케(馬之助)	하녀 시노부	병에 걸려 요양 중이던 여성이 접근. 나중에 남성이 변심하자 벌어진 여성에 의한 강제적 신주.
	21	사카이(堺)의 실가게 종업원 규베에(久兵衛)	동업자 조합 멤버의 딸 오하쓰	임신 발각. 남성은 주인에게서 쫓겨나 취업이 불가능하게 됨. 여성은 절연당함.

정해 준 상대와 결혼식을 올리게 된 당일에 이르러서 종업원과 신주를 감행한 미곡상 딸 오우메도 있다. 이런 사건들은 조닌 계층의 딸자식이 부모의 판단과 의지를 무시한 채 스스로의 결정에 따라 남성과의 교제를 선택할 경우 허락받지 못했다는 사실을 잘 보여 준다. 이 문제에 대한 부모의 결정권은 그만큼 절대적이었다. 또 첩이 감행한 신주가 두 건 등장하는데, 애당초 이 여성들이 첩이 될 수밖에 없었던 것은 딸의 미모를 팔아 안락한 생활을 영위하려던 부모의 사심 때문이었다. 남녀 관계가 부모의 뜻에 따라 결정되는 패턴은 보다 하위 계층에 속하는 조닌 집안의 딸의 경우에도 마찬가지였다.

한편 아들자식의 경우에도 남녀 교제 문제에 대한 부모의 영향력은 절대적이었다. 그 전형을 보여 주는 것이 바로 약혼한 사이였던 교토 옷감가게의 야나기시치와 고케의 딸 초가 벌인 신주다. 이것은 이상적인 결혼 생활을 꿈꾸던 야나기시치가 초에게 온교쿠(音曲: 일본식 음악이나 가곡의 총칭)을 배우게 했는데, 이를 마이고(舞子: 술자리에서 흥을 돋우기 위해 춤을 추는 여성)로 팔기 위한 것이라고 오해한 야나기시치의 아버지가 자초지종도 들어보지 않은 채 두 사람을 억지로 떼어놓으려고 한 것이 발단이 되어 일어난 사건이다. 여기에는 부모의 일방적인 지배와 목숨을 버리지 않고서는 이를 거역할 수 없을 만큼 부모에 대한 복종에 익숙해져 있는 자식의 모습이 보인다.

신주가 빈발한 원인 중의 하나는 앞에서 살펴본 것처럼, 젊은 이성간에 서로에게 끌리는 자연스러운 감정이 일어나도 결국에는 가장의 지배에 대항하지 못하고 좌절할 수밖에 없었다는 점에 있다. 이 문제와 관련해서는 5대 쇼군 도쿠가와 쓰나요시(徳川綱吉, 1646~1709)의 지배 정책이 주목된다. 그는 불충불효한 사람을 중죄로 다스리는 엄벌주의를 내세워 충효를 장려하는 등 민중의 일상생활이나 내면까지도 규제하려고 했는데, 당시에는 이런 쓰나요시의 정책이 조닌 사회에도 침투해서 부모에게 순종하는 것을 당연한 것으로 여기는 분위기가 형성되어 있었다. 그리고 또 한 가지 주목해야 하는 점은 그런 가장의 권위가 실질적인 영향력을 발휘하고 있었다는 사실이다. 즉 부모를 거역할 경우에는 절연당해 집에서 쫓겨나고 결국에는 파멸에 이르는 것이 일반적인 패턴이었던 것이다.

그러나 신주의 원인은 조닌 사회에서 가장이 지배하는 가족 제도가 확립되어 있었던 것과 관련이 있지만 그것만이 원인의 전부는 아니다. 이 점과 관련해 주목되는 것이 교토의 미곡상 쇼베에와 첩 오슌이 일으킨 신주 사건이다. 경영 부진에 허덕이던 남성이 오슌 부모의 탐욕 때문에 더욱 궁핍한 처지로 내몰리게 된 것이 사건의 직접적인 원인이었지만, 그 배경에는 화폐 경제의 급속한 발전을 쫓아가지 못하는 상인층의 불안정한 경영이 있었다. 따라서 이런 상황에서 많은 돈이 필요한 첩이나 유녀와 깊은 사랑에 빠지게 되면 경제적 파탄을 초래할 위험성이 커질 수밖에 없었다. 쇼베에와 오슌의 신주 사건이 일어나기 9년 전에 발생한 그 유명한 한시치(半七)와 산카쓰(三勝)의 신주 사건이 바로 그에 해당한다. 한시치가 '사랑과 빈곤'을 신주 선택의 최대 원인으로 유언장에 기록한 것은 대단히 상징적이다.

목재상 종업원 세이스케와 유녀 오하나의 신주 사건은 바로 그런 형태의 사랑이 종업원과 유녀 사이에서 싹터 일어나게 된 사건이다. 사랑에 눈이 먼 남성은 애인 오하나의 낙적료를 마련하려고 가게 돈을 훔쳐내기까지 하지만, 결국 두 사람은 후환을 두려워한 나머지 그날 밤 신주를 선택하고 말았다. 이것은 종업원의 횡령이 사회 문제가 되면서 횡령을 저지른 종업원을 사형 등 중형으로 다스리고 보증인에게도 책임을 묻겠다는 포고가 1694(元禄7)년 교토에 내려진 것을 비롯해, 같은 시기에 동일한 취지의 법령이 연이어 반포된 일과 관계가 있는 것으로 보인다. 횡령을 저지른 종업원은 물론 그 보증인까지도 엄벌을 피할 수 없는 상황이었던 것이다.

종업원 대책은 상인 자신의 문제이기도 했다. 예를 들면 1703(元禄16)년 오사카의 칠공예상이 모여 동업자 조합을 결성할 당시 합의된 내용 중에는 해고당한 종업원의 채용을 금지하는 조항이 들어 있었다. 경제적 제재라는 본때를 보임으로써 주인에게 충실하고 순종적인 종업원을 만들려고 한 것이다. 이렇게 이 시기에는 주인과 종업원의 주종관계를 강화하려는 움직임이 지배 계층인 무사 측과 조닌 사회 내부에서 동시에 진행되고 있었다. 임신이 발각되어 절연당한 딸 오하쓰, 가게에서 쫓겨나는 데서 그치지 않고 교토와 오사카, 사카이는 물론 저 멀리 떨어진 에도에서조차도 일자리를 구할 수 없게 만들어 버리겠다는 폭언을 당한 동업자의 종업원 규베에, 이들의 신주는 바로 그런 시대적 동향을 반영한 사건이었던 것이다.

이렇게 한번 일자리에서 쫓겨날 경우 생계수단 자체를 잃게 될 가능성이 큰 상황 속에서는, 병풍가게 종업원 고헤에와 애첩 오쓰타처럼 야반도주를 한다 해도 받아 주는 곳이 없어서 신주로 내몰릴 수밖에 없었다. 또 떠돌이 무사 모쿠자에몬과 유녀 기요의 신주는 야반도주 후 마지막 보루로 매달리던 절로부터, 부모의 허락이 없는 사람을 절에 머물게 하는 것은 위법이라는 이유로 쫓겨난 것이 계기가 되어 발생한 사건이었다. 사원 또한 정치권력에 휘둘려서 갈 곳 없는 처지에 놓인 남녀를 보호할 힘마저 잃어 가고 있었다.

지금까지 『신주오카가미』를 통해 확인한 것처럼, 신주는 홍망성쇠가 격심했던 조닌 사회 속에서 안정된 생활 기반을 구축하지 못하고, 또 강력한 가장이나 주인의 지배 아래 예속되어 있던 사람들 사이에서 빈번히 일어났다. 경제적 기반을 갖추지 못한 그들이 자신의 감정대로 행동한다면 그것은 곧 파멸을 의미했다. 근세의 사회 질서가 여러 측면에서 강화되어 가던 이 시기의 조닌 사회는, 막부와 영주의 지배 정책을 수용하고 따르는 과정에서 형성된 기존의 질서를 안정화시키는 방향으로 움직였던 것이다. 그리고 신주는 바로 그런 시대적 상황 속에서 발생한 사건이자 남녀 관계의 표현이었다.

간장가게 종업원 도쿠베에와 유녀 하쓰의 사건을 취재한 지카마쓰의 『소네자키신주』는 '언젠가는 반드시 성불하게 될 사랑의 모델'로서 관객의 마음을 사로잡았다. 이후 20년에 걸쳐 그가 창작한 여러 편의 풍속 작품은 신주를 더욱 유행시키는 데 결정적 역할을 했다고 일컬어진다. 신주를 선택한 사람들의 인간적인 측면 등에 공감을 표하는 그의 작품 세계는 자신의 욕구나 감정을 억제하면서 같은 시대를 살아가던 수많은 관객을 끊임없이 매료시켰다.

밀통 재판—연애 금지

1742(寛保2)년 에도 막부는 법령을 일괄 정비하고 기본 법전인 『구지카타오사다메가키(公事方御定書)』를 제정했다. 여기에는 혼인 이외의 성관계를 의미하는 밀통 관련의 29가지 제재 항목이 규정되어 있다. 근친상간을 제외하고 쌍방 합의 하에 밀통을 한 당사자에 관한 형벌을 정리해 보면 표2와 같다.

표2 밀통에 관한 형벌(「구지카타오사다메가키」)

	형 벌
유부녀와의 밀통	• 남녀 모두 참수형 이상(공모해서 남편을 살상했을 경우에는 중형) 남편이 두 사람을 살해했을 때는 무죄 • 연애편지만 주고받았을 경우는 남녀 모두 중추방(무사시[武蔵]·야마시로[山城]·셋쓰[摂津] 이외 6개 지방, 도카이도[東海道]·닛코가도[日光街道]·기소로[木曽路] 일대, 죄인의 거주지 및 죄를 범한 지방에서 추방하고 전답과 가옥 등을 몰수)
주인 아내와의 밀통	• 남성은 조리돌리기 후 효수 • 여성은 참수
약혼한 여성과의 밀통	• 남성은 경추방(에도 4방 10리 및 교토·오사카·도카이도 일대에서 추방) • 여성은 삭발시키고 부모에게 인도 부모가 두 사람을 살해했을 때는 무죄
미혼 여성과의 밀통	• 남성은 수갑을 채운 후 자택에서 근신 • 여성은 부모에게 인도
주인 딸과의 밀통	• 남성은 중추방 • 여성은 수갑을 채워서 부모에게 인도
하인들끼리의 밀통	• 주인에게 인도

표2를 통해 알 수 있듯이, 밀통에 관한 처벌은 그 여성이 누구에게 소속된 존재인지에 따라 달랐다. 즉 여성의 지위는 사실상 가장에게

예속되어 있었기 때문에, 밀통에 대한 제재 또한 가장의 소유권이 침해된 것에 대한 제재로서의 성격을 갖게 되었던 것이다. 그리고 형벌에 나타나 있듯이, 여성의 성적 관계는 그녀가 소속되어 있는 가장이나 주인이 관리 결정하는 것이었다. 개인의 선택(=연애)은 법적으로도 처벌 대상이었다. 특히 아내의 밀통은 무조건 참수형 이상에 처해졌는데, 이것은 밀통이 사회 질서에 대한 반역이자 극형으로 다스려야 할 중죄로 인식되고 있었다는 사실을 말해 준다. 그뿐만이 아니다. 당시에는 연애편지를 주고받는 행위만으로도 '중추방'에 처해질 만큼 연애 감정 자체도 엄격하게 규제되고 있었다. 근세의 바람직한 남녀 관계는, 약혼 중인 딸과 그 밀통 상대를 죽여도 무죄가 될 만큼 강력한 지배권을 보유한 부모의 결정에 따라 결혼한 아내가, 남편에게 절대적으로 충성하는 지배와 복종의 관계를 의미했다. 개인의 감정이나 의지에 따른 연애는 법적 처벌의 대상이었다.

근세의 형사 판례집인 『오시오키레이루이슈(御仕置例類集)』에는 1795(寛政7)년 종업원이 주인의 아내로부터 연애편지를 받고서는, 자신도 마음이 끌리지만 지금은 그럴 입장이 아니기 때문에 기회를 보기로 하자면서 앞으로는 편지를 보내지 말아 줄 것을 요청했던 바, 그 여성이 자살을 해 버린 탓에 남성이 참수형에 처해진 사례가 등장한다. 비밀리에 만나 정담을 나눈 것이 도리어 여성의 마음을 건잡을 수 없게 만들어서 죽음으로 내몰았다고 판단한 것이다. 신분에 저촉되는 주인의 아내라는 이유에서 형벌이 한층 더 무거워진 것도 사실이지만, 밀통이나 혹은 그런 식의 연애 감정에서 비롯된 사건이 세상에 알려질 경우에는 무거운 형벌에 처해야 한다는 것이 근세 사회 내내 지배자가 갖고 있던 기본적인 자세였다.

'내연 부부'의 증가—연애의 옹호

비천한 처녀들은 경박하고 예의가 없으며 도리에 어긋나는 짓도 곧잘 한다. 부모를 어려워하는 마음이 없어서 부모가 권유하는 혼담을 거절하고 내연 부부로 사는 일이 많다.

수필『세사견문록(世事見聞錄)』에 보이는 19세기 초 사회상의 한 모습이다. 여기에는 밀통의 처벌 등 남녀 관계에 대한 엄격한 지배가 법적으로 정비되어 있음에도 불구하고, 스스로의 의지로 상대를 선택하는 연애결혼(내연 부부)이 서민들 사이에서 널리 퍼지기 시작한 모습이 보인다.『오시오키레이루이슈』에도 1805(文化2)년 의붓어머니와 한마디 상의도 없이 한 남성에게 종업원 자리를 부탁하고는 집을 뛰쳐나갔다가 그 남성과 밀통까지 한 끝에 일단 귀가한 딸이, 매춘가로 보내 버리겠다는 의붓어머니의 협박조 훈계에 발끈해서 잘못했다고 사죄하기는 커녕 멋대로 머리를 자르고 다시 가출한 후 돌아오지 않았다는 이야기가 실려 있다. 그 뿐만이 아니다. 19세기 중엽이 되면 유녀가 손님을 끌어들이기 위한 수단으로 신주를 이용하는 내용의 라쿠고(落語: 만담)가 등장하는가 하면, 부모에게서 낙적료를 받아내려고 신주를 위장한 남녀의 이야기도 등장한다. 서민들이 신주에 대해 품었던 과거와 같은 절실한 마음은 더 이상 찾아볼 수 없게 되었다.

서민 사회에 퍼지기 시작한 이런 사태는 18세기 후반의 비약적인 상품 경제의 발달과 그에 따른 사회적 변동 속에서 일어났다. 도시 지역에서의 직종 증가, 봉공 기간의 단축, 급여의 상승 등으로 대표되는 그런 사회적 변동은 '내연 부부'로 상징되는 남녀 관계의 성립을 가능하게 만들었다. 근세 전반만 하더라도 가장과 주인에게 예속되지 않은 삶은 기대하기 어려웠고 또 그 때문에 남녀 관계에 대해서도 부모와 주인의 의향은 결정적 영향력을 발휘할 수 있었다. 그러나 이제는 그와는 다른 형태의 새로운 남녀 관계가 성립했던 것이다.

한편 이 시기에는 그동안 유교에서 부정적 의미로 해석되고 또 법적으로도 규제의 대상이던 연애를 옹호하는 사상이 등장하여 영향을 끼치기 시작했다.

모토오리 노리나가(本居宣長, 1730~1801)는 1763(宝暦13)년 『자문요령(紫文要領)』을 통해 『겐지모노가타리』에 대한 해석을 지금까지의 도덕론으로부터 해방시키고, 인간의 진정을 중시하는 '모노노아와레(物の哀れ)'론에 입각해서 높이 평가했다. 그리고 '모노노아와레를 알려면 사랑보다 좋은 것은 없다'라고 연애를 적극적으로 평가하면서, 연애편지를 받은 여성이 남성의 마음을 '애틋하게 생각해 부모 몰래 만나는 일'이 있는 것은 '모노노아와레'를 알기 때문이라고 지적했다. 또 그런 사람은 한 사람의 상대에 대해서만이 아니라 '경우에 따라서는 다른 사람에 대해서도 애틋함을 느끼게 되는지라, 두 사람과 연애를 한다고 해서 소홀하다거나 진정성이 없다고는 말할 수 없다'라고 문학론의 입장에서이기는 하지만, 부모 몰래 하는 연애는 물론 한꺼번에 여러 상

대와 연애하는 것까지도 긍정하는 논리를 전개했다.

자발적 남녀 관계를 밀통으로 규제한 근세 사회 질서 속에서도 이렇게 후기가 되면 연애를 적극적으로 평가하는 사상이 등장했다. 그리고 '모노노아와레'론에서 시작된 노리나가의 대부분의 저작은 누구보다도 큰 중압감에 시달리던 무사 계급 여성들의 저작과 사상에 많은 영향을 끼쳤다. 독자적 사상에 입각하여 근세의 사회 제도를 비판한 다다노 마쿠즈(只野真葛, 1763~1825)도 그중 한 사람이었다.

새로운 남녀 관계의 출현

히로세 교쿠소(広瀬旭荘, 1807~1863)는, 분카(文化) 연간에 규슈 분고(豊後)의 히타(日田)에 사숙 간기엔(咸宜園)을 열고 숙생 3,000여 명에게 가르침을 전하던 그 유명한 히로세 단소(広瀬淡窓)의 동생이다. 그는 1830(天保1)년 형 단소로부터 사숙을 물려받은 후 오사카와 에도로도 진출해 제자를 키웠다. 막부 말기의 유학자이자 시인으로 전국적으로 저명한 존재였다. 교쿠소의 통곡의 서 『추사록(追思錄)』은 1844(弘化1)년 5월, 에도에 있던 교쿠소를 찾아왔다가 같은 해 12월 병사한 아내 마쓰코(松子)를 그리워하며 집필한 것으로 이들 부부의 관계와 성격, 일상이 솔직하게 기록되어 있다. 그럼 『추사록』을 통해 두 사람의 관계를 자세히 살펴보기로 하자.

교쿠소는 1832(天保3)년 결혼할 당시를 회상하며 '우리들은 불같은 성격이어서 때로는 부모 형제의 가르침을 잊고 도리에 어긋난 행동을 한 적도 많다'라고 자신의 성격적 결함을 솔직하게 인정했다. 참기 힘들 때는 자신에게 내보이라고 하면서 '아내를 함부로 대하거나 난폭하게 다루지 않겠다'라는 내용의 각서를 마쓰코에게 맡겨 두기도 했다. 이런 부부 관계는 근세 사회에서 요구되던 이상적인 남녀 관계와는 처음부터 거리가 멀었을 것으로 생각된다.

교쿠소는 각서를 작성했음에도 불구하고 급하고 난폭한 성정을 억제하지 못해 자주 짜증을 냈다. 그런 일이 있을 때마다 교쿠소는 나중에 가서 아내에게 왜 각서를 보여 주지 않았느냐고 묻곤 했는데, 이에 대해 마쓰코는 항상 "내가 잘못했으니까" 라고 대답하고는 끝내 한번도 그 각서를 내보이지 않았다. 이런 마쓰코의 대응은 교쿠소에 대한 형식적 순종의 한 표현이었을 것이다. 그러나 그것만이 다는 아니었다. 마쓰코는 항상 하녀 등에게 "남편은 폭군처럼 보이지만 금방 반성하는 사람이라서 매우 다루기 쉬운 사람이다" 라고 말했다고 한다. 즉 교쿠소가 화를 낸 뒤에는 깊이 후회하고 자신의 잘못을 주저 없이 솔직히 인정했기 때문에 순종적인 자세를 보였던 것이다. 한편 교쿠소는 두 사람이 '완과 급'이라는 정반대의 성격을 갖고 있는 탓에 자주 다툰 것이 사실이지만, 바로 그런 점 때문에 고용인이 일을 그만두지 않고 붙어 있는 것이라고 지적했는데, 이것은 유학자로서 이에를 경영해 나가는 과정에서 마쓰코의 힘이 컸다는 사실을 인정한 것이나 마찬가지였다. 이처럼 두 사람은 성격상의 차이를 확실히 인식한 상태에서, 상대의 인격이나 역할에 경의를 표함과 동시에 서로 신뢰하는 모습을 보여 주고 있었다.

아무 일도 없을 때 두 사람의 부부 사이는 매우 좋았다. 교쿠소는 마쓰코의 병상이 점점 악화되자 제자와 고용인이 있음에도 불구하고 마지막 50일 동안은 직접 식사를 준비할 정도로 정성을 보였다. 또 '도저히 완쾌될 수 없는 상황이 되자 마음이 아파서 이후 세상을 뜰 때까지 40여 일 간은 격하게 울지 않은 적'이 없었고, 아내가 죽기 전날 밤 헛소리를 하는 것을 듣고는 마음이 아픈 나머지 실신하기도 했다. 이런 교쿠소에 대해 마쓰코는 "마누라 병 때문에 우는 남자가 어디 있어요?" 라며 오히려 남편을 위로했다. 이처럼 아내의 병색이 깊어지는 모습에 주위를 아랑곳 하지 않고 통곡했던 교쿠소는 마쓰코가 죽자 주위 사람들이 '혹시 깊은 마음의 병을 얻게 되는 것은 아닐까?'하고 걱정할 만큼 비탄해 했다.

지금까지 살펴본 것처럼 『추사록』에는 상대의 장점과 단점을 개성으로 받아들인 상태에서, 서로를 그 누구와도 바꿀 수 없는 존재로 생각할 만큼 깊은 애정을 품고 살아가던 남녀 한 쌍의 모습이 부각되어 있다. 그것은 가장인 남편에 대한 절대적 복종을 강요받던 근세의 일반적 부부상과는 다른 것이었다.

이런 개성 넘치는 인간적인 남녀 관계는 교쿠소 부부에게만 한정된 현상이 아니었다. 교쿠소와 쌍벽을 이루던 한시인(漢詩人) 야나가와 세이간(梁川星巖, 1789~1858)은 육촌 여동생이자 제자인 고란(紅蘭)과 결혼했는데, 고란은 세이간의 내면 깊숙한 곳까지도 헤아릴 수 있는 현처가 되기로 결심하고, 남편과 함께 세상을 방랑하면서 시화와 학문의 수련에 매진했다. 세이간도 이런 아내에게 공감하고 자부심을 느끼면서 그 점을 시로 읊기도 했다. 그러는 가운데 동시대의 시인과 유학자 사이에서도 고란의 가치관과 시화 면에서의 재능을 알아봐 주는 사람이 늘어나기 시작했다. 자신의 노력과 실천을 통해 자부심을 갖게 된 고란은, 결혼 생활을 하는 가운데 자신의 의지나 욕구에 맞지 않는 일이 일어날 경우에는 자주 반대하는 모습을 보였고, 또 어떤 때는 언쟁도 마다하지 않았다. 한마디로 그녀는 자신의 결혼 생활 속에서 어느 정도의 자립을 이루어 냈던 것이다. 교쿠소 부부가 마쓰코의 역할을 '내조'로 인식한 상태에서 서로 간의 존경과 애정을 쌓아가는 관계였다면, 야나가와 부부는 시와 학문을 추구하는 과정에서 굳건해진 결합이었다. 그만큼 야나가와 부부 쪽이 교쿠소 부부보다 내면적 이해와 대등성에 기반을 둔 관계였다고 할 수 있다.

19세기 이후 이런 형태의 남녀 관계가 특히 지식인 사이에서 나타났는데, 이는 그들의 형성 과정과 밀접한 관련이 있었다. 18세기 말에 단행된 간세이(寛政, 1789~1801)의 개혁은 당시 크게 동요하던 사회를 재건하기 위한 시도였다. 그리고 그 일환으로 추진된 것이 바로 주자학 이외의 학파를 금지한 '이학(異学)의 금'이었다. 이것은 주자학을 통해서 봉건적 인간 유형을 재생시키고 유지해 나가려는 것이었지만, 다른 한편으로는 교육의 장려를 의미했던 까닭에 막부 신하에 대한 교육이 비약적으로 보급되고 또 각 번에서 번교(藩校)가 급증하는 현상을 가져왔다.

자연히 현장에서 교육을 담당할 교수자도 갑자기 필요해질 수밖에 없었는데, 그들의 대부분은 농상 계층 출신도 포함되어 있는 쇼헤이코(昌平黌) 소속의 학생들 가운데서 선발되었다. 세습이 아닌 재능을 통해 자신의 입장을 구축한 그들은 여성을 이에 세습에 필요한 도구로 보지 않았다. 오히려 자신의 능력과 성격을 이해하는 개성을 가진 존재로 인식하게 되면서 배우자로 삼고 싶어 했던 것으로 생각된다. 이것이 바로 앞에서 예로 들었던 남녀의 결합을 가능케 한 하나의 배경이었던 것이다.

근세 사회가 해체되고 붕괴되는 가운데 '밀통에 대한 처벌'이 상징하는 것과 같은 지배와 복종의 관계가 아니라, 개성과 인격을 가진 존재로서 서로를 인정하는 새로운 남녀 관계가 탄생하기 시작했다.

2. 결혼과 이혼

무사의 결혼

에도 시대에는 무사도 서민도 일부일처제였다. 물론 쇼군을 비롯하여 다이묘 대부분이 정실 이외에 첩을 측실로 두고 있었지만 이는 이에의 존속을 꾀하기 위해 필요한 것으로 정당화되었다. 다만 정실 소생의 남성을 제1위의 상속인으로 삼는 원칙이 존재했던 만큼 아내와 첩의 구별은 엄격했을 것으로 생각된다. 무사의 경우 1733(享保18)년에 모든 결혼에 대해 결혼 신청서를 내도록 했고 자기 멋대로 첩을 아내로 변경하는 것도 금지했다. 한편 서민의 경우는 첩 쪽에서 주인에게 '호코닌우케죠(奉公人請状)'라는 일종의 근로 계약서를 제출하고 고용 기간과 급료를 정했는데, 법적으로 볼 때 첩은 일종의 고용인이었던 셈이다.

또한 사, 농, 공, 상, 에타(穢多), 히닌(非人)이라는 엄격한 신분 제도의 틀에 얽매어 있던 에도 시대에는 다른 신분과의 결혼은 원칙적으로 인정되지 않았다. 특히 서민을 지배하기 위한 정책적 고려에서 설정된

천민 신분의 에타와 히닌은 다른 신분의 사람과 절대로 결혼할 수 없었다. 단 하급 무사와 부농 또는 상인과의 결혼은 실제로는 꽤 있었던 것으로 보이는데, 이렇게 신분과 격식이 다른 결혼의 경우에는 신분이 낮은 쪽에서 자식을 상대방 신분에 어울리는 집안의 양자로 일단 입적시켜서 서로의 격을 맞춘 후, 정식으로 결혼 허가를 받아 내는 방법이 취해졌다.

그러면 무사의 결혼은 어떤 식으로 치러졌던 것일까? 『일본외사(日本外史)』 등의 저서로 유명한 에도 시대 후기의 유학자 라이 산요(賴山陽)와 그의 장남 요이치(余一)의 경우를 예로 들어 살펴보도록 하자.

라이 산요는 1780(安永9)년 오사카에서 주쿠(塾: 사설 학교)를 운영하는 라이 슌스이(賴春水)와 아내 시즈코(静子, 호는 바이시[梅颸]) 부부의 장남으로 태어났다. 1797(寛政9)년 산요의 나이 18세 때 에도로 나가서 유학자 비토 니슈(尾藤二洲, 1745~1814)에게 사사했지만 다음 해 히로시마(広島)로 내려온 후 1799(寛政11)년 2월 히로시마번의 의사인 오조노 도에(御園道英)의 딸 오준(お淳)과 결혼했다. 라이의 집안에서는 이전부터 오조노 씨에게 왕진을 부탁하여 뜸 등의 치료를 받고 있었는데, 이 점에 주목한다면 아마도 주치의였던 것이 인연으로 작용했다고 말할 수 있을 것이다. 아버지 슌스이는 1781(天明1)년에 히로시마번의 유학자로 고용된 이후 보통 때는 줄곧 에도의 히로시마번 저택에서 근무했다. 슌스이는 히로시마번에 귀국해 있던 짧은 기간 동안에 산요의 혼담을 정해 버린 것이다.

결혼에 이르기까지의 경위를 살펴보면, 1798(寛政10)년 11월 1일 혼담을 받아들이겠다는 오조노 씨의 답장을 받은 슌스이는 12월 11일 결혼의 가부를 타진하는 '우치우카가이(内伺: 품의서)'를 상사에게 제출하고 그날로 긍정적인 답변을 받았다. 그리고 12월 20일 오조노 씨와 만난 자리에서 결혼을 정식으로 신청했다. 슌스이는 다음날인 21일에 다시 한 번 히로시마번에 결혼에 관한 '본원서(本願書)'를 제출했고, 25일에 이르러 허가를 받을 수 있었다. 그 후 28일에는 번에 답례 인사를 하고 돌아오는 길에 오조노가에 들러서 혼담 성립에 관한 보고를 마쳤다.

이처럼 무사가 결혼하기 위해서는 먼저 상사에게 은밀히 품의해서 그 결혼의 타당성 여부에 대한 판단을 기다려야만 했다. 비록 무사들 사이에는 신분과 격식에 차이가 있는 결혼을 금지하는 법률이 존재하지 않았지만, 너무 어울리지 않는 경우에는 '우치우카가이'의 단계에서 허가가 나지 않았다. 산요의 경우는 히로시마번의 유학자와 의사라는 즉, 신분과 가문 등 대부분의 면에서 서로 어울리는 사이였기 때문에 별다른 문제가 없었던 것 같다. 이런 '우치우카가이'의 단계를 통과하면 비로소 번에 정식으로 결혼 청원서를 제출할 수 있었다. 이렇게 무사가 결혼하기 위해서는 막부와 번의 허가가 필요했는데, 그 이유는 '사혼(私婚)'을 금지한 『무가제법도(武家諸法度)』처럼 결혼을 매개로 한 동맹을 막으려는 목적이 그 배경에 있었기 때문이다.

번의 허가가 떨어지면 다음은 유이노의 차례다. 다음 해 1799(寛政11)년 2월 15일 길일에 맞추어 라이가의 유이노가 오조노 씨에게 전달되었고, 이로써 드디어 혼례가 거행되게 되었다. 우선 21일에 중매인 고마이(駒井) 부부가 라이가에 초대되었고 그날 밤 오조노가에서 오준의 짐도 들어왔다. 이어서 오준이 시집으로 간 것은 다음날인 22일이었다. 그날 신랑 산요는 저녁 5시경 오조노가로 신부를 맞이하러 갔다가 6시가 조금 지나서 오준을 데리고 돌아왔다. 예정대로 혼례는 순조롭게 진행되었다. 다음날 오전 중에 아버지 슌스이와 어머니 시즈코가 오조노가를 방문하고, 오후에는 오조노가의 부모가 라이가를 방문함으로써 서로 간의 인사 의례도 모두 끝마쳤다. 그 후 28일까지 7일 동안은 결혼을 축하하러 찾아온 손님들을 접대하고, 중매인 등 그동안 신세진 사람들에게 인사하느라 정신없이 바쁜 시간을 보냈다. 29일이 되어서야 슌스이는 통상적 업무에 복귀할 수 있었고, 신부 오준도 혼수물품을 창고에 정리하는 일을 시작으로 신혼 생활에 돌입하게 되었다.

당시의 결혼 풍속은 지방이나 이에의 관례에 따라 각각 달랐지만 무사의 경우는 취가혼이 일반적이었다. 다만 유이노를 보내고 나서 신부가 시집으로 들어갈 때까지의 기간이 상당히 짧다는 사실에 놀라지 않을 수 없다. 그러나 이것을 이례적인 일이라고는 할 수 없을 것 같다. 초혼과 재혼 이렇게 두 번 결혼한 산요의 아들 요이치의 경우에도 유이노는 모두 혼례식 전날에 이루어졌다. 한편 결혼 당사자인 산요는 자신의 혼담 문제에 적극적으로 나서지 않았다. 혼례 날까지 개인적으로 산요와 오준이 상대방 집에 출입하는 일은 한 번도 없었다. 모든 일은 아버지나 대리인이 이에를 대표해서 추진했다.

서민의 결혼

서민의 결혼은 무사와 달리 원칙적으로는 막부나 번의 허가를 받을 필요가 없었다. 그러나 서로 다른 영주의 지배를 받는 마을이나 도시 사람들 사이에서 이루어지는 결혼은 신고를 필요로 했다. 또 현재의 호적에 해당하는 '종문인별개장(宗門人別改帳)'에서도 아내의 적(籍)을 남편 쪽으로 옮겨서 기재해야 했다. 이것은 에도 시대의 기독교 금제 정책의 일환으로 생겨난 데라우케(寺請) 제도에 따른 것이다. 데라우케 제도란 모든 사람을 어느 한 절의 신도로 만들고 그 절로 하여금 사이비 종교를 믿는 신자가 아니라는 것을 보증하도록 한 제도다. 따라서 출생, 사망, 결혼, 이주 등의 이유로 본적지를 이동할 때는 반드시 소속된 절에서 이동하는 곳의 새로운 절 쪽으로, 신도의 종파를 보증하고 상대 절의 신자로 삼아줄 것을 의뢰하는 '인별송장(人別送状)'과 마을 관리가 첨부한 '오쿠리잇사쓰(送一札)'를 보내 줘야 했다. 그러면 받아들이는 쪽에서는 승낙서를 발부하고 이에 근거해 '종문인별개장'에 옮겨서 기재하게 되는 것이다.

서민의 결혼에 대한 신분적 규제는 무사의 경우처럼 엄격하지는 않았지만 역시 서로 간의 격이 어울리는 이에끼리 결혼하는 것이 보통이었다. 통혼권은 같은 마을이나 인근 마을로 국한되는 일이 많았지만, 이에의 격이 높은 상위층일수록 격이 맞는 집안을 찾아 나섰던 관계로 통혼권의 범위도 멀리 원거리에 미쳤다.

이 시대에는 결혼이라는 것의 의미가 이에를 존속시키거나 경영체를 재생산시키는 데 있었기 때문에, 정작 결혼하는 당사자의 의지는 문제가 되지 않았다. 그러나 와카모노구미(若者組)[5]나 무스메야도(娘宿)[6]와 같은 조직이 형성되어 있던 지역에서는 요바이를 통해 반려자를 결정했다고 하는 만큼, 여유로운 남녀 관계도 존재했던 것으로 보인다.

또 지금의 연애결혼에 해당하는 형태가 없었던 것도 아니다. 현재의 사이타마현(埼玉県) 히가시마쓰야마시(東松山市)에 위치한 미야하나무라(宮花村)의 농부 사고에몬(佐五右衛門)은 쇼다이무라(正代村)의 치요와 내연 관계를 맺으면서 아내로 삼고 싶다는 욕망에 사로잡혔다. 사고에몬은 미야하나무라 사람을 중매인으로 내세워 치요의 부모와 친척 그리고 인보 조직인 고닌구미(五人組)와 결혼 문제를 논의한 끝에 1786(天明6)년 2월에 결혼할 수 있었다. 그 과정에서 사고에몬은 자신의 부모, 친척, 고닌구미, 중매인 등을 증인으로 내세운 상태에서, 치요의 친척과 고닌구미에 대해 앞으로 무슨 일이 있더라도 부부 화목하게 해로하겠다는 내용의 서약서를 쓰고 이를 전달하는 절차도 밟았다.

사고에몬의 예에서 알 수 있듯이, 모든 사람들이 반드시 부모가 정한 상대와 결혼해야만 했던 것은 아니다. '나레아이 결혼(馴合結婚: 내연의 단계를 거친 결혼)'의 형태도 존재했다고 할 수 있다. 그러나 사고에몬과 치요의 경우에도, 비록 결혼 상대는 그들 개인의 의지에 따라 선택한 것이라고 할 수 있지만, 결혼에 골인하기까지는 부모와 친척의 허가를 필요로 했던 것도 사실이다. 즉 이들의 결혼도 결국에는 이에 간의 문

---

5 농촌의 청년들로 구성된 15~30세 정도에 해당하는 연령 집단을 말한다. 공동으로 숙박하면서 야간 순찰, 제사, 소방 등의 역할을 담당했다.

6 성인식을 마친 젊은 여성들이 모여 수작업 등을 하는 곳을 말한다. 그곳에 기거하는 것을 관례로 삼은 지역도 있었다.

제로 전환되었던 것이다. 그뿐만 아니라 에도 시대에는 부모와 친척 이외에 무라 공동체의 승인이 있어야 했고, 또 연대 책임 제도로서 조직된 지연적 성격의 고닌구미로부터도 승인을 받을 필요가 있었다.

무사의 이혼 제도

에도 시대에도 중혼은 금지되어 있었다. 따라서 결혼 관계를 해소하고 재혼을 하려면 이혼 수속을 밟을 필요가 있었다.

서민들은 '미쿠다리한(三くだり半)'이라는 이혼장을 작성했고 무사의 경우는 막부나 번에 이혼을 신고하는 절차를 밟았다. 라이 산요의 예를 중심으로 무사의 이혼에 대해 조금 더 자세하게 살펴보자.

라이 산요는 앞에서 말했듯이 1799(寛政11)년 2월에 결혼했는데, 불과 결혼 2년째 되는 1801(享和1)년 2월에 이혼했다. 이혼 사유는 확실하지 않지만, 산요가 간세이 12년 9월에 아버지의 고향집인 다케하라(竹原)에 갔다가 그대로 교토로 가서 탈번(脱藩: 무사가 자신이 속했던 번을 나와 낭인이 되는 일)해 버린 일이 결정적 원인으로 작용했던 것 같다. 11월에 돌아오기는 했지만 그 후로는 자택의 한 방에 유폐된 채 약 3년 동안을 지내야 했다. 오준은 산요가 탈번할 당시 이미 임신한 상태였고 10월 15일에는 임신 5개월째를 맞이해 복대를 두르는 착대 의식도 마쳤다. 한편 이들 부부의 사이는 그리 좋았던 것으로는 보이지 않는데, 아마도 산요의 탈번과 유폐가 직접적인 계기로 작용했을 것이다.

원래 오준은 병약해서 앓아눕는 일이 잦았다. 정오가 다 되어 일어나는 일도 많았고, 의사인 친정아버지 또한 오준의 진찰을 핑계로 라이가를 빈번히 방문하는 상황이 계속되었다. 특히 1800(寬政12)년 5월 5일과 6일의 시즈코 일기를 보면, '오준은 잠잘 때는 어린 아이처럼 투정을 부린다. 오늘 같은 날은 특히 무엇이 마음에 들지 않았는지 하인을 불러놓고 울고 있었다. 산요가 공부에 방해가 된다면서 책상과 책을 가지고 방 바깥으로 나가자, 오준은 환자를 그냥 방치하는 경우가 어디 있느냐고 하면서 옆에 있어 주지 않는다고 불평을 늘어놓았다. 그래서 다음날 오준의 친정아버지 오조노 씨에게 말했더니 어머니의 기질을 닮아서 그럴 거라고 말했다'라고 적혀 있다.

결국 산요가 집으로 돌아온 지 4일 후인 같은 해 11월 7일, 오조노 씨가 딸의 도움이 필요하다는 구실로 오준을 친정으로 데리고 갔다. 1801(享和1)년 정월에는 오조노 씨와 오준이 새해 인사를 하러 오기도 했지만, 2월 17일 라이가의 하인이 볼일도 볼 겸해서 오조노가를 방문했을 때 오조노 씨는 그 하인에게 2월 16일 이혼장을 제출했다고 전했다. 당시 산요의 아버지 슌스이는 에도에 있었고 또 산요의 탈번 소동 이후로는 산요에 관한 일기를 쓰지 않아서 확실하지는 않지만, 당연히 라이가에서도 이혼장을 번에 제출했을 것이다.

이혼과 아내의 특별 사유 재산

이혼한 오준은 2월 20일 산기가 찾아와 오후 2시 못미처 산요의 장남 요이치를 무사히 출산했다. 출산에 필요한 용품은 라이가에서 준비하기로 미리 약속이 돼 있었기 때문에, 당일 서둘러 그것을 오조노가로 보내 달라는 전령을 보냈다. 그리고 갓 태어난 아이는 그날 중으로 오조노가의 하녀 품에 안긴 채 가마에 태워져 라이가에 도착했다. 이렇게 오준이 낳은 아이는 라이가에 맡겨져 유모 손에서 성장하게 되었다.

오조노가에서는 3월 4일 오준의 혼수 물품을 회수하러 왔고 이에 라이가에서는 그 물품을 고리짝에 넣어 돌려보냈다. 그 내용물은 빗 상자, 거울 2개, 경대, 바느질고리, 바늘겨레, 옷 포장지, 벼룻집, 사기 대야, 물그릇, 비녀 집, 부채함, 홑옷(라이가에서 만든 것), 갈색 문양 솜옷, 겹옷, 깁은 보자기, 목욕 후 입는 평상복, 바느질 도구, 잠옷, 이불, 요, 베개 등이었다. 시집올 때 지참한 이런 도구 등은 아내의 특별 재산이었기 때문에 이혼할 때는 처가로 돌려보내는 것이 관례였다. 한편 오준의 경우에는 자세한 내막을 알 수는 없지만 그녀가 결혼할 때 가져온 지참금과 전답은 남편의 소유가 되었다. 본래 아내 쪽에 아무런 과실이 없는데도 이혼하게 될 때는 지참금과 전답도 아내에게 돌려주는 것이 일반적이었다.

산요와 오준의 이혼은 느닷없이 찾아온 뜻밖의 일이었지만, 산요의 장남 요이치의 이혼은 양가 사이의 충분한 숙의 끝에 내려진 결론이었다. 요이치는 1820(文政3)년 1월에 결혼했다가 그해 12월에 이혼해 버렸다. 자세한 사정은 알 수 없지만, 평상시 신부가 빈번히 친정에 가는 것을 못마땅하게 여기던 차에 신부가 다른 사람의 집에서 일으킨 '한 사건'이 직접적인 원인이 되었다고 한다. 따라서 이혼에 관한 이야기는 라이가에서 먼저 나왔다. 12월 14일 라이가에서 중매인에게 편지로 이혼할 뜻을 알렸고 아울러 요이치의 처가 쪽 의사를 타진해 줄 것을 의뢰했다. 이것을 처가 쪽에서 수용했기 때문에 정식으로 중매인으로부터 이혼 제의가 이루어졌다. 라이가는 12월 17일 혼수 물품을 요이치의 처가에 반환했고 그 처가로부터도 19일 중매인을 통해서 유이노를 묶는 데 사용했던 오비(帶: 띠)를 돌려받음으로써 이혼 수속은 종료되었다. 양가는 중매인을 통해 이혼과 관련한 모든 절차를 진행시켰다. 다만 마지막에 가서 유이노의 오비가 반환되었을 때는 중매인이 요이치에게 자필로 수령 확인서를 써서 처가 쪽에 보내 줄 것을 요구했다.

이상과 같이 무사의 이혼 사례를 살펴보면 의외로 이혼이 빈번하게 일어났다는 것을 알 수 있다. 실제로 다이묘나 하타모토의 이혼 건수를 통계적으로 분석한 연구에 따르면, 전 혼인 건수의 10퍼센트를 넘을 정도였다. 또 재혼율도 매우 높아서 이혼한 여성의 50~60퍼센트가 재혼했다고 한다. '일부종사'의 이데올로기는 실태와는 거리가 멀었던 것이다.

'미쿠다리한'과 가케코미데라(駆け込み寺)[7]

서민의 이혼에는 '미쿠다리한'이 필요했다. '미쿠다리한'이라는 명칭은 문장을 3줄 반으로 적는 양식에서 나온 말이다. 남편은 여기에 ① 이혼하는 이유와 ② 재혼을 허가한다는 취지의 내용을 적어서 아내에게 보내도록 되어 있다. 개중에는 남편뿐만 아니라 아내 쪽의 부모, 친지, 조합의 서명이 병기되는 일도 있지만 기본적으로는 남편이 아내

---

7 에도 시대에 바람난 남편이나 강제 결혼에 시달린 끝에 도망 나온 여성을 도와 안전하게 숨겨 주는 특권을 가졌던 신중절을 말한다.

에게 이혼 사실을 증명하는 의미를 갖고 있었다. 이 서식을 보면 남편 쪽에서 일방적으로 아내에게 이혼을 선언하는 형식으로 되어 있지만, 실태를 보면 반드시 그런 것도 아니어서 오히려 아내가 주도권을 잡는 경우도 있었다. 그러나 『구지카타오사다메가키』에서 이혼 청구권을 남편에게만 부여하고 있는 점, '미쿠다리한'의 서식 자체가 남편이 아내에게 발급하는 형태를 취하고 있는 점 등에서 확인되듯이, 여성의 지위를 근본적으로 낮게 평가하는 사회 체제였다는 사실을 부정할 수는 없다.

따라서 남편이 이혼을 인정하지 않을 경우 아내로서는 합법적으로 호소할 길이 없었다. 이런 상황에서 아내에게 주어진 긴급 피난 장소가 바로 '가케코미데라'였다. 당시 가케코미데라로 잘 알려진 절은 사가미노국(相模国)의 도케이사(東慶寺)와 도쿠가와가의 보리사(菩提寺)인 고즈케노국(上野国)의 만토쿠사(満徳寺)였다. 이 두 절은 모두 비구니 절로 도쿠가와가와의 특별한 인연에서 특권을 인정받고 있었다.

1857(安政4)년 6월 17일 도케이사로 피신한 가즈사노국(上総国: 현 치바현) 하뉴군(埴生郡) 지비키무라(地引村)의 마쓰의 사례를 통해 가케코미데라의 기능과 이혼이 성립하기까지의 과정에 대해 살펴보기로 하자.

사찰법과 이혼

마쓰의 남편은 가즈사노국 이치하라군(市原郡) 후쿠마스무라(福増村)의 유자부로(雄三郎)로 마쓰 집안의 데릴사위였다. 그는 매일 같이 술에 취해 지내면서 농사일을 싫어하고 부모에게 대드는 등 악행을 일삼았다.

보다 못한 마쓰의 부모가 유자부로의 만행을 고발하려고 하자 도리어 유자부로가 먼저 후쿠마스무라의 나누시(名主: 무라의 우두머리, 촌장)에게 마쓰의 부모를 고발해 버렸다. 일이 이렇게 되자 마쓰는 한시라도 빨리 이혼하고 싶은 마음에서 가마쿠라의 도케이사를 찾아가 몸을 의탁했다. 마쓰는 곧바로 도케이사의 사찰법에 따라 조사를 받았고 마쓰의 아버지도 도케이사로 소환되었다.

이 시점에서 도케이사는 당사자에게 합의할 것을 권고하게 되는데, 그래도 해결이 되지 않을 때는 아내의 친정 쪽 부모 형제가 도케이사에 출두해서 사정 조사를 받게 된다. 마쓰의 경우 중매인과 지비키무라의 나누시가 가운데서 유자부로를 설득하여 일단은 마쓰 쪽에서 위자료를 지불하는 것으로 마무리되었지만, 재차 유자부로가 이혼을 거부했기 때문에 마쓰의 아버지 진자에몬(甚左衛門)이 도케이사에 출두하여 사정을 설명하고 도케이사의 '슈쓰야쿠(出役)'를 요청했다. 슈쓰야쿠란 도케이사의 관리가 사찰법서(寺法書)를 가지고 남편에게 직접 설득하러 가는 것을 말한다. 이 설득에 남편이 응하지 않을 경우 남편은 '이하이쇼(違背書)'를 쓰고 절은 상급 기관인 막부의 지샤부교(寺社奉行)[8]에게 조사를 의뢰한다. 그러면 대부분의 경우 남편 쪽은 기가 꺾여 이혼을 승낙한다.

도케이사의 경우 절 관리의 슈쓰야쿠 신청이 접수된 시점부터 의탁한 여성에게 사찰법을 적용했다. 따라서 도중에 이혼이 성립하더라도

---

8 쇼군 직속으로 절과 신사에 관한 인사, 잡무, 소송 등의 일을 관장하던 직을 말한다.

여성은 절에 의탁한 날로부터 24개월 동안 절에 들어가 힘든 일을 해야 했다. 이것은 만토쿠사와 다른 점이다. 만토쿠사에서는 남편을 불러내 설득해도 이혼이 성립하지 않을 경우에 비로소 사찰법을 적용했다. 또 절에 머무는 기간 중에 이혼이 성립하게 되면 그 시점에서 절을 나갈 수 있었다.

마쓰의 남편 유자부로는 절 관리의 슈쓰야쿠 날에 집에 있지 않고 지비키무라에 들어가 지배 영주인 하타모토 가와구치(川口) 씨에게 자신의 편을 들어 달라고 요청했다. 이 때문에 도케이사는 지샤부교에게 문제를 해결해 줄 것을 요청했고 지샤부교는 도케이사의 사찰법을 적용해서 유자부로를 설득하도록 하는 판결을 내렸다. 곧바로 사찰법이 후쿠마스무라의 마을 관리에게 넘겨졌지만 유자부로는 이혼을 거부하고 이하이쇼를 썼다. 그러나 결국 유자부로는 10월 22일 '사찰법의 뜻에 따르겠습니다. 따라서 위의 여성이 이혼한 이후 어느 누구와 재혼을 하더라도 상관하지 않겠습니다'라는 이혼장을 썼고, 이에 도케이사도 지샤부교에게 조사 취하 요청서를 제출하게 되면서 사건은 해결되었다.

이처럼 가케코미데라는 법적 이혼 청구권을 갖지 못한 여성에게 주어진 합법적인 이혼 수단이었다. 당연히 여성이 불법을 저지른 경우에는 이혼이 인정되지 않았지만, 가케코미데라에 의탁한 여성의 대부분이 이혼에 성공했다는 사실은 대단히 중요하다. 또 가케코미데라에서 멀리 떨어진 곳에 사는 여성이라고 해서 이혼할 수 없었던 것도 아니다. 가케코미데라와 같은 공적 권위의 뒷받침이 없기는 했지만, 그 지방의 절이나 마을 관리의 집 또는 조카마치의 무사 가옥도 긴급 피난 장소로서 여성을 보호하는 기능을 했던 것으로 알려져 있다. 제도적으로 여성의 지위가 낮았다는 사실을 부정할 수는 없다. 그러나 실상을 들여다보면 참고 따르는 순종적인 여성들만 있었던 것은 아니다.

3. 이에와 여성

'이에'의 넘버 투

막부가 발령한 포고문 중에는 '남성은 농사를 짓고, 여성은 옷감을 짜고 저녁 요리를 한다'라는 표현이 등장한다. 이것은 농가에서의 아내의 역할을 설명한 것으로서 유명한데, 달리 말하면 그만큼 농업 경영에서 차지하는 아내의 역할이 중요하다는 것이다. 근세에는 농업 기술과 경영에 관해 기록한 '농서(農書)'라 불리는 서적이 많이 나왔는데, 여기에도 아내의 역할에 대한 여러 가지 내용이 기술되어 있다.

예를 들면 겐로쿠 연간에 출판된 『아이즈우타농서(会津歌農書)』에는 '아내는 남편이 없을 때 집안의 가장이고, 부부가 화목하지 않으면 집안은 망한다' '언제든지 남편이 없을 때는 절약이 우선이고, 집안을 풍요롭게 하는 일은 그 다음 순서다'라는 등의 내용이 등장한다. 농업 경영에서 가장의 아내는 2인자로서의 역할도 요구되고 있었던 것이다. 초기의 하인을 부리는 대경영 단계부터 '부부 농민'으로 표현되는 소가족이 일반화된 시기에 이르기까지, 상층 농민의 경우에는 가장의 아

내가 고용인을 관리하고 음식과 의류의 준비를 총괄했다. 또 육아를 담당하면서 때로는 남편의 실무를 대행하기도 했다. 민속학 분야에서는 주부의 자리가 '가카자(かか座)'나 '헤라자(へら座)'라 하여 중요한 지위를 차지하고 있었다는 사실이 밝혀졌는데, 이것도 농민 가족의 2인자 격인 가장의 아내가 어떤 역할을 할 수 있는지를 보여 주는 것이다.

에도 시대의 정치 경제 조직은 성별 역할 분담과 여성 차별의 원리에 입각하여 성립되었다. 따라서 여성은 공적인 입장이나 조직에서 배제되었다. 농민 여성은 '나누시'나 '쇼야(庄屋)'[9]가 절대로 될 수 없었고, 연공 부담과 부역의 내역을 기록한 대장인 '검지장'과 '명기장(名寄帳)'에 이름을 올리는 것도 원칙적으로 금지되었다. 그러나 서민의 경우는 이에를 대표하는 남성 가장이 없는 경우에 대리로 여성이 등장하는 일도 있었다. 다만 대리인 까닭에 자신의 이름이 아니라 아무개의 고케, 아무개의 어머니라고 표기했다. 에도 시대의 중후기를 지나면서 계층의 상하 분해가 진전되자 하층의 서민 사회에서는 남성 가장이 없는 가족이나 독신 여성이 증가했다. 자연히 '여성 호주(女戶主)'도 '고닌구미초(五人組帳)'나 '종문인별장'에서 심심치 않게 볼 수 있게 되었다.

가독이나 가산의 상속도 '남성 장자의 단독 상속'이 보통이었지만, 지역에 따라서는 남동생이 있는 경우에도 장녀와 결혼해 데릴사위로 들어온 사위가 가독을 계승하는 '아네카토쿠(姉家督)'와 같은 관습이 존재했다. 또 남성 상속자가 생길 때까지 그 역할을 대리하는 '중계 상

9 간사이 지방에서 부르던 나누시의 다른 표현.

속'의 형태도 있었다. 이렇게 남성과 대등하지는 않지만 여성에 대한 가산의 분배도 이루어지고 있었다. 다만 토지에 관해서는, 검지장 상의 명의인이 될 수 없는 상태에서 그 토지의 사쿠아이(作相: 연공을 제외한 잉여분) 만을 상속했기 때문에, 본인이 사망하면 명의인에게 되돌려 주는 당대 한정의 상속인 경우가 대부분이었다.

이상과 같은 내용은 상업 집안인 상가(商家)에도 그대로 적용되었다. 미쓰이가(三井家)의 초대 다카토시(三井高利, 1653~1737)는 '부인네는 대흑천(大黑天), 남정네는 야만인이라 생각하면 된다. 아내가 마음을 나쁘게 먹으면 집안이 망하고 선하게 먹으면 서서히 집안이 번성한다(『쇼바이키(商売記)』)'라고 말한 바 있다. 그의 아내 주산(寿讃)은 상가 아내의 이상적인 모델로 평가받는다. 주산은 10남 5녀를 낳아 길렀고 시부모와 남편에게 순종했다. 또 가사에 힘쓰고 고용인을 돌보며 아침 일찍부터 밤늦게까지 온갖 집안 문제를 처리했다.

'집안을 유지할 수 있을지 없을지는 남편의 덕이 있는지 없는지에만 달린 것이 아니라 아내의 행실이 선한지 악한지에도 달려 있다. 남편은 바깥일을 맡아서 하고 아내는 집안일을 챙기는 것이 부부 각자의 올바른 직분이다. 남편이 아무리 근검절약할지라도 아내가 방종해서 책무를 다 하지 않고 또 사치해서 검약하지 않는다면 집안을 유지하기 어렵다.' 이것은 와카야마의 전당포 시마야(嶋屋)에서 1823(文政6)년에 제정된 가법(家法)의 일부로 남편과 아내의 역할 분담을 명확하게 보여주고 있다. 상가의 가산 상속을 보면, 여성에 대한 재산 분여는 상당한 수준에서 이루어지고 있었기 때문에 농민의 경우보다 여성이 재산의 명의인이 되는 경우가 많았다.

후계 생산

지배 계급인 무사 사회에서는 지배 기구를 유지하기 위해 신분 규제를 매우 엄격히 적용했다. 여성이 이에를 대표해서 가장의 역할을 할 수 있는 여지는 거의 없었다. 가장을 대리하거나 다음 가장이 정해질 때까지 중계 역할을 하는 것도 인정되지 않았다. 남성 상속자가 없을 경우에는 남성 양자를 받아들여야 했지만 번거로운 규제와 절차를 거쳐야 했고, 그마저도 잘 되지 않을 때는 이에의 대가 끊어질 수밖에 없었다. 무사의 입장에서 볼 때 이에를 계승하기 위해서는 남성이 반드시 필요했다. 따라서 무사 아내의 역할로 무엇보다 중요한 것은 대를 이을 남성을 낳는 일이었다. 남성은 정실 이외에 첩을 들이는 일이 많았는데 이것도 남성 후계자를 확보하기 위한 수단이었다. 정실은 오히려 그것을 장려하는 입장에 설 수밖에 없었고 '질투'할 경우에는 악덕 취급을 당했다. 첩은 기본적으로 애인이 아니라 아이를 낳기 위한 수단적 존재에 불과했다.

근세에 다이묘가나 하타모토가에서 하루가 멀다 하고 발생한 후계자 다툼 즉 '이에 소동(お家騷動)'은 모노가타리나 고단(講談)[10] 등의 소재가 되곤 했는데, 여기에는 첩이었던 여성의 이름이 자주 등장한다. 예를 들면 아이즈 소동(会津騷動)의 오만노가타(お万の方), 가가 소동(加賀騷動)

10 재치 있는 화술로 남을 즐겁게 하는 화예(話芸)다. 에도 시대 겐로쿠 연간에 시작된 것으로 보이며 주요 내용은 무용담, 복수담, 군담 등이 있다.

의 신뇨인(真如院), 오유라 소동(お由羅騷動)의 오유라(お由羅) 등이 바로 그들이다. 이들 여성이 실제 '이에 소동'에서 어떤 식으로 관련되어 있었는지에 대해서는 아직 불명확한 점이 많지만, 무사 집안에서의 여성의 역할을 고찰하는 데 있어서 시사하는 바가 적지 않은 것 또한 사실이다.

무사 계급의 딸은 결혼을 통해 이에 간의 인척 관계를 형성함으로써 이에의 안정에 기여했다. 시집에서 그 집안의 후계자를 낳는 일이 그들의 역할이었다. 다이묘 중에는 일부러 양녀를 들였다가 나중에 다른 집안으로 시집을 보내는 경우도 있었다.

봉록 무사의 아내

25일 맑음. 봉록(扶持: 급여 미)이 나왔다. 3표(俵)[11] 중 1표는 가와산(川三), 1표는 집안 살림용, 1표는 기하치(喜八)에게 보내서 160문(匁)으로 바꿨다. 금화 이치부(一分)는 고래 고기 값, 30문은 오비(帯)의 저당 비용으로 썼다. 윤승이 해 마지막 달이 아직 남아 있는데 경제적 여유가 없다. 우메모토(梅本)의 권유로 무소타(六十谷)의 스케시로(助四郎)를 방문했다.

하급 무사인 기슈번(紀州藩) 번교(藩校) 교관의 딸 가와이 고우메(川合小梅)는 16세 때부터 86세로 세상을 떠날 때까지 일기를 썼다. 16세가 되던 해에 가와이가에 양자로 들어와 있던 10살 연상의 번교 학습관 교관인 우메모토 오사무(梅本修)와 결혼했다. 오사무는 가와이가의 데릴

11 표(俵)는 가마(섬)에 든 것을 세는 단위다. 일반적으로 쌀의 경우에 1표는 4두(斗), 1석(石)은 10두에 해당한다. 석(石)은 체적의 단위로 미곡을 재는 데 사용한다.

사위가 된 것이다. 위의 내용은 1848(弘化5)년 1월 25일의 일기다. 고우메 30세, 남편 오사무의 봉록은 20석(石), 친정어머니와 15살짜리 아들 이와이치로(岩一郎)로 구성된 4인 가족이었다. 저택 내에는 고용인 가족이 독립적으로 거주하면서 고우메 일가의 가사와 잡무를 도왔다. 매달 25일은 봉록을 받는 날이다. 일부는 가와구치야 산에몬(川口屋三右衛門 = 川三)과 고메야 기하치(米屋喜八 = 米喜)에게 보내 현금으로 바꾸고 1표 정도를 살림용으로 남겨 두었다. 1석이 '160문'이라 하니, 3표(三俵)면 1석 2두(斗), 대체로 은(銀) 200문에 조금 못 미치는 수입이다.

'30문은 오비의 저당 비용'이라는 것은 전당포에 돈을 지불하고 저당 잡혔던 오비를 찾아온 것을 말한다. 이 오비는 5월에 다시 저당 잡혀 25문을 대출받는 데 쓰였다. 고우메의 의류는 매달 전당포 신세를 졌고 가와구치야와 고메야(쌀가게)에 잡힌 외상, 친척한테서 빌린 부채 등등해서 꽤나 생계가 어려웠던 것 같다. 가와이가에는 드나드는 손님이 많았다. 제자, 동료, 친척, 지인 등이 거의 매일 같이 밤낮을 가리지 않고 방문했다. 그때마다 고우메는 술과 안주를 대접했다. 요리를 배달시키거나 식사를 차려 내는 일도 있었다. 반면에 외출도 잦았다.

이날도 남편 오사무의 생가인 '우메모토가'의 권유로 고우메는 무소타의 스케시로 저택을 방문했다. 인사, 답례 등 의례적인 용무도 많았지만 친척이나 지인 집에 놀러 가거나 책을 빌리러 가거나 물건을 사러 가는 등, 부담 없는 외출도 있었다. 경제적으로는 그다지 풍족하지 못한 생활이었지만 살림살이, 청소, 세탁, 사교 이외에도 그림을 그리고 책을 읽고 때로는 남편이나 친척과 함께 산놀이, 뱃놀이 등을 즐기는 생활을 했다. 이런 그녀의 일상은 현대 샐러리맨 가정의 아내가 영위하는 일상생활과 별로 다를 것이 없어 보인다.

라이 산요의 어머니이자 라이 슌스이의 아내였던 시즈코는 오사카의 한 의사 집안의 딸로 태어나, 히로시마 다케하라 출신으로 오사카에서 주쿠를 운영하던 유학자 슌스이와 20세 때 결혼했다. 남편은 히로시마번의 유학자로 취직했지만 에도에서 근무하게 되었기 때문에 그녀는 남편과 별거할 수밖에 없었다. 그 사이에 그녀는 오사카의 친정집에서 병든 어머니가 돌아가실 때까지 간병하기도 했다. 1785(天明5)년 남편이 고향으로 전근하게 되면서 그녀도 히로시마로 내려갔지만, 부부가 동거한 지 불과 3개월 만에 남편은 다시 에도로 복귀해 버렸다. 이후 18년 동안 슌스이의 단신 부임은 계속되었고 따라서 시즈코는 히로시마에서 남편이 없는 빈집을 홀로 지키는 생활을 계속해야만 했다. 그런 가운데 그녀는 에도의 남편, 다케하라의 시댁, 오사카의 친정아버지와의 사이에서 편지로 연락을 취하거나 필요한 물품을 주고받았고, 히로시마에 있는 시동생을 돌봤으며, 에도의 남편을 대신해 히로시마번의 가신들과 의례적 선물을 주고받았다. 또 아들을 양육하는 일도 도맡아서 했다. 남편이 없는 집안에서 그녀가 떠맡은 책임은 실로 막중했다.

그런데도 몇 년 만에 돌아온 남편은 그녀의 고충을 위로하기는커녕 '아이 교육을 잘 시켜라' '여기저기 싸돌아다니거나 사람들과 너무 가까이 하지 말라'라는 등의 글을 남기고는 다시 에도로 귀임해 버렸다. 히로시마로 내려온 이래 평생 동안 기록한 『바이시일기(梅颸日記)』를 통해, 홀로 가정을 지키며 보내던 그녀의 나날을 엿볼 수 있다. 번주(藩主)가 에도와 자신의 영지를 왕복하는 산킨코타이는 무사 계급에 다수의 단신 부임자와 가장 부재의 가족을 만들어 냈던 것이다.

남편의 오른팔

무사시노국 다마군(多摩郡) 시바자키무라(柴崎村) 나누시의 아내 가요(嘉代)는 이웃 마을 나누시의 딸로 태어나 에도의 무사 집안으로 고용살이를 하러 갔다가 18세 쯤 되었을 때 결혼했다. 남편 스즈키 헤이쿠로(鈴木平九郎)는 시바자키무라의 나누시를 비롯해 여러 공직을 거쳤고 또 그런 와중에 농업 경영은 물론 양잠, 운송, 금융 등의 일에도 관여했다. 그녀는 남녀 하인에게 집안일을 지시하고 관리하면서 7남 2녀의 자식을 양육했다. 또한 하녀를 동원해 양잠이나 실잣기 등의 작업도 수행했다. 이웃 및 친척과의 교류, 경조사 등도 맡아서 처리해야 했다. 외출은 사적인 용무에만 국한되지 않았다. 사업상의 일로 외출하기도 했고 경우에 따라서는 외박하는 일조차 있었다. 또 바쁜 남편을 도와 고용인의 급료와 계모임의 경리를 맡아서 처리했고, 심지어는 마을 운영에 필요한 경비를 관리하는 일까지 담당했다. 남편이 장기 출장 중일 때는 그 대신에 경영 일지를 기록했다.

가요는 교양을 갖춘 그러면서도 매우 활동적으로 가업을 떠받치던 여성이었다. 그런데 이렇게 가장인 남편의 오른팔 역할을 하면서 지역 사회의 신망을 받는 여성상은 결코 예외적 존재가 아니었다. 앞에서 살펴본 미쓰이가의 주산도 그렇지만 그녀의 시어머니 슈호(珠法)도 마찬가지였다. 렌가와 하이카이(俳諧)[12] 등에 빠져 가업을 돌보지 않는 남편을 대신해서 열심히 장사를 하면서 4남 4녀의 자식을 성장시켰고, 후에 호상 미쓰이의 사실상의 창업주가 되었다. 한편 에도 막부 말기에 존황 양이 운동이 활발해지자 그 운동에 참가하거나 존황 지사의 후원자로 이름을 남긴 여성도 있다. 그들의 출신을 보면 하급 무사 출신의 지식인이나 지방 호상, 부농 등의 아내와 딸인 경우가 많았다. 이들은 처녀 시절 무가에서 봉공을 하거나 사숙(私塾: 사설 교육 기관) 등에서 교육을 받았고, 결혼 후에는 가업의 중심이 되어 맡은 바 역할을 다하면서 남편과 함께 국학(国学)[13]이나 와카, 하이카이 등을 배웠다. 존황 양이 운동에의 참여는 이런 식의 기초가 다져져 있었기에 가능한 활동이었다. 이들 여성상의 공통점으로는 일정 수준 이상의 교육을 받았다는 점도 있겠지만, 가족과 함께 가업 경영에 직접 참여하고 있었다는 점이 중요할 것이다.

미쓰이가의 여성들은 미쓰이의 경영이 방대해져 경영과 가정(家政)이 분리되자, 슈호나 주산처럼 직접 가게에 나가 종업원을 지휘하거나 남편의 파트너로서 경영에 참여할 필요가 없어졌다. 결혼을 통해 인척 관계를 형성하는 것만이 주된 역할이 되었고 그 결과 '미쓰이가'에 갇혀 버리는 처지가 되었다.

야마시로국(山城国) 소라쿠군(相楽郡) 니시호케노무라(西法花野村)의 쇼야

---

12 에도 시대에 유행한 일본 문학의 한 형식 또는 그 작품을 말한다. 정통의 렌가에서 갈라져 나왔다. 용어나 내용에 익살스러운 맛이 들어 있는 와카의 한 형식이다.

13 일본 고유의 사상과 문화를 연구하는 학문이다.

아사다가(浅田家)는 17세기 말에 이미 모치다카(持高)[14]가 100석이 넘는 대경영체였다. 대부분의 경지는 소작으로 내놓고 상업에도 손을 뻗쳐서 에도, 교토, 센다이(仙台) 등지와도 교류가 있었다. 이 이에의 여성은 일상적인 가정(家政)에는 그다지 관여하지 않았던 것 같다. 가계의 관리도 당주의 지배하에 있는 고용인에게 맡긴 것으로 추측된다. 그 대신 그녀들은 곧잘 즐겼다. 가족과 함께 뱃놀이, 탕치(湯治), 사사(寺社: 사찰과 신사) 참배, 조선 외교 사절 관람, 연극 관람 등 다양한 오락을 즐겼다고 전해진다. 그리고 광범위하게 상층 농민이나 무사 신분과 혼인 관계를 맺었다. 부유하긴 했지만 가게에서 고용인을 지휘할 필요도, 남편을 도와 가정(家政)을 관리할 필요도 없어진 근세 여성의 마지막 역할은 '혈통'을 잇는 일뿐이었다.

일하는 여성

'가난한 사람에게 자식이 많다'라는 말이 있는데 근세의 가족에게는 그다지 들어맞지 않는 말이다. 근세의 호적 대장이라 할 수 있는 『종문인별장』을 보면 시기와 지역에 따라 차이는 있지만 한 가족의 구성원은 2~3명에서 7~8명 정도가 보통이었고 직계의 부모와 자식이 그 중심을 이루었다. 하층민일수록 결혼 연령이 높은 경향이 있어서 여성의 평균 결혼 연령은 20대 후반에 달했다. 당연히 출산 횟수가 적어질 수밖에 없는데다가 유아와 어린아이의 사망률이 높아서 성인으

14 에도 시대에 지주 또는 자작농적 존재인 혼하쿠쇼(本百姓)가 확보하고 있던 미곡의 수확량을 말한다.

로 성장하는 아이의 수는 그다지 많지 않았다. 부모 세대도 그리 장수하지는 못했기 때문에 대가족이라고 부를 수도 없다. 더구나 하층민의 자제는 고용살이를 위해 집을 떠나는 경우가 많아서 동거하는 혈연 집단의 크기도 지금의 핵가족과 큰 차이가 없었다. 이렇게 당주 부부 중심의 가족이 자영하는 소농 경영에서는 여성이 아주 중요한 일손 역할을 했다. 『농서』를 보면 아내는 '조석으로 음식을 준비하고 봄, 여름, 가을 옷을 만들 천을 짜고 보리를 찧고 모내기를 한다. 가을에는 벼를 훑고 연공을 마련한다. 겨울에는 또 정월에 입을 옷을 만드는 데 필요한 목면을 짜야 한다'라고 기록되어 있다.

그러나 근세의 농업 생산은 기술적으로도 성인 남성의 노동력을 절대적으로 필요로 했기 때문에, 사소한 불운으로 성년 남성의 노동력을 상실하게 되면 경영 위기에 빠지기 십상이었다. 막부가 효행, 선행 등으로 표창을 받은 사람의 사례를 전국적으로 모아 1801(享和1)년에 간행한 『간코쿠코기로쿠(官刻孝義録)』에는, 그런 상황 속에서 가족을 지탱하고 이에를 지키기 위해 고군분투하는 여성의 모습이 적지 않게 등장한다.

효행으로 표창을 받은 히타치노국(常陸国) 나카군(那珂郡) 오이와무라(大岩村)의 가요(かよ)는 13석 정도의 전답을 경작하는 집에서 태어났다. 그러나 부모가 병들어 제대로 경작을 하지 못한 관계로 연공이 연체되자, 14세 때부터 7년 간 고용살이를 해서 번 돈으로 연체 문제를 해결했다. 고향으로 돌아와 남편(데릴사위)을 얻었으나 품행이 나빠 이혼했다. 가요 혼자 힘으로는 농업을 유지할 수가 없어서 가산을 모두 타인

에게 맡기고, 그녀는 목면을 짜고 세탁 일을 하면서 부모를 봉양하고 간병했다.

무쓰노국(陸奥国) 구로카와군(黒川郡) 산노세키무라(三ノ関村)에 사는 모스케(茂助)의 아내 사요(さよ)는 남편이 병으로 쓰러지자 직접 늙은 시부모와 어린 딸을 부양해야만 했다. 그러나 도저히 혼자서는 자작지의 경작을 감당할 수가 없어서 일용직으로 일하면서 받은 일당을 모아 연공을 지불하고 가족을 봉양했다.

『간코쿠코기로쿠』에 수록되어 있는 것은 이처럼 몸이 가루가 되도록 일한 결과 이에와 가족을 유지하는 데 성공해서 표창을 받은 사례인데, 실제로는 끝내 흩어져 버린 가족이나 파산한 이에 등의 사례가 더 많았다.

농민층의 분해가 진행되자 자작만으로는 살 수 없거나 혹은 완전히 농지를 잃어버리는 하층 농민이 증가했다. 이런 이에의 가족은 집을 떠나 고용살이를 하는 일이 많았다. 딸도 고용살이를 해서 생계를 도와야 했다. 10살이 채 되기도 전에 '베이비시터' 생활을 하는 일도 있었기 때문에 대략 10대 후반부터 20대 중반까지는 고용살이의 삶을 살았던 것으로 보면 된다. 그리고 귀향해서 결혼하는 것이 하나의 패턴이었다. 그러나 아내가 고용살이를 하는 케이스는 드물었다. 근처 농민의 대규모 경작을 돕거나 일용직으로 나가는 경우는 있어도 일을 찾아 집을 떠나는 경우는 많지 않았다.

그런 가운데서도 가장의 아내 입장에 있는 여성이 고용살이를 위해 집을 떠나거나 일정 기간 돈을 받고 유녀 생활을 하는 사례도 발견되는데, 어쨌거나 성별 역할 분담에 의해 지탱되어 온 근세의 이에와 가족은 바야흐로 해체 단계에 접어들었다고 볼 수 있다. 가장의 아내가 살아가는 모습은 근세의 이에와 가족의 성격을 파악하는 데 필요한 중요 포인트라고 하겠다.

영아 살해

이에나 가족의 입장에서 출산은 경축할 일이었다. 아이가 태어나면 가족뿐만 아니라 친척과 지인, 이웃할 것 없이 축하했다. '우부기이와이(産着祝: 우부기는 배내옷)' '셋쿠이와이(節句祝: 셋쿠는 다섯 명절)'의 흔적이 각지에 남아 있다.

1767(明和4)년 10월의 막부 포고문에 '농부들이 자식이 많으면 태어난 아이를 산실에서 바로 죽이는 지방이 있다고 하는데, 이것은 도리에 어긋나는 짓이다. 앞으로는 이런 일이 없도록 마을 관리는 물론 농부들 모두가 관심을 갖기 바란다. 히타치(常陸)와 시모후사(下総) 지역에서 특히 그런 소문이 들려오는데, 만약 그것이 사실로 드러난다면 엄벌에 처할 것이다'라고 쓰여 있다. 마비키(間引)[15] 풍습은 일찍이 16세기에 일본을 찾아온 외국인의 견문록에도 기록되어 있을 정도다. 따라서 위정자도 이를 죄악시하고 있었다. 그러다가 19세기에 들어와 농촌의 인구가 정체 또는 감소하는 기미를 보이자 풍습을 막기 위해 각종의 교화용 목판본 책자를 만들어 배포했다.

---

15 에도 시대에 가난한 가정에서 양육이 어려워 태어난 아이를 죽이던 풍습.

이들 책자에는 마비키를 하는 모습이 그려져 있다. 자세히 들여다보면 출산을 끝낸 산모나 출산을 도운 산파(현재의 조산사)가 영아의 목을 조르거나 물에 집어넣어 죽이고 있다. 그리고 그 얼굴과 형상은 악귀로 표현되어 있는 것이 대부분이다. 신사의 불당에 봉납된 에마(絵馬: 말 그림의 액자)에도 같은 그림이 있어 보는 것만으로도 끔찍할 지경이다. 영아를 죽이면 악귀가 되어 지옥으로 떨어진다는 교훈을 나타내기 위한 것이라 하는데, 산모인 여성에게만 전적으로 죄를 전가시키고 있는 점이 어딘가 석연치 않다.

근세의 여성 차별은 남성은 '바깥' 여성은 '안'이라는 성별 역할 분담의 사상과, 불교의 가르침에 근거해 형성된 '여성은 태어나면서부터 죄가 깊고 부정한 존재다'라는 여성 멸시의 사상이 그 배경에 깔려 있다. 책자와 에마의 그림은 그런 여성 멸시의 사상과 농촌 인구의 감소를 우려한 지배자의 의도가 결합해 생겨난 것이다.

4. 유녀와 메시모리온나

허식의 세계 요시와라

아사쿠사관음사(浅草観音寺)의 가미나리몬(雷門)을 빠져나와 100겐(間)[16] 정도 가면 요시와라(吉原)의 대문(大門)이 나타난다. 겐로쿠 시대부터 얼마나 많은 남성이 이 대문을 드나들며 유흥을 즐겼던 것일까? 요시와라는 에도의 유일한 유곽으로 오이란(花魁), 게이세이, 유녀라 불리는 여성이 살아가던 곳이다. 겐로쿠 이후 상품 경제의 발전과 함께 신흥 상인이 대두하고 도시의 소비 생활이 확대되자, 유곽은 그들의 소비 생활을 만족시키기 위한 향락의 공간이 되어 갔다. 요시와라는 '경국(傾國)의 불야성'이라고도 불렸으며, 매일 밤 다이묘와 하타모토 그리고 부유한 조닌 등이 모여들어 호사의 극치를 다투고 사치스러운 술잔치를 벌였다. 요시와라는 그들에게 사교의 장소이자 남성의 세계였다.

그곳은 돈의 힘이 모든 것을 좌우하는 자유의 공간이었다. 또 사농

---

16 겐은 척관법에서 길이의 단위로 1겐은 약 1.82미터에 해당한다.

공상이라는 신분 제도의 틀에서 벗어난 사회이기도 했다. 요시와라의 관광 안내서인 『요시와라사이켄(吉原細見)』을 보면, 1733(享保18)년 당시 요시와라 유곽에 종사하는 유녀는 2,000명 이상이었다고 한다. 그 수는 간세이 연간에는 4,000여 명으로 늘어났고 이후 막부 말기까지 꾸준히 증가했다.

요시와라 유곽에는 다채로운 손님이 모여들었다. 그들은 몸치장을 하고 대기 중이던 유녀를 많은 돈을 지불하고 샀다. 유녀를 모델로 우키요에(浮世絵: 풍속화)를 그린 화가, 희비가 엇갈리게 된 비화나 유녀의 일상을 소설의 소재로 삼은 작가 등, 게이세이를 둘러싼 온갖 다양한 세계가 펼쳐졌다. 그러나 그곳에서 종사하는 유녀의 대부분은 빈곤한 여성이었다. 그 때문에 일할 직장을 매춘이라는 형태로 요시와라에서 찾았고 자신의 몸을 상품으로 팔았던 것이다.

본래 요시와라 유곽은 에도에서 유조야(遊女屋: 창가)를 경영하던 쇼지 진에몬(庄司甚右衛門, 1575~1644)이 1612(慶長17)년에 에도 여기저기에 매춘집이 산재해 있는 것은 풍기를 문란케 하는 일이라고 주장하고, 3개조로 된 게이세이마치(傾城町: 유곽) 설립에 관한 건의서를 제출한 것에서 비롯되었다. 그로부터 5년 후인 1617(元和3)년 막부는 진에몬에게 후키야마치(葺屋町)의 사방 2정(二丁)[17]에 달하는 땅을 주고 그곳에 게이세이마치를 조성할 수 있도록 허가했다. 다만 이 허가에는 5개조의 제한 사항이 붙어 있었다. 첫째, 지정된 게이세이마치 이외에서의 영업

17 1정은 약 109미터에 해당한다.

은 엄격하게 금지한다. 둘째, 유흥 시간은 1일 1야로 제한한다. 셋째, 의상은 화려하지 않고 검소해야 한다. 넷째, 영업을 위한 건물은 호화롭게 만들지 않는다. 다섯째, 방범 활동을 게을리 하지 않는다. 이상의 5가지가 바로 그것이다. 즉 막부는 요시와라 유곽을 허가하는 조건으로 에도의 치안 유지 및 강화를 노렸던 것이다.

1626(寛永3)년에 요시와라 유곽은 완성되었고 이후 막부가 공식적으로 허가한 유녀는 공창의 신분으로 요시와라에 모여 살게 되었다. 그리고 요시와라 유곽 지역은 엄청나게 번성하기 시작했다. 단, 요시와라 이외의 유곽에서 활동하는 창부는 불법적인 사창 취급을 받아 엄격한 단속의 대상이 되었다. 그러나 사창은 근절되지 않았고 법망을 피해 '차야온나(茶屋女)' '유나(湯女)' '도메온나(留女)' '센타쿠온나(洗濯女)' 등 갖가지 명목으로 성을 팔았다.

무덤이 하는 말

에도에서 76리[18] 떨어진 도카이도(東海道) 연선에 고유(御油)라는 역참 마을이 있었다. 현재의 도요카와시(豊川市) 고유(御油) 지역이다. 이곳 도린사(東林寺)에는 다섯 기의 메시모리온나 묘가 있다. 아마도 메이지 시대에 들어와서 만들어진 것 같은데 각각의 묘비에는 다음과 같은 문자가 새겨져 있다.

가에이 원년(嘉永元) 무신년(戊申年) 경산계성신녀(傾山癸城信女) 속명(俗名)

18 일본의 1리(里)는 약 3.9킬로미터이고, 한국의 이수(里数)로는 약 10리에 해당한다.

도요요시(豊吉)

가에이 원년(嘉永元) 무신년(戊申年) 경실운성신녀(傾室雲城信女) 속명(俗名)

ㅁㅁ

가에이 원년(嘉永元) 무신년(戊申年) 경안연성신녀(傾岸淵城信女) 속명(俗名)

다메스케(ため助)

(ㅁㅁ는 마멸되어 불명. 다른 2기는 판독 불가)

묘비의 측면에는 '오쓰야나이(大津屋內)'라고 명기되어 있다. '오쓰야'는 고유 역참 마을에 있던 여인숙을 가리킨다. '도요요시' 'ㅁㅁ' '다메스케'는 오쓰야에 소속되어 있던 유녀였을 것이다. 그 지방의 과거사에 밝은 한 노인의 증언에 따르면, 그들은 어딘가에서 고유 역참으로 팔려온 조로(女郎: 창부)로 고달픈 매춘부 생활을 견디다 못해 연못에 투신자살한 것이며, 이를 불쌍히 여긴 포주 오쓰야가 나중에 묘를 세워준 것이라고 한다. 지금도 명복을 빌러 오는 사람들의 발길이 이어지고 있는 듯 꽃과 향내가 끊이지 않는다. 이것은 역참의 여인숙이 관리하는 메시모리온나라 불리던 사창에 관한 이야기로, 이들 여성은 '메시모리게조(飯盛り下女)'라 칭하며 자신의 몸을 여행객에게 팔아서 돈을 벌어들이던 매춘부였다.

단 한 장의 증서로

한 장의 낡은 증서가 있다. 무엇보다 먼저 깔끔한 필체가 눈길을 끈다. 이 증서를 쓴 사람은 마을의 나누시였다. 이것은 '우케조(請狀)'라는 메시모리온나의 신원 보증서로, 메시모리게조를 고용할 때 해당 채무자와 채권자가 서로 교환하는 중요 계약서였다. '우케조'의 서식은 정해져 있었다. '메시모리게조호코우케조노코토(飯盛下女奉公請状之事)' '메시모리온나호코우케조잇사쓰(飯盛女奉公請状一札)' 등 표제가 다소 다른 것도 있지만 형식은 거의 동일했다. 반드시 기재해야 하는 항목은 이름, 고용 기간, 급료, 종파, 고용 이유, 계약 조건이었다. 증서의 말미에는 본인, 친부모, 보증인의 서명이 필요했다. 상대는 여인숙의 포주였다. 메시모리온나로 팔려 간 여성의 연령은 대체로 낮았다. 대부분은 10대 후반에서 20대 전반에 집중되어 있었다. 개중에는 유아기에 팔려 나가는 경우도 있었다. 드물기는 하지만 3~5세의 어린아이도 있었다. 가난 때문에 선택할 수밖에 없는 '식구 줄이기'였을 것이다. 양육해서 적정 연령에 달하면 손님을 받게 했다. 고용 기간은 10년 이상의 장기 계약이 많았다. '후다이메시카카에(譜代召し抱え)'라 하여 평생 고용을 계약하는 경우도 있었다.

1616(元和2)년 막부는 고용 기간을 3년 이내로 제한했다. 그러다가 1698(元禄11)년에 들어와 고용 기간의 제한을 철폐하고 '아이타이시다이(相対次第: 상호 합의)'로 바꾸었다. '아이타이'란 포주와 고용인이 합의하는 것을 의미한다. 그래서인지 메시모리게조의 고용 기간이 길어지는 것이 당연시되었고 평생 유녀 생활을 해야만 하는 경우도 많았다. '우케조'에는 급료가 명기되어 있지만 계약할 때 부모에게 지불되기 때문에 계약 기간 중에는 포주가 하라는 대로 따를 수밖에 없었다. 계약 기간이 끝나면 자유의 몸이 될 수 있었지만 대부분이 그 전에 병으

로 죽거나 정사(情死)함으로써 불행한 일생을 마쳤다. 설령 무사히 계약 기간이 끝난다 해도 빌린 돈의 이자가 남아 있어서 이자 상환을 위해 다시 고용살이를 해야 하는 경우가 대부분이었다. 물론 드물게는 낙적이 되는 경우도 있었다.

1798(寛政10)년 후미는 몸값 5량에 도카이도 연선에 있는 미쓰케 역참(見附宿)의 여인숙 주인 고로자에몬(五郎左衛門)에게 고용되었다. 영내의 농부 추자에몬(忠左衛門)은 농사일이 끝나면 자주 후미를 찾았다. 후미에게는 이자를 포함하여 6량에 달하는 빚이 있었다. '아내로 삼고 싶지'만 6량이라는 대금을 전액 상환할 능력은 되지 못했다. 그래서 추자에몬은 우선 그 절반에 해당하는 3량을 그해 5월에 상환하고, 잔액인 3량에 대해서는 '오본(御盆: 백중맞이) 전까지 반드시 갚겠다'라고 약속한 후 후미를 낙적시켜 데려왔다.

자신의 딸이나 아내도 팔았다. 이런 일은 에도 시대의 농촌이나 산촌에서는 지극히 자연스러운 일이었을까? 실제로 팔려 간 이유는 무엇 때문이었을까? 우케조에는 다음과 같은 내용이 많이 등장한다.

'연공 납부 기한에 몰려서' '연공을 내지 못해서' '부득이한 사정으로 돈이 필요해서' '계속되는 흉작 때문에' '가업이 잘 되지 않아서' '재산 탕진으로 가족이 뿔뿔이 흩어져서' '끼니를 잇지 못해서' '오랜 병치레로 돈이 필요해서'

이런 이유 속에는 '이에를 위해서'라는 공통성이 존재한다. 에도 시대의 이에를 중심으로 한 봉건적 도덕규범은 자연의 도리로서 하층민에 이르기까지 침투되어 있었다. '이에를 위해서'라면 부모가 자식을,

남편이 아내를 메시모리온나로 내보내는 것은 아주 당연한 일이었던 것이다.

쓰루의 일생

1835(天保6)년 10월 오전 6시쯤이었다. 슨슈(駿州)의 후추(府中) 역참 마을 오케야초(桶屋町)에 사는 사다시치(定七)의 딸 쓰루는, 오빠 신베에(新兵衛)와 친척 효조(兵蔵)를 따라서 미쓰케 역참 마을의 요사부로(与三郎)가 경영하는 여인숙에 도착했다. 쓰루의 아버지 사다시치는 다음과 같은 고용 계약 증서를 신베에와 효조에게 맡겼다.

이 쓰루라는 여성은 본인의 친딸로, 지난번 연공 납부에 지장이 생겨서 귀하에게 손님 영접 임무를 겸한 메시모리온나로 고용살이를 보내게 되었습니다. 계약 기간은 금년(未年) 10월부터 진년(辰年) 10월까지 만 9년 5개월로 정하고, 급료는 지금 틀림없이 수령했음을 확인합니다. 따라서 이 여성의 문제에 대해 친척은 물론 그 어느 누구로부터도 이의를 제기하는 일은 없을 것입니다. 만약 이러쿵저러쿵 시비를 거는 사람이 있을 경우에는 우리 증인 중 누구라도 나서서 일을 해결하여 조금이라도 불편을 끼쳐드리는 일이 없도록 할 것입니다. 또한 이 여성이 고용살이를 제대로 하지 않을 때는 마음대로 바꾸어 버리셔도 상관하지 않겠습니다. (중략) 종교 문제와 관련해서는 막부가 법령으로 금지하고 있는 기독교인이 아니라는 것을 보증합니다. 만약 이 여성이 어쩔 수 없는 사정으로 사망하게 될 경우에는 즉시 입회해서 조사하시고, 그것이 끝나는 대로 귀하의 보리사에 안치해 주시기 바랍니다. 나중에 알려주신다 해도 아무런 이의를 제기하지 않겠습니다.

이 증서의 말미에는 고용인의 아버지 사다시치, 친척 효조의 서명이 들어 있고 고용인 본인인 쓰루의 서명도 들어 있다. 아버지 사다시치는 '연공 납부에 지장이 생겨서' 쓰루를 돈 9량에 '메시모리 고용살이'로 내보낼 수밖에 없었다고 하지만 그렇다 하더라도 9년 5개월이라는 계약 기간은 지나치게 길다고 하지 않을 수 없다. 과연 쓰루는 혹독한 고용살이를 마지막까지 견뎌낼 수 있었던 것일까?

1841(天保12)년 10월 8일 울창한 숲속에 위치한 하치만 신사(八幡神社)의 경내 연못에 젊은 남녀의 익사체가 떠올랐다. 남성은 미쓰케 역참 마을의 농부 가쿠지로(角次郞) 28세였고 여성은 메시모리게조로 살아가던 쓰루 21세였다. 두 사람은 정사한 것이다. 이틀 전부터 쓰루는 행방이 묘연해져서 탐색 중이었다. 가쿠지로는 쓰루의 단골이었던 것 같다. 두 사람의 사체는 그날 중으로 역참 관리가 검시한 후 신주 사건으로 처리되었다. 쓰루의 아버지 사다시치는 역참 관리로부터 딸의 신주 소식을 접하고는 즉시 쓰루의 오빠 신베에와 친척 효조에 연락하여 상의했다. 결국 세 사람은 다음과 같은 증서를 포주인 요사부로에게 보냈다. 사람들은 연못의 수심이 3미터 정도에 달해서 한번 빠지면 살아나오기 힘들다고 말한다. 연을 맺지 못한 딸과 신주를 선택한 사람 등, 이 연못은 하층 사회를 살아가던 박복한 여성들을 삼켜 버리곤 했다. 메시모리온나 쓰루도 이렇게 해서 덧없는 21세의 인생을 마감했다.

증서

귀하에게 메시모리게조로 보냈던 쓰루의 일과 관련해서, 그곳 역참 마을의 가쿠지로라는 남성과 합의 하에 물에 빠져 죽었다는 소식을 알려주셨기에 바로 가서 수습해야 마땅하겠지만, 현재 제가 큰 병에 걸려 걷기조차 힘든 상황이라서 잘될 것 같지 않습니다. 그러므로 망자의 일은 그쪽에서 잘 확인하시고 그곳의 관례에 따라 처리해주셨으면 합니다. 그렇게 해주시면 쓰루의 일과 관련해서는 나중에라도 일절 이의를 제기하지 않겠습니다. 만일을 위해 증서를 위와 같이 남깁니다.

덴포(天保) 12년 축년(丑年) 10월 8일

아버지 사다시치

형 신베에

친척 효조

여인숙 요사부로 귀하

후미의 도망과 미카의 스미카에

신슈(信州) 사쿠군(佐久郡)의 오이와케 역참(追分宿)은 나카센도(中仙道) 연선에 위치한 역참이다. 에도에서 50여 리, 험준한 우스이(碓氷) 고개를 넘으면 오이와케 역참이 나온다. 분카(文化, 1804~1818) 및 분세이(文政, 1818~1830) 시기부터 가루이자와(軽井沢)의 3대 역참인 가루이자와, 구쓰카케(沓掛), 오이와케는 매우 번창한 역참이었다. 특히 오이와케에는 40채 이상의 메시모리 여인숙이 있었다고 한다.

1842(天保13)년 6월 5일 오이와케 역참 마을 일대는 물론 영지 내외에 다음과 같은 용모파기가 배포되었고, 간선도로의 분기점에는 고찰(高札)이 세워졌다.

> 보통 몸집에 보통 키, 하얀 피부, 짙은 눈썹, 신고로(新五郎)라는 남성, 나이 35~36세 정도
>
> 보통 몸집에 보통 키, 긴 얼굴에 눈은 가는 편, 추지로(忠次郎)라는 남성, 나이 30세 정도

두 남성의 용모파기에는 그 밖에도 머리 모양, 치열, 점 등이 상세히 기재되어 있었다. 오이와케 역참 마을의 여인숙 포주 스케에몬(助右衛門)이 데리고 있던 메시모리온나 후미가 이 두 남성 즉 신고로와 추지로에 이끌려 도망한 것이다. 더구나 후미는 가불을 받은 상태였다. 포주 스케에몬 쪽에서는 수배 전단에 의지해 가면서 탐색을 시작했지만 행방을 알 길이 없었다. 만약 잡혀왔다면 어떻게 되었을까? 혹독한 문

초와 린치를 당했을 것이다. 본인뿐만 아니라 도와준 사람도 같은 죄로 처벌받았겠지만 이들 세 사람의 후일담은 알려지지 않았다.

미카는 산슈(三州) 무로히가시와키무라(牟呂東脇村)의 농부 몬자부로(紋三郎)의 딸이다. 구치이레야(口入屋: 직업소개소)를 운영하는 소자에몬(惣左衛門)의 알선으로, 도카이도 연선에 위치한 아카사카 역참(赤坂宿)의 여인숙 주인 나베야(鍋屋) 시헤이(志平)에게 메시모리온나로 팔려갔다. 1822(文政5)년 12월의 일이었다. 고용 계약 기간은 15년, 급료는 2량으로 정해졌다. 그리고 4년 후 6월에 미카는 나베야로부터 같은 역참 마을 나카마치(中町)의 제니야(銭屋) 기헤에(儀兵衛)가 운영하는 여인숙으로 거처를 옮겼다. 이를 스미카에(住み替え)[19]라 했다. 급료는 8량이었지만 나베야로부터 진 빚이 남아 있었기 때문에 그 잔금과 8량이 고스란히 빚이 되었다. 그런데 제니야 기헤에는 1개월 후인 7월, 같은 나카마치의 무라타야(村田屋) 고로자에몬(五郎左衛門)에게 6량 3부 남짓의 빚을 지게 되었고, 이때 미카를 담보로 제공해 버렸다. 당시의 증서를 보면 '만일 빚을 갚지 못해 체불될 경우에는 담보로 제공한 고용인을 넘겨주든 매매하든 귀하의 지시에 따르겠다'라는 내용이 들어 있다.

미카는 첫째 포주인 나베야로부터 계약 기간이 끝나기도 전에 제니야 쪽으로 스미카에를 했고, 심지어는 무라타야에 저당 잡히는 신세가 되기도 했다. 이렇게 스미카에를 거듭하는 과정에서 남은 빚을 청산하기도 전에 또다시 새로운 빚을 져야만 했던 메시모리온나도 있었다.

---

19 기녀나 고용인 등이 주인을 바꿔 거처를 옮기는 것을 말한다.

여인숙을 지탱하던 메시모리온나

메시모리온나의 수입은 역참 재정의 일부를 걸머지고 있었다. 겐로쿠 및 교호 시기부터 사가미노국 오다와라 역참(小田原宿)에서는 산킨코타이나 공적 용무로 인한 통행이 증가했고, 이 때문에 무보수로 사람과 말을 징용하는 일이 해를 거듭할수록 늘어갔다. 역참에서는 이런 식의 무보수 징용을 더 이상 감당하지 못하게 되었고 재정도 극도로 곤궁해져서, 막부나 번에서 받아오는 약소한 대부금 등으로는 역참 운영 자체가 곤란해질 지경이 되었다. 그래서 역참에서는 여행객이 가능한 한 많이 체류할 수 있도록 메시모리온나를 고용해 재정적 수익을 증대시키려고 했다. 1802(享和2)년 오다와라 역참 중에서 부담액이 가장 많던 혼마치(本町)에서는 매년 누적되는 적자를 보전하기 위한 수단으로 메시모리온나 고용에 관한 신청서를 오다와라번에 제출했지만 일소에 부쳐졌다. 번에서는 역참 재정을 지원하기 위해 무이자로 300량을 대부해 주었지만, 메시모리온나 고용 신청에 대해서는 후다이번(譜代藩)[20]으로서의 체면이 구겨지는 일이라면서 오히려 엄하게 질책하는 태도를 보였다.

그러나 역참의 곤궁이 더욱 심해지고 탄원도 계속되자 번으로서도 허가할 수밖에 없었다. 결국 번은 1806(文化3)년에 엄격한 제한을 조건으로 메시모리온나의 설치를 공인했다. 그 제한이란, 첫째로 메시모리온나의 고용을 5년으로 제한하고, 둘째로 그 사이에 영내에 사는 사람

20 1600년에 벌어진 세키가하라의 전투(関が原の戦い) 이전부터 도쿠가와 씨를 추종하던 전통적 세력을 가리킨다.

즉 마을 관리, 농부, 젊은이 등이 메시모리온나를 둔 여인숙에 투숙하는 것은 물론, 메시모리온나가 오다와라 조카마치의 지인이나 친척 집에 머무는 것도 금지한다는 내용이었다. 그러나 이 5년간이라는 제한은 점차 무력화되어 유명무실화되었고 메시모리온나도 그 후 없어지지 않고 계속 이어지게 되었다.

메시모리온나의 화대는 10퍼센트 정도가 하네센(刎銭: 수수료) 명목으로 역참 경비에 충당되었던 것 같다. 1841(天保12)년 오다와라 역참에서 메시모리온나가 벌어들인 수입은 1,400량 남짓이었다. 『오다와라 주쿠온마카나이초(小田原宿御賄帳)』에는 '메시모리온나 하네센 40량(飯盛女刎銭四拾両)'이라고 적혀 있다. 이것은 그해 역참 수입의 7퍼센트에 해당한다. 오다와라 역참에 이웃한 오이소 역참(大磯宿)에서는 20량이 '메시모리온나 이익금(飯盛女益金)'으로 되어 있는데, 이는 역참 수입의 2퍼센트에 지나지 않는다. 이런 수치는 역참 재정 총수입에서 차지하는 비율로 보면 10퍼센트 이내에 불과하기 때문에 수입원으로서 중요한 위치를 차지했다고 보기는 어렵다. 그러나 간선도로 연변에 위치한 역참의 입장에서 보면, 공적 운송에 필요한 덴마역(伝馬役)[21]의 부담을 견뎌내기 위해서는 메시모리온나를 이용하여 여인숙을 번창시킬 필요가 있었다. 막부도 사창을 엄격하게 단속했지만 다른 한편에서는 메시모리온나의 설치를 허가함으로써 역참 재정이 증대될 수 있도록 지원했다. 역참 제도를 계속 유지시켜 나가려고 노력했던 것이다.

---

21 에도 시대에 역참에서 공무 여행자나 공적인 물건의 수송을 위한 부역을 말한다.

에도 시대의 러브호텔이라면 데아이자야(出合茶屋)가 대표적이다. 이것은 데아이야(出合屋) 또는 데아이야도(出合宿)라고도 불렀으며 간사이(関西) 지방에서는 본야(盆屋)라고 불렀다. 그 밖에 후나야도(船宿), 데아이부네(出合船)라 하여 배를 사용하는 일도 있었고 또 사람의 눈을 속이기 위해 단고자야(団子茶屋)나 가시자시키(貸座敷) 등이 데아이자야의 역할을 겸하는 경우도 있었다.

데아이자야는 시중 여러 곳에 산재해 있었다. 에도의 경우에는 우에노(上野)와 유시마카이와이(湯島界隈: 유시마 부근) 등에 있었고 특히 시노바즈노이케(不忍池: 우에노 시노바즈 연못)의 주변은 '이케노차야'로 유명했다. 벤텐도(弁天堂)가 위치한 시노바즈노이케 한 복판의 나카노시마(中之島)와 그 주변에 15채 정도가 있었다고 한다. 토지가 협소한 관계로 연못 쪽으로 돌출되게 건물을 세운 것은 그 나름대로 운치가 있다고 할 수 있지만, 화장실을 설치할 공간이 없어서 공동 화장실을 사용했다고 하니 아마 상당히 불편했을 것이다.

이케노차야(池の茶屋)의 밀회 장면(誹風末摘花)

한편 데아이자야는 다실풍의 건물이 많았던 것 같다. 후나야도의 사례이기는 하지만 『세사견문록』에도 '후나야도에 어울리지 않는 2층으로 된 손님 접대용 객실을 만들고, 장식용 공간인 도코노마(床の間)와 일본식 선반을 설치한 후, 현재 유행하는 시인과 화가의 작품을 걸어 놓았다'라는 기록이 나온다. 또 손님들끼리 마주치지 않도록 출입구를 두세 군데 마련해 두는 것이 일반적이었다. 이용료는 에도 시대 내내 약간의 음식물을 포함하여 이치부(一分) 정도였다.

이용객 중 여성은 쇼군가나 다이묘가의 귀부인을 섬기는 오쿠조추(奥女中)와 미망인인 고케가 많았다. 오쿠조츄는 두세 명이 공동으로 출자해서 마련한 2층집에 고사이(御菜: 막부의 오쿠조츄에 딸린 하인 남성)를 옮겨 살게 하고, 그 2층을 서로 간의 데아이야도로 사용하는 일도 있었다. 오쿠조츄는 쇼군가와 다이묘가를 합칠 경우 상당한 수에 달했는데, 이들이 바로 당시의 커리어 우먼이었다. 다만 이들은 직업상 자칫 혼기를 놓치는 일이 많았기 때문에, 신불 참배나 연극 관람의 수행 또는 휴가 때를 이용하여 이에 중의 무사나 유복한 조닌 등과 사랑의 모험을 즐겼던 것 같다.

고케도 당시로서는 경제적 시간적 여유가 있는 극소수의 여성들 가운데 하나였기 때문에, 데아이자야라는 공간은 요시와라(吉原)와는 달리 어떤 의미에서는 '여성 상위'의 세계였다고 할 수 있다.

도쿄도(東京都) 이쓰카이치마치(五日市町) 다이후쿠가 문서(大福家文書)

동서고금을 막론하고 '결혼'은 일생일대의 획기적인 사건으로 간주된다. 그런 까닭에 결혼 축하연에 차려내는 요리에 대해서도 나름대로 성의를 다하는 것이 상례다.

무사시노국(武蔵国) 어느 마을의 나누시 집에 남아 있는 '슈기콘다테(祝儀献立: 결혼 축하연 메뉴)'의 일부를 소개해 보도록 하겠다. 언제 적 자료인지 확실하지는 않지만 에도 시대 중후기의 것으로 추측된다. 이 메뉴는 시키세이요리(式正料理: 에도 시대에 양식화된 일본 요리)라 불리던 것으로

산포나가노시(三宝長熨斗), 오자쓰키(御座附), 니시메(にしめ), 교하이(御盃), 오초시(御銚子), 오스이모노(御吸物), 오쓰쿠리미(御作身), 오스이모노, 오스즈리부타(御硯蓋), 오스이모노, 오하치자카나(御鉢魚), 오차완모리(御茶碗盛), 오니노하치(御ニノ鉢), 오돈부리(御丼), 오스이모노 등 15종류의 음식이 나온 후에 비로소 혼젠(本膳: 정식 요리)으로 들어간다. 그리고 혼젠 이하는 사진에 나와 있는 그대로다.

에도 시대에 매일 매일 식사 준비를 하는 것은 여성의 일이었지만, 정식 요리라 할 수 있는 일품요리는 대부분 남성의 손에 의해 만들어졌다. 이 메뉴도 아마 남성 전문 요리사에 의해 구성된 것으로 생각된다.

이 '메뉴(献立)'는 지금으로 따지면 모든 예식이 끝나고 열리는 피로연 테이블에 비치된 메뉴(menu)라 할 수 있는데, 이 시대에는 축하연이 거행되는 연회장에 특히 참석자들의 눈에 잘 띄도록 게시했다. 그렇기 때문에 최상급의 종이에 뛰어난 필체로 작성하는 경우가 많았다. 또 이른바 헨타이가나(変体仮名)를 종횡으로 구사함으로써 같은 문자를 연속으로 사용하지 않도록 하는 세심한 주의도 기울였다. 아마도 '메뉴'의 지면에 변화를 주고 동시에 '결혼 축하연'임을 강조하기 위한 방안이었을 것이다. 예를 들어 '오야키모노(御家喜もの)'에 대해 살펴보면, 단순히 '야키모노'를 'やきもの' 혹은 '焼きもの'라 쓰지 않고 '家喜'라고 표현함으로써 '결혼 축하연'의 분위기를 극대화시키고 있는 것이다. 또 요리를 순서에 따라 기록할 때도 글자의 크기에 변화를 주면서 행간에 구애됨이 없이 깔끔하게 흩뜨려 쓰는 기법을 구사했다.

사진에서처럼 각각의 요리는 축하연에 어울리도록 색채와 명칭에

주의를 기울였다. 예를 들면 '히노데호라(日の出ほら)' '시라가다이콘(しらが大根)' '무스비닛코(むすび日光)'는 혼례에 어울리는 '히노데(日の出: 일출)' '시라가(白髮: 백발)' '무스비(結び: 결합)' '닛코(日光)'와 같은 말을 요리 소재인 숭어(ぼら), 무(大根), 다시마(昆布) 등과 조합시킨 형태라 할 수 있다. 각각의 요리를 칼로 조리하는 방법이나 그릇에 담는 방식도 그런 요리의 명칭을 충분히 의식한 상태에서 궁리되었을 것이다.

예식장에 내걸린 '슈기콘다테'는 비록 검은 먹 글씨 한 가지로 작성된 것이었지만 하객에게는 마치 한 폭의 그림을 연상케 했을 것이다. 또 이런 것들이 어우러져 연회석의 흥을 돋우는 역할을 했을 것으로 생각된다.

지금과는 달리 근세까지의 출산은 거의 대부분이 좌산(坐産)이었다. 앉아서 천정에 매단 줄을 잡고 분만하는 경우가 많았는데, 난간을 부여잡거나 간호인이 허리를 잡아주기도 했다. 말 그대로 알을 낳듯이 아이를 분만했던 것이다.

태어난 신생아는 따뜻한 물로 씻어주는데 이것도 지금과는 달랐다. 큰 대야에 더운 물을 담는 것까지는 같지만 그 다음부터가 다르다. 산파는 대야 앞에 등받이 의자를 놓고 앉아 양발을 더운 물에 넣고(혹은 물 위에 다리(橋)를 놓는 식으로 대야 위에 다리를 걸치고) 갓난아이의 등이 보이도록 산파 다리에 올려서 엎드린 자세로 만든 다음에 씻겼다. 이것은 배꼽의 탯줄 자른 상처에 물이 닿지 않도록 막기 위해서였다. 또 등은 오장(五臟)을 품고 있는 중요한 부분이기 때문에 소중히 다루지 않으면 안 된다는 중국의 전래에 따라 산파가 등에서 눈을 떼지 않도록 하려는 의도에서였다.

좌: 갓난아이를 목욕시키고 있는 산파(百人女郎品定)[22], 우: 분만 의자에 앉아 있는 산모 옆에서 신생아에게 태독을 제거하는 약을 먹이는 모습(女文章稽古)[23]

목욕 후에는 탯줄을 자른 상처 부위에 오배자(五倍子)나 감초(甘草) 등을 바르고, 태독을 제거하기 위해 해인초(海人草)나 오향(五香) 등을 달인 물을 먹였다. 배내옷은 7일째까지는 입히지 않고 기저귀를 채운 상태에서 어른 옷으로 덮어주기만 했다.

한편 산모는 분만이 끝나면 밑에 깔아 두었던 돗자리와 천을 치우고 잠옷으로 갈아입은 다음 찐 떡을 먹었다.

문제는 그 다음이다. 산모는 분만 의자나 분만 바구니, 의자 등에 들어가 정좌한 채로 자지 않고 7일 동안을 지내야 했다. 고급 분만 의자는 옻칠이 되어 있었고 등받이와 양쪽 팔을 기댈 수 있는 팔걸이가 붙

22 햐쿠닌조로시나사다메(百人女郎品定)는 에도 시대 각 계층의 여성 사이에서 유행하던 풍속을 묘사한 목판 인쇄본 소책자다.

23 온나분쇼케이코(女文章稽古)는 1742년 출판된 교육용 서적이다. 저자는 하야시 란조(林蘭女), 그림은 니시카와 스케노부(西川祐信)가 그렸다.

어 있었다. 또 바닥은 작은 다타미로 되어 있었다. 여기에 이불을 깔고 그 속으로 들어가 앉는 것이었는데 분만 의자가 없는 경우에는 궤짝이나 작은 장롱에 들어갔다. 또 농촌 등에서는 짚으로 U자 형의 임시 바구니를 만들어 쓰기도 했다.

이것은 누우면 피가 머리로 몰린다든가, 그렇게 하는 편이 회음부의 찢어진 상처를 빨리 치료하는 방법이라는 등의 속설을 따른 것이었다. 또 잠을 자지 않는 것은 악귀에게 아이를 빼앗기지 않도록 망을 보기 위해서였다고 한다. 큰 소리를 내면 좀 더 효과적이라는 말에 따라, 산모가 잠들지 못하도록 감시하는 것을 겸해서, 집안 여성들이 밤새도록 산모 곁에서 큰소리로 이야기를 나누었다고도 한다.

어쨌든 이렇게 출산 직후의 지친 몸으로 한숨도 자지 않고 앉아서 7일 밤낮을 보낸다는 것이 얼마나 괴로운 일이었을지는 상상조차 되지 않는다. 고문이 따로 없다고 해야 할 것이다. 더구나 당시에는 본채에서 떨어진 산실에서 분만하는 일이 많았다는 사실도 잊어서는 안 된다. 농촌에서 산실은 공동 시설로 지어진 곳이 많았고 집안에 마련된 경우에는 달개, 봉당 혹은 안채에서 떨어진 헛간 등에 마련되었다. 다만 이 경우에는 봉당이 산실로 쓰이는 경우가 많았는데, 화로를 만들어 준다 해도 북쪽 지방의 겨울은 특히 그 추위가 혹심했다고 한다.

한편 그런 와중에서도 출산 3일째 되는 날에는 '밋카이와이(三日祝)'라 하여 우부스나(産神), 고진(荒神: 부뚜막 귀신), 지진(地神)의 3신에게 가가미모치(鏡餠: 둥근 찰떡)를 올리고 집안사람들만의 축하 행사를 가졌다.

7일째가 돼서야 비로소 외부인을 불러 출산 축하 행사를 열었다. 이

날은 아이에게 옷을 입히는 첫날이기도 했다. 옷을 입힐 때 아들은 왼팔부터 딸은 오른팔부터 소매를 통과시켰다. 옷을 입히는 사람은 조부모였다. 이날 아이 이름도 지어 주었다.

산모도 겨우 분만 의자에서 벗어나 옆으로 눕는 것이 허용되었는데, 줄곧 정좌 자세로 있었기 때문에 양쪽 발이 쇠약해져서 걸을 수 없는 경우가 많았고 심한 경우에는 죽는 일도 있었다고 한다. 이 때문에 의사 중에는 이런 폐해를 지적하고 개선을 요구하는 사람도 있었지만 좀처럼 개선되지 않았다. 당시 사람들은 이런 식의 출산 풍습을 당연한 것으로 받아들였기 때문에 아예 개선하려 하지 않았던 것으로 보인다. 당사자인 여성 자신도 일종의 수행이라고 여겼던 것 같아서 씁쓸하기만 하다.

에도 시대의 옷장은 일반적으로 아주 간단했다. 그런 가운데서도 에도에서 만큼은 매우 화려한 옷장이 유행했다. 두 개를 쌓아올려 한 벌을 이루는 구조로 아래는 서랍이 2개, 위로는 쌍바라지 문짝이 붙어 있다. 문짝 중앙에는 가문(家紋)[24]을 본뜬 크고 둥근 금장식, 좌우 문짝에는 十자 형의 금테가 둘러져 있고 커다란 경첩과 문고리가 붙어 있다. 그에 비해 만듦새는 조잡하지만 오동나무의 하얀 재질에 붙어 있는 새까만 철재 장신구는 어쨌거나 눈에 잘 띈다. 당시로서는 아주 참신한 디자인이었을 것이다.

왜 유독 에도에서만 이런 옷장이 생겨났던 것일까?

대답은 간단하다. 요시와라 유곽이 그 원인이었다. 즉 오이란의 옷장으로서 발달했기 때문이다. 본래 옷장은 객실에 두는 것이 아니다. 헛방이나 침실에 두는 것이다. 하지만 오이란의 경우는 침실이 메인

24 가문을 표시하는 도형으로 주로 서양과 일본에서 사용되었다.

옷장 서랍에서 뚜껑이 있는 반찬 그릇을 꺼내는 창부의 하녀(古道具穴掃除)

응접실이었다. 최대한 호화로운 세간과 침구를 갖추고 손님을 맞이하는 것이 장사가 잘되는 비결이었다. 그리고 이것들은 모두가 단골손님이 사준 것이었다. 따라서 인기 있는 오이란일수록 화려한 세간을 갖추게 되는 것은 당연했다. 무엇보다도 상급 유녀가 아니면 개인전용의 방을 가질 수 없었기 때문에, 방이 딸린 유녀 또는 객실이 딸린 유녀라 불렸고, 멋진 옷장을 구비하는 것은 오이란의 입장에서는 그 지위를 상징하는 일이기도 했다. 이 때문에 옷장에 수납할 정도의 의상이 없어도 옷장만큼은 무리를 해서라도 구비했다.

또한 다음과 같은 말이 떠돌았듯이 옷장에는 의류뿐만 아니라 숯이나 게타(下駄: 일본식 나막신), 반찬 등을 넣어 두기도 했다.

화려한 옷장에서 꺼낸 다도용 고급 숯

옷장에서 나온 영문을 알 수 없는 고마게타[25]

옷장에서 나온 건조 멸치와 우메보시

어쨌든 과시용 옷장인 이상, 만듦새를 불문하고 디자인만큼은 화려해야 한다는 생각에서 탄생한 것이 바로 에도의 옷장이었다. 그러나 배우나 가수 같은 연예인을 모방하는 현상이 어느 시대에나 있듯이, 이 옷장도 점차 일반 가정에까지 널리 퍼지게 되었고 결국에는 에도를 대표하는 옷장이 되었다.

25 굽을 따로 달지 않고 통나무로 깎아 만든 게타.

IV. 근대

밭일하러 가는 메이지 시기의 노부부(마이니치신문사 제공)

이 장에서는 메이지 유신(明治維新, 1868)에서 패전(敗戰, 1945)에 이르기까지의 약 80년간을 대상 시기로 한다.

유신을 통해 성립한 메이지 정부는 부국강병 정책을 내걸고 위로부터의 근대화를 강행했다. 서구 문명을 적극적으로 도입해 구미 열강에 뒤지지 않는 국가를 만드는 일에 매진한 것이다. 메이지 초기의 서민 생활에는 에도 시대의 전통적 가치관이나 풍속, 관습 등이 여전히 뿌리 깊게 남아 있었다. 그러나 사민평등(四民平等), 의무 교육 제도의 발족 등과 같은 새로운 정책과 문명개화의 영향을 받게 되면서 조금씩 변화해 갔다. 호적법(1871)의 제정은 '이에'를 단위로 국민을 파악하려 한 것이었으며 이 때 첩의 존재도 공인되었다.

서구의 자유, 평등사상의 영향 아래 일어난 자유 민권 운동은 남녀의 동일한 권리를 주장하기도 했지만, 그런 민권 운동은 정부의 탄압을 받았고 결국에는 대일본 제국 헌법(1889), 교육 칙어(1890)를 기반으로 하는 메이지 체제 즉 근대 천황제 국가가 성립하게 되었다. 민법전

논쟁을 거쳐 제정된 메이지 민법에 의해 근대 시민법으로서의 '이에' 제도는 확립되었다. 메이지 민법은 '호주권' '남계 장자 상속(男系長子相続)' 등의 규정을 통해 여성을 무능력자 취급했고 일부일처제를 표방하면서도 실질적으로는 일부다처제를 용인했다. 이런 '이에' 제도가 초래한 비극은 널리 문학의 모티프가 되어 수많은 작품을 탄생시켰다. 또 메이지 천황은 공공연하게 일부일처다첩 제도를 택하고 있었다.

청일전쟁(1894~1895)과 러일전쟁(1904~1905)을 거치면서 일본의 자본주의는 발전했다. 그러는 가운데 일본은 타이완과 조선 등을 식민지로 보유하는 제국주의 국가가 되었다. 근대 산업의 중심적 존재였던 섬유산업을 지탱해 준 것은 여공이었다. 지주제 하에서 가난한 소작 농가의 딸들은 '이에'를 위해 공장으로 달려갔다. 이윽고 자본주의의 진전과 더불어 성장한 노동자 계급과 신중간층, 지식인층의 대두를 기반으로 다이쇼(大正, 1912~1926) 데모크라시 운동이 시작되었다. 잡지 『세이토(青鞜)』의 영향을 받은 여성들은 전통적 모럴을 부정하고 자아의 확립을 희구했다. 그러나 이들 여성은 '이에' 제도에 도전했던 까닭에 '신여성'이라고 비난받고 조소당했다.

제1차 세계대전을 계기로 일본의 자본주의는 더욱 발전했고 도시를 중심으로 봉급생활자 등의 새로운 가족이 형성되기 시작했다. 남편은 밖에서 일하고 아내는 집을 지키는 이른바 성별 역할 분업 형태의 가족이었고 그것은 또 '주부'의 탄생이기도 했다. 『주부의 벗(主婦之友)』의 창간은 그런 새로운 동향을 보여 주는 상징적 사건이었다.

다이쇼 데모크라시 하에서 보통 선거 운동, 노동 운동, 농민 운동,

부락 해방 운동 등이 활발히 진행되었다. 여성도 신부인협회(新婦人協会)[1]의 주도 아래 치안 경찰법 5조[2]의 개정 운동을 전개했고 사회주의 여성 중심의 세키란카이(赤瀾会)를 조직했으며 여성 참정권 운동 등을 펼쳐 나갔다.

자신의 의지대로 살아갈 것을 추구하기 시작한 여성은 스스로의 감정에 따라 대담하게 행동했다. '풍기 문란'이라는 비난에 아랑곳하지 않고 형법상의 간통죄 규정 또한 두려워하지 않으면서 자신들의 '자유 연애'를 관철시켜 나갔다. 이런 여성의 움직임은 연애와 결혼뿐만 아니라 이혼의 자유, 나아가서는 임신과 출산의 자유를 요구하는 움직임으로도 확대되어 나갔다. 당시 출산을 담당하는 성(性)으로 간주되던 여성의 신체는 형법상의 낙태죄에 속박되어 피임도 임신 중절도 자유롭지 못한 처지에 있었다. 또 이 때문에 수많은 비극이 탄생하기도 했다.

다이쇼 데모크라시 하에서의 이런 움직임을 '이에' 제도의 위기로 본 정부는 임시 교육 회의를 열고 현모양처주의 교육을 강화하려고 했다. '이에' 제도는 이념적으로는 유지 또는 강화되어 갔지만 자본주의의 발전과 더불어 실태로서는 해체를 향해 달려가고 있었다. 이런 상황 속에서 설치된 임시 법제 심의회는 '이에' 제도의 유지 및 강화를 의도했지만, 오랜 시간에 걸친 논쟁 끝에 발표된 '민법 개정 요강'은 오히려 메이지 민법보다도 부분적으로 진일보한 내용이었다. 그러나

---

1 부인(婦人)은 여성을 의미하는 표현이다. 이하 동일하며, 고유명사의 경우 '여성'으로 번역 표기한 곳도 있으나 되도록 '부인'이라는 표현을 그대로 살려서 표기했다.

2 여성이 정치 결사에 가입하지 못하도록 한 규정.

이 '요강'에 근거한 민법 개정 작업은 쇼와(昭和, 1926~1989) 시기에 들어와 전쟁이 시작되면서 중단되고 말았고 이로써 개정은 끝내 실현되지 못했다.

『세이토』를 중심으로 진행된 '정조 논쟁'은 처녀성을 둘러싼 논쟁이었다. 여성의 성에 대한 규범은 정조를 엄격하게 요구하는 형태였지만 그것은 어디까지나 기혼 여성에게나 해당하는 사항이었다. 그러나 메이지 후반부터는 서서히 처녀성 문제가 부각되기 시작했다. 그런 반면에 남성에게는 방종한 성이 용인됨으로써 성도덕은 사실상 이중 규범이 되어 버렸다. 1872년에 공표된 '창기 해방령'에도 불구하고 가시자시키(貸座敷: 유곽) 제도로서 공인된 근대의 공창 제도는 국가에 의한 성 관리라는 측면도 가지고 있었다. 군대가 있는 곳 그리고 노동자가 모이는 곳 등을 중심으로 유곽은 불만의 분출구로서 번창했다. 그 이면에는 딸을 창기로 팔아넘길 수밖에 없을 정도로 가난한 소작 농민이 있었다. 기독교 신자를 중심으로 한 폐창 운동도 끈질기게 전개되었지만 끝내 폐창은 실현되지 못했고, 도리어 전시 하에서는 대량의 '군 위안부'까지 만들어 냈다.

경제 공황에서 벗어난 쇼와 시기의 일본은 군국주의를 강화하면서 침략 전쟁으로의 길을 걸어갔다. 만주사변으로 시작된 15년 전쟁[3]은 역사상 볼 수 없던 참상으로 끝났다. 전시 체제 하에서 국방의 목적을 달성하기 위해 모든 '인적 물적 자원'은 국가의 통제를 받았고, 결혼과

---

3 '15년 전쟁(1931~1945)'이란 만주사변 이후 중일전쟁을 거쳐 태평양전쟁에서 항복할 때까지 대략 15년 동안 일본이 치른 전쟁을 총칭하는 용어다.

출산도 개개인의 인생이라는 틀을 넘어서 국가의 관리 아래 놓이게 되었다.

전쟁에 반대하는 목소리는 치안 유지법 등의 탄압으로 사라져 버렸고 여성도 전쟁에 협력하는 모습을 보였다. 본래의 경우라면 생명을 파괴하는 전쟁과 정면에서 맞서야 할 '모성'이 '군국의 어머니' '야스쿠니(靖国)의 어머니'로 미화되었다. 나라를 위해 자식을 전쟁터로 내보내야 하는 어머니의 쓰라린 본심은 좀처럼 입 밖으로 흘릴 수도 없었다. 그러나 전쟁 때문에 어쩔 수 없이 갈라서야 했던 연인이나 부부는 비상사태 속에서 오히려 남몰래 애정을 서로 나누는 일도 많았다.

1. 문명개화와 성, 가족

혼란한 정세

메이지 정부는 사민평등을 내걸고 1871(明治4)년 8월 '화족에서 평민에 이르기까지 서로 혼인하는 것을 허용한다'라고 포고했다. 또 2년 후에는 외국인과의 결혼도 허용했다. 이런 조치에 힘입어 도쿄 시바(芝)의 꽃가게 딸 기요하라 다마(清原玉, 1861~1939)가 이탈리아인 화가 라구사(Vincenzo Ragusa, 1841~1927)와 결혼하는 등 외국인과 결혼하는 여성도 나타났다.

새로운 정책이 연이어 등장하면서 사족, 평민 할 것 없이 복장의 자유, 직업의 자유, 거주의 자유 등을 누릴 수 있게 되었고 이를 통해 나타난 하루, 한 달의 변화는 과거의 5년, 10년에 필적할 정도였다.

양복 차림의 신사가 여성과 팔짱을 끼고 도쿄의 긴자(銀座) 거리를 산책하는 모습이, 3대 안도 히로시게(安藤広重, 1842~1894)[4]를 비롯한 여

---

4 안도 히로시게라는 대표명은 에도 시대 말기의 우키요에 화가였던 초대 안도 히로시게(1797~1858)에서 비롯되었다.

러 우키요에 화가의 니시키에(錦絵)[5]를 통해 전국에 알려지면서 많은 여성을 놀라게 했다. 또 나중에 문부대신에 오른 모리 아리노리(森有礼, 1847~1889)가 1875년에 사족의 딸 히로세 오쓰네(広瀬阿常, 1855~?)와 결혼식을 올릴 때, 하객 앞에서 '서로 한결같이 존경하고 사랑하며 부부로서의 길을 지켜 나가겠다'라는 내용의 계약서를 낭독하고 서명한 것도 큰 반향을 불러일으켰다.

그러나 도쿄와는 달리 멀리 떨어진 지방이나 섬에서는 풍속이나 생활 등에서 거의 아무런 변화도 일어나지 않았다. 변화가 일어나기까지 50~60년 아니 100년을 기다려야만 했던 과거의 패턴이 반복되는 듯했다. 메이지 전반까지는 에도 시대 그대로였다고 할 수 있다. 다만 그런 가운데서도 메이지 20년대까지 사람들의 풍속은, 문명화를 유도하는 교육의 영향으로 조금씩 변화해 갔다. 중앙과 지방의 마을(村) 공동체에서 혼란을 야기하기는 했지만 말이다.

사족의 처자들은 메이지라는 근대 사회에 돌입했음에도 불구하고 일상생활 속에서 정절의 미덕을 지킬 것을 강요받았다. 예를 들면 자살을 해서라도 정조를 지키라는 의미의 은장도를 소지해야만 했다. 반면에 가난한 어느 사족은 아내에 대해서는 엄격하게 정조를 요구하면서도 막상 처분할 가재조차 남지 않게 되자 차례로 세 명의 딸을 팔아버렸다. 심지어 마지막에 가서는 결혼해 아이까지 둔 자신의 장녀를

5 무로마치 시대부터 에도 시대 말기에 이르는 시기에 서민 생활을 기조로 하여 제작된 회화의 한 양식이다. '우키요'는 덧없는 세상, 속세를 뜻하는 말로 미인, 기녀, 광대 등 풍속을 중심 제재로 삼았다.

사위 부재중에 팔아넘기는 짓도 서슴지 않았다.

이 두 가지는 서로 상반된 것처럼 보이지만 가장의 명령 한마디에 물건 취급을 당하는 여성의 모습을 잘 보여 주는 사례라는 점에서 공통된다. 남성만을 위한 편의적 정조 관념이었던 것이다.

그러나 메이지라는 시대에는 그때까지는 도저히 상상도 할 수 없던 행동을 하는 여성도 등장했다. 이렇게 전통적 여성상의 틀에서 벗어나 새로운 방식으로 살아가는 여성을 독부(毒婦)라 불렀다.

시즈오카현 슨토군(駿東郡) 다케노시타무라(竹ノ下村)에서 한 여성이 간통을 한 후 남편을 독살한 죄로 잡혀서, 시즈오카에서는 마지막으로 효수형에 처해지는 사건이 발생했다. 이 사건을 계기로 신문이나 구사조시(草双紙)[6]에는 이른바 '독부물(毒婦物)' 즉 간부나 음부라 불리는 여성을 주인공으로 한 실록이나 소설이 유행하게 되었다. 대표적인 작품으로는 가나가키 로분(仮名垣魯文, 1829~1894)의 『다카하시오덴야샤모노가타리(高橋阿伝夜叉譚)』 등이 있다.

야만시된 습속

화족 및 사족과 평민 사이의 결혼은 가능해졌지만 사족과 평민의 구별은 여전히 엄격했다. 사족은 평민보다 한 계단 위라는 봉건적 신분 관념이 통용되었고 평민과 결혼하지 않는 사족도 다이쇼 시대까지 꽤 남아 있었다.

---

6 에도 시대에 유행한 그림이 들어 있는 대중 소설을 총칭하는 표현이다.

결혼하는 방식에서도 화족은 옛날 방식을 사족은 에도 시대의 예식을 각각 따랐고 평민 또한 이에의 격식을 중시했다. 그리고 교통의 발달로 멀리 떨어진 사람 간의 결혼이 증가하면서 여성이 결혼과 동시에 남편 집안으로 들어가는 취가혼이 주류를 이루게 되었다. 그러나 지방에 따라서는 1887(明治20)년 경까지만 해도 신부가 친정에 그대로 기거하는 상태에서 신랑이 그 처가를 방문하는 형태가 남아 있었다. 또 가족만의 간단한 혼례식을 마치고 신부가 시집으로 들어가서 사는 아시이레혼(足入れ婚)도 있었다. 그 밖에도 다양한 결혼 형태가 존재했지만 어느 경우에도 중매인을 두는 것은 필수 조건이었다.

일반 농민의 경우에는 여러 날에 걸쳐 예식과 피로연을 개최하는 것이 보통이었다. 이런 행사는 농민 개인이 아닌 이에의 친척도 모두 참여하는 공동체 행사였다. 남편의 호적에 신부를 올릴 때는 먼저 '부부의 화합을 확인하고' '신부의 성품이 좋은지에 대한 판단이 서기를 기다려' '출산한 후에(『全国民事慣例類集』)' 하는 것이 일반적이었다. 입적 날짜는 남편 쪽 집안의 사정에 따라 정해졌던 것이다.

다음으로 혼수품에 대해 살펴보면, 부자는 옷장이나 사물함 등을 대거 지참했지만 가난한 사람은 보자기 하나에 의류와 자잘한 물건을 뭉뚱그려 지참하는 것이 보통이었다. 그러나 문명개화의 영향으로 지참하는 물품이 다양해지면서 혼수품을 친척이나 주변 사람에게 공개하는 이쇼비라키(衣装開き)를 하게 되었고, 이것을 의식한 친정 부모는 딸이 시집에서 행여나 기죽어 살지는 않을까 우려하는 마음에서 평생 입을 옷을 챙겨 주려는 마음이 생겨날 수밖에 없었다. 결국 친정 부모는

메이지 시기의 결혼식 풍경(마이니치신문사 제공)

빚을 얻어서라도 혼수품을 장만하게 되었고 결혼 비용 또한 눈덩이처럼 커져만 갔다.

이런 상황을 개선하기 위해 메이지 후기에는 화족 여학교장(華族女学校長)[7] 호소카와 준지로(細川潤次郎, 1834~1923)가 『신찬혼례식(新撰婚礼式)』(1899)을 저술하고 신전 결혼(神前結婚)을 제창했다. 이것은 전통적인 결혼식에 비해 비용이 적게 들고 또 의외로 간략하면서도 매우 엄숙한 분위기 속에서 치러졌기 때문에 도시를 중심으로 빠르게 보급되었다.

당시 일본인의 결혼 연령은 미국이나 유럽 국가에 비해 매우 낮았다. 특히 도호쿠(東北) 지방이 낮았고 서일본과 도쿄 등의 대도시는 높았다. 인구의 80퍼센트 정도를 차지하는 농어촌에서는 여성이 결혼을 하려면, 첫째로 온전한 한 사람의 성인으로서의 노동력을 발휘할 수

---

7 1885년 황족과 화족의 자녀를 교육시키려는 목적에서 설립된 관립 교육기관. 현재의 학습원 여자중고등학교(学習院女子中高等学校)의 전신이다.

있어야 하고, 둘째로 생리가 있어야 했다. 즉 아이를 낳을 수 있는지가 여성으로서의 자격을 가늠하는 기준이었고, 결혼을 통해 한 사람의 완전한 여성이 되는 것이었다.

촌락 사회의 입장에서 볼 때 아이를 낳을 수 있는지는 매우 중요한 일이었다. 마을에 따라서는 지금의 관점에서 보면 기이하게 생각되는 풍습이 남아 있는 곳도 있었다. 민속학의 조사에 따르면 어떤 지방에서는 '숫처녀를 신부로 맞이하면 잘 되는 일이 없다'라는 편견도 존재했다. '여성이 되기도 전에 혼례를 올려서는 안 된다(『大間知篤三著作集』 제2권)'라고 해서 무사히 결혼식이 끝나면 여성으로 만들어 준 사람을 초대해 술과 음식을 대접했다고 한다.

또 명실상부한 한 사람의 성인이 되어 결혼 가능한 여성임을 공표한 처녀는 평소에 교류가 깊었던 아는 사람 중에서 상대를 골라 결혼했다. 만약 부모가 허락하지 않거나 가난해서 결혼식을 올릴 수 없는 경우에는, 요메누스미혼(嫁盗み婚)이라 하여 마을의 청년이 도둑질하듯이 신부를 몰래 데려간 후에 부모의 승낙을 받아 내는 일도 있었다.

마을의 젊은 세대 사이에 퍼져 있던 이상과 같은 결혼관은 이에의 격식을 중요시하는 근세 이래의 결혼관과 대립하면서도 하나의 풍속으로 존재해 왔다. 그러나 메이지 시대 이후에는 폐지되어야 할 '악습'으로 간주되었다. 그것뿐만이 아니다. 혈기 왕성한 젊은 세대가 도당을 결성하지는 않을까 우려하게 되면서, 그들의 결혼 풍습을 지탱해 온 와카모노구미도 금지되고 말았다.

생명을 건 출산

출산은 '관 속에 한 발을 집어넣는 것'이나 마찬가지라는 말이 있듯이 출산 과정에서 사망하는 임산부가 매우 많았다. 또 영유아의 사망률을 보면, 예를 들면 현재의 가케가와시(掛川市)에 해당하는 시즈오카 히가시야마구치무라(東山口村)의 경우, 1892년에 영유아의 약 3분의 1이 만 1세가 되기도 전에 사망했다.

메이지 20년대까지는 근세와 별 차이가 없었기 때문에 태어난 아이를 5세, 7세까지 건강하게 키우기가 매우 힘들었다. 속된 말로 '아이 열 낳아 여덟 죽고 둘만 키웠다'라고 할 정도였다. '출산의 부정함을 꺼려하지 말 것'이라는 포고(1872)가 내려졌지만, 기본적으로 불결하기 짝이 없는 출산 장소는 지난날 마을에서 방 또는 헛방이라 부르던 어두침침한 침실로, 여기에 짚이나 넝마를 깔고 출산하는 것이 보통이었다. 또 공동 소유나 개인 소유의 작은 산실에서 출산하는 관습도 메이지 연간까지는 널리 남아 있었다.

출산 방법으로는 천정에 매단 줄을 잡고 분만하는 좌산과 짚더미를 쌓아놓고 기댄 채 분만한 후 1주일에서 2주일 동안 그 자세 그대로 지내는 방법 등이 있었다.

출산 시 밤을 새워 가며 산모가 몸을 푸는 것을 지켜보며 간병하는 풍습도 1935(昭和10)년 경까지 남아 있었다. 분만 후 5일 동안 산모가 잠들지 않도록 한 것은 뇌빈혈로 죽는 것을 막기 위해서였다고 한다. 수양부모는 산모 옆에 붙어 앉아 감시하면서 잠깐이라도 조는 듯하면 곧바로 깨웠다. 또 간병하는 친척 여성 등도 산모를 재우지 않기 위해 신기한 이야기나 괴담, 웃기는 이야기 등을 들려주었다.

농촌에서는 분만하느라 지친 몸에 소독도 하지 않은 넝마를 사용해 돌본 것이 원인이 되어 결국 산욕열로 사망하는 산모가 많았다. 한편 도쿄에서는 청결하고 근대적인 병원에서 출산하는 여성이 등장했다. 1878(明治11)년 도쿄부 병원(東京府病院)에 산부 분만실이 설치되면서 병원 출산이 시작되었다.

낙태 금지

에도 시대에 인구 증강 정책의 하나로 낙태와 마비키(間引き)가 금지되었지만 별다른 효과도 없이 메이지를 맞이했다.

유신 정부는 메이지로 들어서자마자 1868(明治1)년 12월 24일 '산파가 약을 팔거나 낙태 시술하는 것을 엄금한다'라고 포고했다. 에도 시대부터 내려온 악습을 막기 위한 것이라고 했지만 실은 부국강병과 식산흥업을 발전시키기 위한 방안이기도 했다.

당시까지의 산파는 경험에만 의지했고 위생 관념은 거의 없었다. 낙태나 영아 살해가 법으로 금지된 이후에도 농촌에서는 식구 수를 줄이기 위한 방법으로 마비키가 적지 않게 행해졌고 심지어는 도와주는 사람까지 있었다.

메이지 10년대에 치바시(千葉市) 부근의 농촌에서는 여전히 마비키 풍습이 남아 있었다. 마비키를 막기 위해 사찰의 승려가 그런 비인도적인 짓을 저지르면 부처님의 벌을 받아 죽어서 지옥에 떨어진다고 설교했다.

설교에 사용한 족자에는 누워 있는 산모 옆에서 산파가 습자지를 물에 적셔 아이 얼굴에 붙이는 모습이 그려져 있다. 예로부터 그 지방에서 전해져 내려오는 방법을 묘사한 것이다. 승려는 지옥에서 고통스러워하는 사람의 그림을 산모 등에게 보여 주면서 그림극 형식으로 마비키를 해서는 안 되는 이유를 설명했다고 한다.

1874(明治7)년 8월 18일 문부성이 의제(医制) 57개조를 포고하게 되면서 산파는 면허제로 바뀌었다. 정부의 강력한 후원에 힘입어 많은 젊은 미혼 여성이 새로운 산파로 탄생했고 사례도 물건에서 현금으로 바뀌었다.

1878년에는 면허를 보유한 새로운 산파가 전국에 1만 2,009명에 달했다. 숫자만 놓고 보면 산파 교육이 잘 발전해 간 것처럼 보인다. 그러나 이런 새로운 산파가 출산을 돌보게 되면, 약솜이나 깨끗한 무명 등을 준비해야 했기 때문에 돈이 들어 곤란하다는 불평도 생겨났다. 하물며 이런 산파에게는 낙태나 마비키를 부탁할 수가 없었다. 그래서 사람들은 마음 편한 옛 산파에게 출산을 부탁하는 경우가 많았다.

1874년 당시 낙태는 아직 형벌의 대상이 아니었다. 사족 다쿠마 요우에몬(宅間与右衛門, 62세)은 양녀 가네(26세)를 성폭행했다. 임신한 가네는 낙태를 했지만 친족상간율(親族相姦律)에 따라 징역 1년에 처해졌을 뿐 낙태 그 자체에 대한 형벌은 받지 않았다. 한편 낙태약을 팔고 시술한 쓰유키 만(露木まん)은 징역 100일에 처해졌다(『東京日日新聞』).

그 후 형법이 1882(明治15)에 시행되면서 '임신부를 약물 또는 그 밖의 방법으로 낙태시킨 사람은 1개월 이상 6개월 이하의 중금고형'에 처하게 되었다. 낙태를 범죄로 명시한 일본 최초의 법이었다.

갓 태어난 아이를 압살하거나 질식사시키거나 아사시키는 마비키는 엄벌에 처했다. 도쿄의 평민 후지이 마타고로(藤井又五郎)의 장녀 쓰네는 '가난 때문에 아버지 마타고로와 공모해서 4년 동안 분만한 자신의 세 아이를 죽음에 이르게 한' 사건으로 1892년 도형(徒刑)[8] 15년에 처해졌다(『警察新報』).

한편 당시에는 사생아를 죽이는 일도 증가했다. 과거에는 양친의 허락 없이 태어난 아이는 남성 쪽에서 데려다가 그 동생으로 키우거나 타인에게 양육비를 주고 양자로 보내는 경우가 많았다. 그러던 것이 1873년 1월 18일 발표된 태정관(太政官) 포고에서 '처첩이 아닌 여성이 출산한 아이는 사생아로 규정하고 그 여성이 데려가도록 한다'라고 명시함으로써 결혼하지 않은 여성의 아이는 사생아가 되었다. 1880(明治13)년 이후에는 첩의 자식도 아버지가 인정하지 않는 경우에는 사생아로 취급받게 되었다. 원래 혼외 출산은 바람직한 일은 아니지만 이 포고로 인해 여성만 비난받게 된 것도 사실이다. 돈을 받고 사생아를 버리거나 죽이는 일을 일삼다가 사형을 당하는 남성도 있었다.

아이를 버리는 행위도 일종의 마비키에 해당하는 것이 사실이지만, 가난 때문에 모자가 함께 굶어 죽기보다는 부잣집에서 거두어 주기를 바라는 마음으로 아이를 버리는 사람도 많았다. 도쿄에서 버려진 아이는 1878(明治11)년에 2,856명이던 것이 해마다 증가하여 1882년에는

---

8 메이지 초기의 형법에서 중죄인을 섬으로 보내 노역을 시키던 형벌이다.

3,504명으로 늘어났다. 가난과 제도의 변화 때문에 수많은 아이들이 희생된 것이다.

여성의 문명개화

문명개화의 소용돌이 속에서 서양 풍속이 한꺼번에 흘러들어 왔다. '하카마 차림으로 승마하는 여성'이라는 말이 보여 주듯이 신구화양(新旧和洋)의 복장이 뒤섞인 이상하고 우스꽝스러운 풍속이 일시적이기는 하지만 유행했다.

이런 풍속은 복장 관련의 신분 차별이 없어진 영향이 크다고 할 수 있다. 그러나 정부는 복장의 자유를 말하면서도 1871년 단발령을 발표하고 나중에는 군대와 관리의 제복으로 양복을 지정했다. 직업이나 계급을 보면 신분의 차이를 알 수 있는 시대가 된 것이다.

'잔기리아타마(散切頭)[9]를 두드리면 문명개화의 소리가 난다'라는 신문 기사가 실리고 잔기리아타마가 바로 문명개화라고 선전되면서, 그런 머리 스타일이 젊은 세대에 보급되기 시작했다. 남성의 서양식 짧은 머리를 보고 이를 흉내 내는 여성도 등장했다. 도쿄 혼고(本郷) 근방에서는 한 여성이 '서양식 짧은 머리에 우아한 고소데 하카마를 입고 허리에는 단도를 찬 채 스스로를 황매화라 부르며 거리를 활보'하는 모습이 포착되었다. 신문은 기녀(奇女)가 나타났다며 대서특필했다(『新聞雑誌』).

---

9 '잔기리아타마'는 서양식으로 짧게 자른 머리를 말한다.

서양식 단발은 막상 해보면 의외로 간편해서 해가 바뀌자 기녀 취급을 당하기는커녕 유행할 조짐조차 보이기 시작했다. 이렇게 되자 신문의 비난도 거세져 '여성의 미덕은 유순하고 온화한 성품에 있다. 머리를 길게 하고 머리 장식을 꾸미는 것이 만국의 풍속'이거늘 '실로 가소로운 일이라 하지 않을 수 없다'라고 공격했다.

이에 호응한 것인지, 신문의 공격이 끝나자마자 정부는 1872년 4월 포고를 내고 여성에 대해 종래의 머리 모양을 유지하도록 했다. 또 11월에 나온 '이시키카이이조레이(違式詿違条例)'[10]에 '여성이 이유 없이 단발'하는 것에 대한 단속 조항이 들어감으로써 여성의 서양식 단발이 금지되었다. 이것은 지금의 경범죄에 해당하는 것으로서 단속되면 50~70전의 벌금이 부과되었다. 또 단발로 한 번 적발된 사람이 거듭 적발되지 않도록 처벌을 받았다는 증명서까지 발행했다.

또 위의 조례 중에는 특히 여성에 관한 조항으로, 남녀 혼욕의 금지와 사람들 앞에서의 알몸 노출을 금지하는 항목도 들어 있었다.

남녀 혼욕은 에도 시대 조닌 사회에서 자연스럽게 형성된 습속이었기 때문에 금지된 이후에도 좀처럼 사라지지 않았다. 외국인들에게는 혼욕에 대해 아무런 죄의식을 느끼지 않는 일본인이 이상하게 비쳐졌다. 이후 대중목욕탕은 남녀별로 구분되었으나 입구만 분리한 곳도 많았다. 1885년 오이소 해안에 개장한 일본 최초의 해수욕장은 발을 쳐서 남녀 각각의 전용 구역을 설치했다고 한다.

---

10 메이지 초기에 경미한 범죄를 단속하기 위해 마련된 단행법이다.

경찰 당국은 문명개화를 발전시켜 나가는 과정에서 새로운 사회도덕을 확립하기 위해 노력했는데 특히 신체 노출에 민감했다. 시즈오카현 누마즈(沼津)에서는 대야에 물을 받아 간단히 몸을 씻고 있던 여성을 순사가 벗은 채로 포박하여 연행하는 일도 벌어졌다. 나중에 바로 풀려나기는 했으나 수치심을 느낀 여성은 강물에 몸을 던져 자살했다고 한다.

인권 의식이 결여되어 있던 시대의 문명개화는 여성의 입장에서 볼 때 어떤 면에서는 더욱 엄격한 여성 도덕을 요구하는 측면이 있었다고 하겠다.

2. 천황제와 이에

메이지 초기의 법과 여성

1872(明治5)년 메이지 신정부는 처음으로 전국적 규모의 호적 조사를 실시했다. 이 조사는 그해의 간지를 따서 임신호적(壬申戶籍)이라 불렀다. 새롭게 만들어진 호적 제도는 호주를 중심으로 실제로 생활을 함께 하고 있는 가족을 호(戶)로 파악했다.

통일 국가를 목표로 지조개정(地租改正), 학제, 징병제 등의 여러 정책을 추진해 가기 위해서는 이 호적을 통해 빠짐없이 국민을 파악할 필요가 있었다.

호주는 국가에 대해 납세와 가족의 취학, 징병 등의 의무를 다하고 가족을 한 단위로 잘 통합하면서 '이에'를 유지시켜 나가는 역할을 떠맡았다. 그만큼 호주는 가족에 대해서 큰 권한을 갖는 입장에 있었다. 예를 들면 가족의 결혼이나 이혼, 주소 이전 등의 경우에는 호주가 그 사실을 국가 기관에 신고할 책임이 있었다.

이런 책임과 권한을 보유한 호주는 장남이 되는 것이 원칙이었고 여성이 호주가 되는 것은 장남이 어리거나 호주가 병이 들었을 때와 같이 예외적인 경우에만 인정되었다. 이 호족 제도와 사고방식은 후의 메이지 민법에도 이어져 '이에' 제도와 '이에' 사상의 근간이 되었다.

그러면 메이지 초기의 다른 정책에서는 여성을 어떻게 자리매김하고 있었던 것일까? 앞에서도 지적했듯이 메이지 정부는 사민평등을 내걸고 화족, 사족, 평민 등 신분이 서로 다른 경우에도 결혼의 자유를 보장했고 외국인과의 결혼도 허용했다. 또 1873년에는 아내가 먼저 이혼 소송을 제기할 권리 즉 이혼 청구권을 인정했다. 그러나 이 경우에는 부모나 형제, 친척의 보좌가 필요했기 때문에 실제로 아내가 소송을 제기한다는 것은 쉬운 일이 아니었다. 현실적으로는 이른바 합의 이혼이라는 형태로 남편으로부터 쫓겨나는 이혼이 많았다.

또 이 시대의 여성의 지위를 상징하는 것은 첩 제도의 공인이었다. 호적에도 첩은 배우자로서 본처 다음으로 기재되었다. 후의 형법에 해당하는 '신율강령(新律綱領)'에서도 첩은 2촌으로 정해졌다. 다만 이것은 첩의 권리를 인정하기 위한 것이 아니었다. 첩에게도 아내와 똑같은 정조 의무를 부여하기 위한 것에 지나지 않았다. 결국 신율강령도 첩의 존재를 법적으로 인정한 호적의 취지에서 한 걸음도 앞으로 나아가지 못한 것이다. 이것에 대해서는 '인륜의 근본은 부부다'라면서 일부일처 가정의 실현을 주장하고 있던 후쿠자와 유키치(福沢諭吉, 1834~1901)와 모리 아리노리(森有礼, 1847~1889) 등의 계몽 사상가로부터 신랄한 비판이 나왔다. 그리고 드디어 1880(明治13)년 형법을 제정할 당시에 첩이라는 글자가 삭제되면서 법적으로 그 존재를 공인하는 일은 없어지게 되었다. 그러나 첩의 존재는 여전히 묵인된 상태로 남아 있었다.

또 이 형법에서는 아내에게만 적용되는 간통죄를 규정했다. 남편이 미혼의 여성과 부정을 저질러도 간통죄가 성립하지 않았다. 형법상 부부의 지위는 매우 불평등했다.

여성 경시를 보다 확실히 보여 주는 것은 공창 제도였다. 1872년 정부는 인신매매와 함께 창기를 일정 기간 고용하는 행위를 금지시켰다. 이것을 보통 창기 해방령이라고 부른다. 다만 이것은 금전에 의한 인신매매와 창기의 기간제 고용살이를 금지한 것일 뿐, 매춘 그 자체를 부정한 것은 아니었다. 해방된 유녀나 창기가 본인의 의지로 신청할 경우에는 허가증을 발부하고 영업을 계속할 수 있도록 해 주었다. 그 결과 창기 해방령 실시 이후에도 공창은 계속해서 늘어갔다.

이처럼 메이지 초기에는 사민평등과 일부일처제 방침에도 불구하고, 이에의 존속과 남계 혈통의 중시 때문에 가족 관계나 부부 관계에서 여성은 한 단계 낮은 위치에 놓여 있었다.

민법과 여성

'이에' 제도와 여성의 지위를 결정지었던 것은 메이지 민법이었다. 자유 민권의 목소리를 억누르고 1889(明治22)년 제국 헌법이 제정되었고 이듬해 1890년에는 제국 의회가 개설되었다. 천황제 국가 체제가 정비된 것이다. 의회 개설 직전에 공포된 '집회 및 정사법(集会及政社法)'은 여성이 정치 결사에 가입하고 정담(政談) 집회에 참가하거나 그 발기인이 되는 것을 금지했다. 제1회 의회에서 이 문제가 논란이 되자 정부 측 의원은 '여성의 본분은 가정에 있다'라고 주장하며 논란을 잠재웠다. 근대 국가로서 의회 정치가 발족했을 때 여성은 정치로부터 배제되어 집에 갇혀 버린 것이다. 이런 상황 속에서 과제로 등장한 민법의 제정과 관련해서 '이에'를 어떻게 제도적으로 민법 안에 포함시킬 것인지 하는 문제를 놓고 격렬한 논쟁이 벌어졌다.

처음에 정부가 프랑스 법학자 보아소나드(Gustave Emile Boissonade, 1825~1910)에게 의뢰하여 만든 제1초안은, 부부를 가족의 핵으로 하고 남편과 아내의 평등한 권리와 의무를 규정한 것이 원인이 되어 받아들여지지 않았다. 그 대신 새롭게 호주의 권한을 강화시킨 안 즉 이른바 구민법이 만들어졌다. 그러나 이에 대해서도 보수적인 법학자 중에서는 '민법 때문에 충효가 사라진다'라는 격렬한 반대 의견이 나왔다. 반대의 주된 이유는 가족 관계에 권리와 의무의 관념을 적용시키는 것은 일본의 미풍양속에 반한다는 것이었다.

한편 기독교 부인 교풍회(基督教婦人矯風会)의 야지마 가지코(矢嶋楫子, 1833~1925) 등은 1882년에 들어와 형법에서 규정하고 있는 간통죄에서의 부부 불평등을 문제 삼으면서, 이것의 개정을 요구하는 이른바 일부일처제 건의안을 원로원에 제출했다. 같은 교풍회 소속의 유아사 하쓰(湯浅初, 1860~1935)는 당시 '결혼한 세 사람 중 한 사람은 이혼자'라 할 정도로 이혼율이 높은 점, 특히 일방적으로 남편에게 쫓겨나는 이혼이 많은 점 등을 지적하고 여성을 보호할 수 있는 민법을 만들어야 한다고 주장했다(「家庭の革命, 人倫の根事」).

1884(明治17)년 이후 『도요신문(土陽新聞)』을 통해 가족 제도를 비판하고 폐창을 주장하던 우에키 에모리(植木枝盛, 1857~1892)는 '이에에 호주가 있는 것은 전제 정치의 작은 모형이다' '며느리는 시부모와 따로 살아야 한다' '가족은 화목해야 한다. 따라서 남녀가 평등해야 한다'라고 설파했다. 또 여성에게 참정권을 부여하자고 주장했다. 전제 정치를 개혁하기 위해서는 가정에서의 부부 평등과 정치상의 남녀 동권이 동시에 필요하다면서 사람들을 독립체로 인정하는 민법을 제정하자고 부르짖었다.

이런 논의를 거쳐 1889(明治31)년에 공포된 민법 친족편과 상속편은 '이에' 그 자체에 대한 규정은 없지만 이에를 중시하는 사상으로 관철되어 있었다. 예를 들면 장자로 하여금 가독을 상속하도록 한 점, 결혼한 아내에 대해 남편 집으로 들어가 남편 집안의 성을 따르도록 한 점, 또 아내에게 남편과 동거할 의무를 지운 점, 이혼 사유로 아내 측에만 간통을 적용한 점, 재산 행위에서의 '아내의 무능력'을 명시한 점, 자식에 대한 친권을 아버지에게만 인정한 점 등이 바로 그것이다.

이런 부부간의 불평등과 강한 부권(夫權)은 프랑스, 독일 등과 같은 선진국의 법에서도 확인되는 바, 근대 시민 사회의 가부장적 성격을 보여 주는 것이라 할 수 있다. 여기에 천황제를 지탱하는 기초로서 '이에'적 관념이 합쳐진 것이 일본의 민법이었다. 이것이 전전 일본의 가족과 그 안에서의 여성의 지위를 결정했던 것이다.

여성의 역할 교육

메이지 민법이 지향한 '이에' 제도와 결혼 제도는 민중의 생활 속에 뿌리내리고 있던 결혼 관습이나 성 관념과는 큰 차이가 있었다. 그럼에도 보수적 지배층에서는 이런 민법으로는 '이에가 무엇인지를 알 수가 없다'라는 불만이 터져 나왔고, 법만으로는 충족시킬 수 없는 철저한 '이에' 의식을 교육을 통해 해결하려는 움직임도 등장했다. 그리고 그런 교육의 기본 방침을 내세운 것이 바로 '교육칙어'였다.

교육칙어는 제국 의회가 열리기 직전인 1890(明治23)년 10월에 반포되었다. 이것은 곧 교육칙어가 메이지 헌법 체제를 도덕적으로 지탱하기 위한 것이었다는 사실을 말해 준다. 국민을 유교적 도덕의 실천을 통해 충성스러운 신민으로 육성해 내려 했던 것이다.

교육칙어는 국민 개개인이 친자, 부부, 형제 등의 입장에서 가족의 질서를 지키고 또 이를 통해 천황에게 충성을 다하도록 일깨우는 역할을 했다. 특히 여성에 대해서는 예를 들면 '부부 화목하고'라는 표현이 등장하지만, 그것은 남편과 아내가 평등하게 서로 사랑한다는 의미가 아니라 부창부수(夫唱婦隨)를 의미하는 것으로, 남성에 대한 여성의 종속을 강조한 것이었다. 충과 효의 이념에 기반을 둔 교육은 소학교(小学校: 초등학교)를 비롯한 학교 교육 속에서 전개되었다. 특히 청일전쟁 후 일본의 자본주의 경제와 군국주의가 본격화된 1900년대 초에는 교육 분야에서 의무 교육의 수업료가 원칙적으로 무상이 되었고 취학률도 높아졌다. 이런 상황 속에서 국정 교과서 제도가 채택되면서 교육칙어는 각계각층의 국민들에게 널리 침투해 갔다.

가정의 어머니와 아이들(마이니치신문사 제공)

국어, 역사, 수신 교과서에는 ① 천황, 황실, 국체 ② 가족 도덕, 조상 숭배 ③ 통속 도덕과 함께 자본주의에 적응할 수 있는 마음의 자세를 가르치기 위한 내용이 담겨져 있었다(色川大吉,『明治の文化』). 예를 들면 수신 교과서에는 '남성의 역할과 여성의 역할'이라는 제목 하에 '남성은 성장한 후 이에의 주인이 되어 직업을 갖고 여성은 아내가 되어 가정을 보살핀다'라는 남녀 각각의 역할을 설명하는 부분이 나온다. 또 '여성이 집안에 있으면서 일가를 보살피고 가정의 화목을 꾀하는 것은 결국 국가의 미풍양속을 이루는 근원이 된다. 여성이 어머니로서 자녀를 제대로 양육할 수 있는지의 여부는 아이의 성품에 영향을 주고 나아가서 국가의 성쇠에도 영향을 끼친다'라고 하여, 아내나 어머니로서 일가를 보살피는 일이 국가 발전의 기초임을 가르치는 내용이 들어 있었다.

'이에'를 지키는 여성의 역할을 보다 철저하게 가르친 것은 고등 여학교의 교육이었다. 민법이 공포된 다음 해인 1899(明治32)년 고등 여학교령이 공포되어 여성의 중등 교육 제도가 확립되었다. 전국의 각 부(府)와 현(県)에 1개교 이상의 공립 고등 여학교가 개설되었고 그 교육 내용에 대해서도 상세한 규정이 마련되었다.

고등 여학교의 교육 목표에 대해 당시 문부대신 기쿠치 다이로쿠(菊池大麓, 1855~1917)는 전국의 고등 여학교장을 대상으로 한 훈시 중에 다음과 같이 설명했다.

"일본에서는 부녀자는 장래 결혼하여 아내가 되고 어머니가 되는 존재"다. 결혼한다고 해서 "부부가 독립된 한 가정을 이루고 여성이 그 가정의 주인이 되는" 것이 아니라 "다른 가정으로 들어가는 것이다. 결혼해도 역시 자녀의 위치에 있게 되는 것이다"라고 말한 것이 바로 그것이다. 여성은 결혼에 의해 남편의 집안으로 들어가게 되는 것이라는 메이지 민법이 그리던 결혼, 가족, 그리고 그에 어울리는 여성으로 키워 내는 것이 여학교 교육이었다. 현모양처주의 교육은 그런 이념에 따라 이루어졌다.

남녀의 의무 교육 제도가 정착하면서 취학률은 95퍼센트를 넘어섰다. 고등 여학교에 진학하는 여성이 증가한 메이지 후기는 그런 결혼관이나 가족관이 널리 국민 각계각층에 침투해 가는 시기였다. 당시 사람들이 갖고 있던 결혼과 이혼에 대한 느슨한 의식과 관습이 서서히 모습을 감추고, 여성은 한번 시집가면 남편과 이에에 대해 정절을 다 바치는 것이 미덕이라는 사고방식이 침투해 갔다.

흔들리는 '이에'

호주가 모든 권한을 장악하고 아내와 아이들이 그것에 복종하는 '이에'의 구조는 국가의 국민 지배라는 측면에서 필요했을 뿐만 아니라, 실제 사람들의 일상생활과 관련해서도 중요한 의미를 갖고 있었다. 메이지 초기에 국민의 80퍼센트 이상을 차지했던 농민은 메이지 말기에 해당하는 1910년대에도 60퍼센트에 달했다. 이들 농민의 대다수는 영세한 자소작이나 또는 소작농이었고, 그들의 경영은 가장을 중심으로 모든 가족의 노동력을 결집해야 겨우 유지될 수 있는 구조였다. 따라서 호주가 아내를 비롯한 가족 모두의 재산을 관리하는 것은 이에의 경영을 위해 필요한 일이자 현실적 방안이었다. 게다가 1890년대부터 1910년대에 이르는 기간은 산업 혁명이 진전되는 가운데 지주의 토지 집중과 그에 따른 소작농의 증가가 빠르게 진행되던 시기였기 때문에, 대부분의 농민은 고액의 소작료에 시달릴 수밖에 없는 형편이었다. 이런 농가의 가계를 지탱하기 위해 그 딸들이 당시 발전해 가던 방적업과 제사업의 '여공'이 된 것은 너무나도 유명한 이야기다.

이들 '여공'과 공장주 사이에 작성된 계약서나 서약서에는 얼마 되지 않는 소액의 가불금에 구속되어 회사에 충성할 것을 맹세하는 내용이 들어 있다. 또한 이들 계약서에는 호주(대부분은 아버지)의 이름이 서명되어 있었고, 만약 계약을 위반할 경우에는 호주가 책임을 지겠다는 내용도 들어 있었다. 계약은 여성 노동자 자신이 아닌 아버지와 회사 사이에서 이루어진 것이었고, 그 가불금과 임금은 가계의 보조 특히 소작료를 지불하는 데 충당되었다. 가난한 '이에'를 구하기 위해 딸이 창기와 다를 바 없이 팔려가는 것은 효이자 당연한 일로 생각되었던 것이다.

일본의 자본주의 산업과 지주제는 이렇게 '이에'를 위해 자신의 몸을 희생하는 딸들에 의해 유지되고 발전되었다고 할 수 있다. 그럼에도 불구하고 어쩔 수 없을 만큼 생활이 어려운 경우에는 딸들이 창부로 팔려가는 일도 적지 않았다.

러일전쟁은 이들 농민과 도시 노동자의 생활을 더욱 곤궁하게 만들었다. 왜냐하면 직접 병사로 징집되는 것은 일손의 박탈을 의미했고 전후의 과중한 세금 부담은 생활을 더욱 궁핍하게 만들었기 때문이다. 이 시기부터 각지의 시(市), 정(町), 촌(村) 등에서는 선행을 표창하거나 정녀 및 절부를 표창하는 행사가 자주 열렸다. 표창을 받은 사람은 병약한 부모나 시부모, 남편을 정성들여 봉양하고 정절을 지킨 여성이나 노동과 절약을 통해 전답과 가업을 지키고 몰락한 '이에'를 다시 일으켜 세운 사람들이었다. 자본주의의 발전과 전쟁 때문에 붕괴 위기에 놓이게 된 이에를 지키는 것이 여성의 역할로서 새롭게 부상한 것이다. 그리고 그것은 표창이라는 행사를 통해 일반 여성들에게 의식화되어 갔다.

러일전쟁 이후의 도시 산업의 발전은 농촌의 젊은 세대를 도시로 불러들였다. 이것은 현실 생활에 변화를 초래했고, 그 과정에서 생활을 함께 하는 사람들을 호 단위로 파악하는 호적 제도의 '이에' 구조와 함께 가족의 거처를 지정하는 호주의 권한이 무너지기 시작했다. 또한

'이에'의 구속에 반발하는 여성의 등장도 눈앞에 두게 되었다. 1911(明治44)년 '세이토(青鞜)'의 결성은 바로 그 시작이었다.

사회 정책 학자 가와타 시로(河田嗣郎, 1883~1942)는 1910(메이지43)년 『여성 문제(婦人問題)』를 저술했다. 다음 해에는 교토대학 교수 오카무라 쓰카사(岡村司, 1867~1922)가 '친족과 가족'이라는 강연에서 가족 제도가 머지않아 붕괴될 것이라고 전망했다. 그러나 두 사람은 이것이 원인이 되어 가족 제도 파괴자로 내몰린 끝에 각각 발매 금지와 징계 처분을 받았다.

이런 일들을 겪으면서 소학교 수신 교과서에는 한층 더 강렬하게 국가 관념을 고양시키는 내용이 들어가게 되었다. '이에'의 동요가 커지고 비판 또한 강해진 것도 사실이지만 다른 한편에서는 '이에' 관념과 가족 국가 관념이 강조되어 갔던 것이다.

3. 성 의식의 변화와 폐창 운동

침투하는 처녀 의식

『증언, 주방(周防)의 성 풍속 — 요바이가 있던 시절』(向谷喜久江 저)[11]에 의하면 다이쇼 시대에 야마구치현의 도서 지역에서는 아직도 촌내 혼(村內婚)이 행해지고 있었고, 요바이로 임신을 하게 되면 결혼을 하는 사례도 남아 있었다. 그러나 그 요바이도 다이쇼 말기에 전등이 보급되면서 사라져 버렸다. 이보다 조금 앞선 다이쇼 중엽에는 마을에 따라서 와카모노구미를 모태로 한 청년단이 조직되어 순결의 존귀함이나 처녀성에 대한 진지한 토론이 이루어지기도 했다. 이런 경향을 재촉한 요인으로는 의무 교육 연한의 연장이 지적되기도 한다.

메이지의 개화기에는 서양의 문물이 들어온 반면 일본의 전통적 관습이 배제되었다. 그것은 산업의 발달과 교육의 보급에 따라 더욱 가속화되었고 그 영향으로 일본의 마을에 산재해 있던 성 관행은 사라져

11 원제는 『証言·周防の性風俗—よばいのあったころ』이고, 주방(周防)은 지금의 야마구치현(山口県)에 해당하는 지역이다.

갔다. 1879(明治12)년에 교육령이 반포되면서 남학교 여학교가 구별되게 되었고, 일상생활에서도 영화관에서 남녀가 동석하는 것을 금지하는 등의 규제가 시행되었다. 결혼은 부모가 정하는 것이 당연시되었고 결혼을 하면 아이를 낳아 이에의 혈통을 지키는 것이 아내인 여성의 임무로 간주되었다. 그 때문에 미혼의 여성은 흠집이 있어서는 안 되었다. 이것은 가부장권이 강한 '이에' 제도가 일본 전국의 구석구석에 영향을 미치고 있었다는 사실을 말해 준다. 또한 문명개화기에 서양 의학이 소개되면서 처녀막의 존재도 알려졌다. 다이쇼 시대에는 여성이 한번 남성과 접촉하게 되면 혈액에 변화가 생겨서, 다른 남성과 결혼해도 태어난 아이에게 영향을 미치게 된다는 유전학을 빙자한 새로운 잘못된 학설까지도 등장했다.

메이지 후기에는 농촌 각지에 여성 중심의 청년 수양 단체가 탄생했다. 러일전쟁 때의 군사 원호 활동과 소학교 졸업 후의 보습 교육, 혹은 지방 개량 운동 등의 영향으로 등장한 단체들이다. 이들 단체를 부르는 호칭도 처녀회(処女会), 모자회(母姉会), 무스메노카이(娘の会), 여자동창회(女子同窓会) 등 상당히 다양했다. 그러다가 1918년에 전국적인 조직으로 성장하여 처녀회 중앙부가 결성되기에 이르렀다. 후원자 격인 내무성에는 제1차 세계대전 이후 급격히 확산된 자유주의 및 사회주의 사상의 침투를 저지하려는 의도가 있었다. '처녀회'라는 이름을 붙인 것은 내무성 촉탁 아마노 후지오(天野藤男, 1887~1921)였다. 그는 세이토사(青鞜社)의 '신여성(다음 장 참조)'에 위기감을 느끼고 있었고 미혼 여성은 반드시 처녀이어야만 한다는 생각에 사로잡혀 있었다. 미에현(三

重県)의 한 어촌에서 조직된 처녀회는 멀리 돈을 벌러 나갔다가 그곳에서 임신해 귀향한 여성을 곧바로 제명 처분하기도 했다. 1920년 당시 가입되어 있던 모임의 총 수는 6,185개였고 회원 수는 총 53만 명이었다. 그러던 것이 1925년에는 모임의 총 수가 1만 3,200개로 늘어났고 회원은 총 131만 명으로 급증했다. 이렇게 처녀회가 급성장하게 되자 젊은 미혼 여성들은 스스로를 '처녀'라 칭하게 되었고 나중에는 '처녀'라는 말을 일반적으로 사용하게 되었다.

창기(娼妓)와 가라유키상(唐行きさん)[12]

이렇게 여성의 처녀성이 중시된 반면 남성은 공창 제도라는 제도적 뒷받침 하에서 방탕한 생활을 할 수 있었다. 동정을 잃은 남성이 오히려 진정한 남성으로 간주되기까지 했다. 이런 성도덕의 이중성은 메이지 민법에 규정된 일부일처제가 표면적 표방에 지나지 않는다는 사실을 말해 준다. 간통죄의 경우 정조의 잣대를 여성에게만 엄격하게 적용하는 것도 그런 이중성을 적나라하게 보여 주는 대목이다.

일본의 공창 제도는 가시자시키 제도라는 형태로 존속되었고 그 업소 또한 번창했다. 1924년에는 창기의 수가 전국적으로 약 5만 2,000명을 헤아렸고(고객 수는 추정 약 3,140만 명), 여기에 매춘을 겸하는 예기(藝妓: 기생)와 작부(酌婦)의 수를 합하면 합계 17만 6,000명을 넘어설 정도였다. 유곽 주변에는 공창의 몇 배나 되는 사창도 존재했다.

---

12 19세기 후반 규슈(九州)의 아마쿠사(天草) 제도 부근에서 남방 등 외지로 돈벌이 나갔던 일본 여성을 말한다. 대개는 매춘부로 일했다.

메이지 정부의 식산흥업 정책은 공업을 우선시하고 농업을 돌보지 않는 것이었다. 일본의 자본주의는 농촌의 희생을 딛고 발달해 갔던 것이다. 빈곤에 허덕이던 마을에서는 젊은 여성이 돈벌이를 위해 멀리 타 지역의 여공으로 떠나가거나 창기로 팔려 나갔다. 게다가 이런 식의 고용살이는 '이에' 제도 하에서 가족생활을 지탱해 주는 효도로서 인식되었다. 1926년의 한 조사에 따르면 창기나 작부가 된 주된 이유는 '빈곤한 가계를 보조'하기 위해서였다. 그중에는 멀리 해외로 나가 돈벌이를 하는 여성도 있었다.

재외 일본인 매춘부의 수는 통계에 나온 것만 하더라도 2만 명(1911년)을 넘었고 그들은 미국, 동남아시아, 중국, 시베리아 등 세계 각지에 퍼져 있었다. 이것은 외국의 비난 대상이 되었고 일본의 각 신문도 나라의 수치로 여겨 '해외 추업부(海外醜業婦)' 문제를 제기했다. 그러나 일본정부는 대외적으로는 근대 국가로서의 체제를 중시하면서도 그들의 도항을 적극적으로 저지하려 하지 않았다. 국내 빈곤층의 일부가 없어지는 효과를 볼 수 있을 뿐만 아니라 그들이 고향 부모에게 보내는 송금을 기대할 수 있었기 때문이다. 해외에서는 유곽이 생기면 그곳을 거점으로 일본인 상인들이 활동을 개시했다. 일본인 매춘부는 일본 경제가 해외로 진출하는 과정에서 선발대 역할을 한 셈이었다. 최근의 연구[13]를 통해 잘 알려진 것처럼, 그들 중 규슈 지방에서 동남아시아로 간 여성은 특히 '가라유키상'이라 불렸다.

---

13 山崎朋子, 『산다칸 8번 창관(サンダカン八番娼館)』, 森崎和江, 『가라유키상(からゆきさん)』. 산다칸(Sandakan)은 말레이시아의 도시 이름이다.

국내로 눈을 돌려 보자. 새롭게 군대의 사단이 설치되거나 상공업이 번창해지면 그 지역에 유곽이 생겨났다. 국내 유수의 유곽 지대가 분포한 히로시마현에서는 1890년대에 히로시마시와 구레시(呉市)를 유곽지로 허가했다. 히로시마시는 청일전쟁 당시 파병 기지였으며 구레시는 군항으로 번창하던 곳이다. 도쿄에서는 현재의 고토구(江東区)에 위치한 스사키(洲崎)에 노동자를 겨냥한 유곽이 생겨나 전통적 풍취가 남아 있는 요시와라보다도 번성했다. 그리고 노동자의 불만을 흡수하는 공간으로 기능했다.

정부는 매춘을 공인하는 정책을 전개했지만 다른 한편에서는 성병의 만연을 우려했다. 부국강병 정책을 전개하기 위해서는 무엇보다도 건강한 인적 자원의 확보가 필요했다. 일찍이 1876년에 창기 매독 검사 규칙을 마련하고 전국적으로 창기의 성병 검사를 실시했다. 그러나 검사 시간은 1명당 약 20초에 불과했다. 업자들이 의사를 매수한 탓에 엄밀한 검사는 기대할 수도 없었다. 러일전쟁 때는 군부에서 병사들에게 콘돔의 사용을 장려했다고 전해진다.

창기와 가시자시키 업자에게는 부금(賦金)이라는 세금이 부과되었다. 이것은 지방세로 현의 재정을 윤택하게 해 주었다. 가나가와현에서는 1888년에 현 예산의 20퍼센트 이상을 차지했고 더구나 그 일부는 경찰 탐정비에 충당되었다. 경찰과 유곽의 유착을 허용하는 빌미가 여기에서 생겨난 것이다. 혹사당한 창기가 작심하고 유곽에서 도망을 친다고 해도, 당연히 보호받아야 할 경찰로부터 도리어 잘못을 지적당하고 모든 것을 포기한 채 슬픔에 젖어 되돌아가는 경우가 허다했다.

그들은 알선책의 꼬드김 즉 "걱정할 것 하나도 없어요. 손님은 여러 명 상대하지만 즐겁게 술잔을 채워 주면 그것으로 충분하니까요"라는 말에 속아서, 수년 계약으로 가불금을 부모에게 넘겨주고 팔려 나갔다(森光子,『光明に芽ぐむ日』). 요시와라 유곽에서는 예를 들어 손님이 10엔을 지불하면 75퍼센트는 유곽의 주인에게 돌아가고 나머지 25퍼센트만 창기의 몫으로 남았다. 그러나 그것으로 끝이 아니었다. 창기의 몫으로 남은 25퍼센트 중에서 15퍼센트는 다시금 가불금을 변제한다는 명목으로 빼앗겼다. 결국 그녀에게 돌아가는 몫은 10퍼센트인 1엔에 불과했다. 1엔은 의상비, 목욕비 등 일상생활 잡비에 충당하기에도 턱없이 부족한 금액이어서 가불금에 더해 새로운 빚은 늘어만 갔다.

창기 중에는 학교 교육을 제대로 받지 못해 자신의 몸값을 제대로 계산하지 못하는 여성도 있었다. 메이지 말기의 어느 조사에서는 창기 100명 중 자신의 빚을 정확히 파악하고 있는 여성이 26명에 지나지 않았다. 이 26명 중 몸값이 불어난 여성은 18명이었고, 280엔이던 몸값이 1년 7개월 만에 370엔으로 90엔이나 늘어난 여성도 있었다(山室軍平,『社会廓清論』). 몸을 혹사시켜 건강을 해치고 결핵이나 성병에 걸려도 충분한 치료를 받지 못해서 몸도 마음도 만신창이가 되면 기다리는 것은 죽음뿐이었다. 공창 제도란 국가 권력이 자행한 여성에 대한 성적 수탈이었다.

기독교의 '일부일처'

기독교는 신 앞에 인간은 평등하다는 사상에 입각하여 일본 사회의 남녀 관계를 비판적으로 바라봤다. 특히 메이지 이후에 수용된 개신교의 가르침은 당시의 일본 사회에 많은 영향을 끼쳤다. 메이지 20년대에 이와모토 요시하루(巖本善治, 1863~1942)는 『여학잡지(女学雑誌)』를 통해, 부부애를 기본으로 하는 가정론을 역설하고 '홈(home)'이란 인간의 덕성을 발육시키는 공간이라고 설명했다. 다만 남성은 밖에서 일하고 여성은 집안을 보살펴야 한다는 분업관을 전제로 했다는 점에서 한계가 있었다.

기타무라 도코쿠(北村透谷, 1868~1894)는 같은 잡지에서 '연애는 인생의 비결이다'라며 연애야말로 인생의 비밀을 푸는 열쇠라고 강조했다. 그의 주장은 남녀의 결합이라면 주로 섹스를 의미하는 것으로 인식하던 당시의 일본 사회에 충격을 주었다. 그를 기독교로 인도한 이시자카 미나코(石坂美那子, 1865~1942)는 도코쿠와 결혼한 후에도 연애 시절과 변함없는 경의와 사랑을 요구했다(江刺昭子, 「石坂美那子の個性と自我形成」, 『歷史評論』, 제491호). 현실에서의 두 사람의 결혼 생활은 도코쿠의 자살로 막을 내렸지만 그녀는 미국 유학 후 귀국하여 교사로서 자립해 가면서 아이를 성장시켰다.

메이지 20년대에는 기독교의 새로운 윤리관에 입각하여 일부일처의 청결한 가정을 실현해 나가자고 적극적으로 발언하고 행동하는 여성들도 등장했다. 이미 앞에서 언급했듯이 야지마 가지코는 기독교 부인 교풍회를 창립하고 1889년에 일부일처제 청원 운동을 시작했다. 가지코는 여성도 남성과 동일한 하나의 인간이며 인격자임을 역설했다. 이 운동에서 중심적 역할을 한 유아사 하쓰는 과거에 이누카이 쓰요시(犬養毅, 1855~1932)와 선을 보는 자리에서 남녀의 정조에 대해 질문한 적이 있었다. 이에 대해 이누카이가 '여성을 한 사람 거느릴지 두 사람 거느릴지는 그 남성의 능력에 달려 있다'라고 대답하는 것을 듣고는 혼담을 거절해 버렸다. 유아사 하쓰는 후에 같은 종교를 믿는 유아사 지로(湯浅治郎, 1850~1932)와 결혼했는데 그는 다음에서 살펴보듯이 군마현(群馬県)에서 공창 폐지에 진력한 인물이었다.

폐창 운동의 시작

매춘을 사회악으로 간주하고 폐창 운동에 힘을 쏟은 것도 기독교인이었다. 1878년 군마현에서 폐창 청원이 제출되었고 현 의회에서는 의원 유아사 지로가 창기의 폐지를 호소했다. 업자 측의 강한 반대로 긴 공방이 이어졌지만 결국 1898년에 들어와 공창은 폐지되었다. 그 여파는 나가노(長野), 에히메(愛媛) 등 각 현으로 확산되었고 이에 따라 폐창론도 활발해졌다. 후쿠자와 유키치(福沢諭吉, 1834~1901)는 일부일처를 주장하면서도 공창을 양가의 자녀와 사회의 안녕 및 질서를 지키기 위한 필요악으로 인정했다. 그러나 이와모토 요시하루는 후쿠자와의 논리를 강하게 비판하면서 '창기를 없애지 않으면 오히려 부부의 화목을 해치게 될 것(『女学雜誌』 제35호)'이라고 주장했다.

교풍회는 유아사 등의 활동을 지원하면서 폐창 운동을 전개했다. 1890년에 공창 제도 폐지에 관한 청원 운동을 일으킨 데 이어서, 1892년에는 '해외 추업부' 문제의 해결책으로 재외국 매음부 단속법의 제정을 요구하는 청원 운동을 일으켰다. 1894년에는 창기의 피신처를 확보하고 직업 교육을 시킬 목적으로 자애관(慈愛館)을 설립했다. 이후 적극적으로 유곽 반대 투쟁을 전개해 오사카에서는 소네자키(曽根崎) 유곽을 폐지시키는 데 성공했다. 오사카 지부를 설립한 하야시 우타코(林歌子, 1864~1946)의 역할이 컸다.

폐창 운동에 힘을 쏟은 또 하나의 기독교 단체는 야마무로 군페이(山室軍平, 1872~1940)와 야마무로 기에코(山室機恵子, 1874~1916)가 이끄는 구세군(1895년 창설)이었다. 1900년 대심원은 하코다테(函館) 유곽의 창기 사카이 후타(坂井フタ)에 대해, 가시자시키 업자와의 계약은 인신의 자유를 제한하는 것이므로 무효이며, 빚의 유무에 관계없이 폐업할 수 있다는 점을 분명히 했다. 같은 해 나고야(名古屋)에서도 미국인 선교사 멀피(Murphy)가 제기한 자유 폐업 소송이 승소했다. 그러자 같은 해 내무성은 어쩔 수 없이 '창기 단속 규칙(娼妓取締規則)'을 제정해 창기의 폐업을 가능하게 하고, 창기의 연령 제한도 16세에서 18세로 끌어올렸다. 창기가 되기 위해서는 직접 경찰서를 찾아가 창기 명부에 등록해야 했지만, 그만 두고 싶을 때는 서면 또는 구두로 경찰에 신청하기만 하면 그 명부에서 이름을 지울 수 있게 되었다.

구세군 사람들은 기관지 『도키노고에(ときのこゑ—함성)』를 소지하고 직접 유곽으로 찾아들어가 창기에게 폐업할 것을 호소했다. 요시와라와 스사키에서는 업자가 고용한 폭도에게 습격을 당해 부상자가 발생하기도 했다. 그야말로 목숨을 건 투쟁이었다. 치바현 초시(銚子)의 한 성병 전문 병원에는 겨우 한 권의 『도키노고에』가 비치되어 있었을 뿐이지만, 입원 중인 창기 중 20여 명이 폐업을 선언할 정도로 그 영향은

매우 컸다. 도쿄에서는 1900~1903년까지 유곽 9곳에서 창기 2,545명이 자유 폐업을 감행했다.

그러나 1902년 나고야 지방 재판소는 창기의 자유 폐업은 인정하지만 가불금을 변제할 의무가 있다는 판결을 내렸다. 또 경찰에서는 '창기 단속 규칙'을 엄격히 적용시켜 본인이 출두하지 않는 한 신청을 받지 않았다. 경찰과 유곽의 유착이 그 배경에 있었음은 물론이다.

고조되는 폐창 운동

폐창 운동은 1911년에 들어와 새로운 전기를 맞이했다. 교풍회는 요시와라 유곽의 전소를 계기로 유곽 재건 반대 운동을 일으켰으나 실패로 끝나고 말았다. 그래서 이번에는 공창 제도의 폐지를 목적으로 전국적 조직인 곽청회(廓清会)를 결성했다. 회장은 시마다 사부로(島田三郎, 1852~1923), 부회장은 야지마 가지코와 아베 이소오(安部磯雄, 1865~1949)였다. 남성과 여성, 기독교인과 비기독교인을 망라한 조직으로서 서로 협력하는 가운데 인권 투쟁을 전개해 나갔다. 다이쇼 데모크라시의 시대를 맞이하여 창기 자신도 분연히 일어나 처우의 개선을 요구하며 파업을 감행했다. 이런 노력들이 어우러져 곽청회는 오사카 난바신치(難波新地)의 유곽을 폐지시키는 데 성공했다. 그러나 이어진 도비타(飛田) 유곽 반대 투쟁은 여론의 지지를 받으며 큰 반향을 불러일으켰지만 패배로 끝나고 말았다. 이때 가지코의 뒤를 이은 구부시로 오치미(久布白落実, 1882~1972)는 여성도 정치적 권리를 가져야 한다는 것을 통감했고, 이후 참정권 획득은 교풍회의 주요 활동 목표 중의 하나가 되었다.

폐창 운동을 고무시킨 것은 국제 여론의 동향이었다. 1921년 국제 연맹은 '여성 및 아동의 매매 금지에 관한 국제 조약'을 체결했다. 일본정부는 창기 단속 규칙을 개정해서 창기의 연령을 21세까지 끌어올려야 했기 때문에 이 조약의 비준을 망설였다. 그러다가 4년이 지난 후에야 연령 제한을 유보한 채로 또 조선과 사할린, 관동주(関東州: 요동반도)를 적용 대상에서 제외한 상태로 조약을 비준하는 비협조적 태도를 보였다. 그러나 이것은 전국의 경찰 부장 회의에서 폐창에 대한 논의를 촉발하는 예상치 못한 결과를 낳았고 또 폐창 운동에 기름을 붓는 작용도 했다.

1926년 구부시로 오치미의 호소로 곽청회와 부인 교풍회는 폐창 문제에 한해 연합 전선을 구축하기로 합의했다. 그리고 나중에 '곽청회 부인 교풍회 폐창 연맹(廓清会婦人矯風会廃娼連盟)'으로 발전하게 되는 새로운 조직을 만들어 강연회, 출판 활동, 현 의회에 대한 청원 등과 같은 과감한 운동을 추진했다. 1928년에는 사이타마현 의회에서 공창 폐지에 관한 건의안이 통과되었고, 이후 1931년에 이르기까지 아키타(秋田)와 후쿠시마(福島) 등 전국의 약 5분의 1에 해당하는 현에서 폐창을 실시하거나 결의했다. 1933년에는 유곽에 갇혀 지내며 '새장의 새'라 불리던 창기들의 외출이 자유로워졌다. 그러나 성과를 올리던 폐창 운동은 만주사변(1931)에 이은 중일전쟁(1937)의 발발로 폐색의 시기를 맞이하게 된다.

4. 사랑과 성의 자유를 찾아서

도시에 탄생한 새로운 가정

다이쇼 시대에는 도쿄, 오사카 등의 도시를 중심으로 회사원, 교원, 공무원 등의 샐러리맨 핵가족이 새롭게 등장하여 경제의 발전과 함께 증가하기 시작했다. 1920(大正9)년 일본 최초로 실시된 국세 조사에 따르면, 이들 신중간층은 불과 7퍼센트 정도였고 54퍼센트는 농민이었다. 그렇지만 이런 새로운 핵가족 형태 즉, 남편은 밖에서 일하고 아내는 집안에서 가사와 육아에 전념하며 가계를 돌보는 전업 주부로서의 역할을 충실히 수행하는 핵가족 형태는, 그 후의 일본 서민 가족의 원형이 되었다. 한편 그런 역할 분업 속에서 아내는 고부간의 주종 관계를 축으로 하는 '이에' 제도의 속박에서 어느 정도 벗어나 상대적 자유를 누릴 수 있었다. 그러나 남편은 부양자, 아내는 피부양자라는 관계 때문에 부부의 대등한 결합을 기초로 한 가정을 이룰 수는 없었고, 인격과 사랑과 성에서도 자유롭지 못했다.

다이쇼 시대에 들어와 아내들이 갖게 된 가장 큰 고민은 남편의 방

도시의 샐러리맨 가족

탕이었다. 주부 대상의 대표적 잡지인 『주부의 벗』이 1918년에 모집한 '불행한 결혼에 우는 여성의 고백'이란 코너에는 순식간에 1,000통 이상의 투서가 모여들었다. 그 이후 계속해서 모집한 '품행이 불량한 남편 때문에 성병에 걸려 폐인 된 나의 비극' '부도덕한 남편 때문에 희생된 슬픈 나의 결혼' 등의 코너에도 투서가 줄을 이었다. 한편 『신문』의 신상 상담 코너를 보면, 대개 남편들은 "세상의 남성은 모두 도둑놈" 이라고 말하고 아내들은 "쓸쓸한 가정에서 사는 재미가 없다. 하지만 아이 때문에" 라고 개탄했다. 이런 상담 요청에 대해 회답자는 "거의 모든 여성은 결혼하고 나서 같은 경험을 하게 된다" 라고 답변했다.

왜 사는 재미가 없었던 것일까? 위에서 말한 '불행한 결혼'이란 '전혀 이성 교제를 경험해 보지 못한 상태에서 모든 것을 부모가 시키는 대로' 기껏해야 맞선 한번 보고 나서 집안이나 지위, 학력, 직업, 수입 등의 조건에 따라 어쩔 수 없이 하게 되는 결혼이었다. 여성이 자신의 의지로 선택한 상대가 아닌 것처럼 남성도 좋아서 선택한 상대가 아니기는 마찬가지였다. 그리고 공창 제도의 존재는 남편의 방탕을 용인하는 것이었다. 결혼이 여성의 유일한 살길이었던 당시에는 생활을 보장받기 위해서 좋아하지도 않는 상대와 결혼해야만 했다. 이렇게 새롭게 형성된 샐러리맨 가정에서 아내는 주부로서 가계를 스스로 운영하고 아이를 자신의 손으로 키우며 합리적 생활 패턴을 만들어 갔다. 그 과정에서 전통적 이에의 실태를 변화시키는 역할을 한 것도 사실이지만, 현모양처라는 '이에' 제도의 규범과 틀을 넘어설 정도는 아니었다. 여성들은 그 속에서 고뇌하고 저항하고 또 투쟁하면서 사랑과 성의 자유를 추구해 갔다.

연애, 결혼, 이혼의 자유 그리고 자아의 확립

여성들은 강요받은 현모양처의 삶에 대해 의구심을 갖기 시작했다. 바로 그 무렵인 1911(明治44)년, 태초에 여성은 태양이었다고 자기를 주장한 신여성들의 잡지 『세이토』가 간행되었다. 그리고 그들의 연애 실천은 모든 일본 여성의 혼을 뒤흔들어 놓았다. 여성이 자신의 사랑을 관철시키는 주체로서의 모습을 보여 주었기 때문이다. 그 선구자는 성애를 감추지 않고 관능의 세계를 대담하게 노래한 요사노 아키코(『みだれ髪』)였다. 아키코와 함께 요사노 뎃칸(与謝野鉄幹, 1873~1935)의 사랑을 놓고 경쟁하던 야마카와 도미코(山川登美子, 1879~1909)는 아버지가 정해 놓은 혼처를 거절하지 못하고 결혼했지만, 아키코는 사카이의 집을 뛰쳐나와 상경해서 전처와 헤어진 뎃칸과 결혼했다. 자아와 사랑과 성의 주체가 된 것이다. 세상은 이것을 자유연애라고 비난했지만 아키코는 기죽지 않고 『세이토』에 "1인칭으로만 글을 쓰고 싶어요. 나는 여성이니까요" 라고 자아를 주장했다. 『세이토』를 주재한 히라쓰카 라이초(平塚らいてう, 1886~1971)는 아버지가 딸을 속박하고 남편이 아내를 속박하는 기존의 남녀 관계에 저항하는 의미에서 법적 결혼을 거부했다. 관헌은 '이에' 제도의 파괴, 풍속 문란이라고 압박했지만 라이초는 개의치 않고 부모의 집을 뛰쳐나와 새로운 인간관계를 찾아 공동생활을 시작했다.

'자유연애'가 시대의 화두가 되면서 상류 계층의 연애 사건이 언론의 주목을 받아 세상을 떠들썩하게 만들었다. 백작의 딸 요시카와 가마코(芳川鎌子)가 남편의 방탕에 반발해서 고용 운전기사와 벌인 신주 미수 사건, 아리시마 다케오(有島武郎, 1878~1923)와 유부녀 하타노 아키코(波多野秋子, 1894~1923)의 신주 사건 등이 주목을 끌었다. 특히 후자의 경우 아리시마는 아키코의 남편으로부터 간통죄로 고소하겠다는 협박을 받고 있는 상태였다. 그러나 무엇보다도 세상의 이목을 집중시킨 것은 재산 때문에 강제 결혼을 선택할 수밖에 없었던 야나기하라 뱌쿠렌(柳原白蓮, 1885~1967)의 연애 사건이었다. 뱌쿠렌은 처첩 동거를 하는 남편에게 "나 자신의 개성의 자유를 지키고 키우기 위해서" 라며 이혼장을 내던지고는 젊은 애인에게 달려가 버렸다.

한편 부모가 정해 준 결혼 상대가 마음에 들지 않는다는 이유로 아예 집을 나가 버리는 여성도 나타났다. 이런 가출은 자립을 향한 첫걸음이었다. 도시 특히 도쿄가 그들을 받아들였다. 결혼식 당일 날 가나

가와에서 도쿄로 도망친 신부도 있었다. 중매인이 뒤쫓아 와 억지로 결혼을 시키기는 했지만 『부녀 신문(婦女新聞)』은 인권 유린이라며 강제 결혼을 비판했다. 고치현(高知県)의 우메쓰 하기(梅津はぎ)는 17세 때 아버지가 정해 놓은 혼처가 싫어서 집을 나와 요코하마의 후지 방적(富士紡績)에 입사했다. 마루야마 하나(丸山ハナ)는 혼담을 거절하고 집을 나와 교토에서 가정부 생활을 하던 중, 동향의 남성을 만나 '자신이 자신의 남편을 정하는 행복을 느끼며' 결혼했다.

1922(大正11)년에 『주부의 벗』이 '연애와 결혼'이라는 특집을 기획하고 또 구리야가와 하쿠손(厨川白村, 1880~1923)의 『근대의 연애관(近代の恋愛観)』이 젊은 남녀 사이에서 베스트셀러가 되면서, 도시에서는 연애는 불순한 것이 아니라는 인식이 정착하기 시작했다. 그러나 아직은 '이에' 제도를 무너뜨리고 현실의 결혼을 지배하는 원리로서 작동할 정도는 아니었다. 새로운 남녀 관계의 틀을 만들어 낼 가능성은 직업여성의 극히 일부와 사회적 모순을 지적하고 투쟁하는 여성에게서 찾을 수 있을 뿐이었다. 비록 그들은 지속적으로 사회적 멸시를 받고 있었지만 그런 가운데서도 그저 경제적 안정에만 안주하려는 사람에게서는 볼 수 없는 자주성을 발휘했다.

간호사 단게자카 우라코(丹下坂宇良子)는 상대에게 인생의 목적은 무엇인지, 어떤 아내를 원하는지 등에 대해 묻고, 만족스러운 답변을 확인한 후에야 결혼했다. 소학교 교사의 상당수는 동료 교사와 결혼했는데 그중 대부분은 연애결혼이었다. 미용사 야마노 아이코(山野愛子, 1909~1995)와 타이피스트 가와카미 시즈에(川上静江)도 연애결혼을 선택

했다. 농촌에서는 농민 운동가와 사랑에 빠져서 대지주 집안을 뛰쳐나와 결혼한 시부야 레이코(渋谷黎子, 1909~1934)와 같은 사례도 있었다. 그녀는 자신의 본래 이름인 '무메(ムメ)'를 새로운 시대의 시작을 의미하는 '여명(黎明)'의 '레이(黎)'로 바꾸고, 남편 데이스케(渋谷定輔, 1905~1989)와 함께 농촌의 개혁에 젊음과 목숨을 모두 바쳤다. 소작 쟁의에 참가한 여성이 그 투쟁 과정에서 연애를 하고 결혼한 사례도 있었다. 사무원 고토 무쓰코(後藤武津子)는 상대가 마음에 들지 않자 자신의 의지로 헤어졌다. "무리한 결혼을 억지로 계속하지 않고 이혼할 수 있었던 것은 직업이 있었기 때문"이라고 말했다. 여성은 직업을 갖게 됨으로써 결혼의 자유뿐만 아니라 자신의 의지에 따른 이혼 선택의 자유도 누릴 수 있게 된 것이다.

성의 이중 규범에 대한 항의

다이쇼 시대는 '이에' 제도가 확립된 시기이기도 했지만 여성에게만 요구되는 정조의 부당성 즉 성의 이중 규범에 대해 항의하는 목소리도 커진 시기였다. 1914(大正3)년 이쿠타 하나요(生田花世, 1888~1970)는 직장의 성폭력을 고발한 첫 번째 여성이 되었다. 이쿠타는 잡지에 투고한 기고문에서, 기자로 일할 때 직장 상사에게 처녀성을 잃었으며 만약 그 때 그 상사의 말에 복종하지 않았다면 직업을 잃었을 것이라고 폭로했다. 또 현재 자신은 처녀성을 상실한 것 때문에 너무나 괴로운 상태라고 호소했다. 이쿠타가 겪은 일은 자본주의 발흥기에 직업여성이라 일컬어지던 일하는 여성이 늘어나는 과정에서, 그들 중 상당수가 경험한 일이기도 했다. ‘이에’ 제도의 이념에서 보면, 여성은 본래 집안에 있으면서 정조를 지키고 남편의 아이를 낳아 이에의 혈통을 존속시키는 존재였다. 따라서 여성은 ‘정조는 여성의 생명이니 죽어도 지켜라’라는 말을 귀에 못이 박히도록 들었다. 반면에 밖에서 일하는 여성은 정조를 빵과 바꾸어 버린 바람직하지 못한 존재로 인식되었다. 또 그런 여성은 저임금에 시달리며 경제적 자립을 이루지 못해도 어쩔 수 없으며 고용주가 지시하는 대로 일하는 것이 마땅하다고 여겨졌다. 이것은 기업 경영이나 남성에게는 더할 나위 없이 유리한 남성 편의주의 논리였다.

기혼 여성의 정조는 아내를 남편의 소유물로 여기는 중세 이래의 규범이었지만, 이제는 본래 속박될 이유가 없는 미혼 여성에게까지도 정조가 확대되어 갔다. 한번 남성과 관계를 가지면 혈액이 몸속에 남아서 다음 남편의 아이에게 영향을 준다고 하는 언뜻 보기에 ‘과학성’을 가장한 잘못된 견해가, 처녀성의 유지를 주체적 선택이 아닌 꼭 지켜야만 하는 강제된 규범으로 만들어, 여성의 마음을 공포로 몰아넣었다. 그리고 이 규범은 교육을 통해 모든 계층으로 퍼져 나갔다. 기자가 되기 전 소학교 교사로 근무한 적이 있는 하나요는 남들보다 한 발 앞서 그 규범을 몸에 익힌 상태였다. ‘죽어도 지켜라’라고 강요받았고, 처녀 시절의 명예는 처녀성에 달렸기 때문에 그것의 상실은 불가항력의 경우라 해도 죄악이 아닐 수 없다는 인식에 지배당했다. 결국 이런 인식은 결혼을 하는 데도 장애로 작용했다. 결혼이 여성의 유일한 생존의 길이었던 당시, 성폭행을 당해 ‘흠집 있는 여성’이 된 것을 비관해 자살하는 여성도 있었다.

『세이토』는 처녀성 문제를 정면에서 다루었다. 처녀성은 유리한 결혼을 위한 속박이 되어서는 안 되며, 그것을 버리느냐 마느냐는 여성이 주체적으로 선택할 문제라고 지적하면서, 잘못된 인습을 타파하자고 주장했다. 『요미우리신문』의 '정조는 여성의 생명, 빵과 바꾸는 여성의 잘못된 생각을 바로잡는다'라는 특집에는 젊은 남녀 독자의 투서가 줄을 이었고, 그중에는 남녀 모두가 정조를 지키는 것이야말로 새로운 성도덕이라는 주장도 나왔다. 같은 시기 『세이토』의 동인 이와노 기요코(岩野清子, 1882~1920)는 남편 호메이(岩野泡鳴, 1873~1920)의 부정에 대해 체념하는 모습을 보이지 않았다. 오히려 신여성이라는 자각하에 이 문제를 법원에 제소함으로써 아내로서의 권리를 요구했다. 1920년에는 라이초와 이치카와 후사에(市川房枝, 1893~1981)가 만든 신부인협회(新婦人協会)가 여성의 참정권과 함께 '성병에 걸린 남성의 결혼 제한과 이혼 청구'라는 청원을 냈다. 성병에 걸린 남성과의 성관계를 거부할 수 있는 권리를 쟁취하려 한 것이다.

다이쇼 데모크라시 시기의 여성 운동과 성장, 자본주의의 급성장 등은 가족의 실태에 변화를 초래했고 또한 그런 변화는 민법 개정 논의에도 반영되었다. 1927(昭和2)년의 민법 개정 요강(民法改定要綱)에는 아내의 지위를 재정립하기 위한 내용이 대거 포함되었다. 이혼 사유에 '남편이 심한 부정을 저질렀을 때'를 추가했고, 이혼 후의 부양 문제에 대해서도 아내의 권리를 강화하는 내용이 들어갔다. 즉 아내 이외의 여성과의 사이에서 태어난 아이를 집안에 들이는 경우에는 아내의 동의를 필요로 한다고 규정함으로써 아내의 친권 행사를 인정했다. 더불어 재산상의 무능력 규정을 개선한 새로운 내용도 포함시켰다.

같은 해 이상과 같은 변화를 상징하는 사건이 일어났다. 최고 재판소인 대심원이 '남편에게도 정조의 의무가 있다'라는 획기적인 판결을 내린 것이다. 즉 다른 여성에게 눈을 돌린 부정한 남편에 대해 위자료를 청구한 아내의 손을 들어 준 것이다. 재판관은 그 이유에 대해 "최근 자각한 여성이 많아지고 여권의 확립을 주장하는 목소리가 높아졌다. 따라서 오늘날과 같은 상황에서는 남성의 정조 의무도 인정하지 않으면 안 된다. 15~16년 전이라면 이런 판결을 내리지 않았을 것이다" 라고 말했다.

1932년에는 결혼식 당일 밤 남편이 성병에 걸렸던 과거를 고백하자 결혼을 취소해 버린 도리가타 시즈코(鳥潟静子)의 결혼 취소 사건도 발생했다. 여성 잡지는 여성이 남녀평등의 성도덕을 요구한 것으로 해석하고 그녀를 지지했다. 그러나 전전에는 민법 개정안은 끝내 현실의 법률로 실현되지 못했다. 여성에게만 정조 의무를 강요하는 상황에는 아무런 변화도 일어나지 않은 것이다. 아내와 남편 모두에 대해 정조 의무를 규정한 법률이 실현되기까지는 전후의 민법 개정을 기다려야만 했다.

피임과 중절의 자유

오쿠 무메오(奥むめお, 1895~1997)는 자신의 어머니가 생각지도 않게 많은 아이를 낳고 또 그 때마다 병마에 시달린 끝에 쇠약해져 죽어 가는 모습을 보면서, 다산의 비극을 뼈저리게 느꼈다고 말했다(『野火あかあかと』ドメス出版). 오쿠의 어머니는 일곱 명의 자녀를 낳은 뒤 폐병에 걸려 33세의 젊은 나이로 사망했다. 이시모토 시즈에(石本静枝, 1897~2001, 후의 加藤シヅエ)는 미이케(三池) 탄광에서 임신, 출산, 육아를 되풀이하는 어머니가 장작을 치켜들고 아이를 뒤쫓아 가는 모습을 보고는 '아이가 많은 탓에 가난에서 벗어나지 못하고 있으니 어머니도 비참하고 아이도 비참하다'라면서 지옥 같은 다산의 고통을 고발했다. 기독교 선교사 시로 노부(城ノブ, 1872~1959)는 자살 사건이 자주 발생하는 고베시(神戸市)의 스마(須磨) 해안에 '죽기 전에 저한테 상담 받으러 꼭 찾아오세요'라고 쓴 팻말을 세웠는데, 당시 자살을 마음먹은 대부분의 사람은 미혼의 임신 여성이었다. 몸이 으스러지는 투신자살이나 철도 자살은 낳아서는 안 되는 아이를 임신한 젊은 여성에게 많았다고 한다.

'이에' 제도 아래에서는 여성에게 불필요한 성 지식을 가르치는 것은 성도덕을 문란케 하는 근원(= 풍기 문란)이라는 이유로, 피임의 필요성이나 그 방법에 대해 공공연하게 말하는 것이 금지되었다. 생식으로 이어지지 않는 성은 인정하지 않았던 것이다. 한편 형법상의 낙태죄도 국민들에게 널리 알려진 상태였다. 그럼에도 불구하고 다이쇼 시대에는 낙태죄로 제1심에서 유죄 선고를 받은 사람이 500여 명에 달할 정도였다. 이것은 현실 사회에서 임신 중절이 상당히 많았다는 것을 의미한다. 출산이 국가에 의해 관리되고 피임과 임신 중절을 자유롭게 선택할 수 없다는 것은 모순이 아닐 수 없었다. 더구나 여성의 신체에 집약된 이런 모순은 목숨이 걸린 심각한 문제였다. 따라서 피임(= 수태 조절)의 자유 그리고 최후의 수단으로서의 임신 중절의 자유에 대한 관심이 높아지는 것은 당연했다.

1915년 『세이토』는 여성이 처음으로 임신 중절을 주장하는 소설(『獄中の女から男へ』)을 실었다가 세 번이나 발매 금지 처분을 받았다. 그러나 이때부터 모체의 보호, 생활난, 제대로 된 아이의 교육, 우생학적 이유 등에서 피임의 필요성을 주장하는 목소리가 공공연하게 나오기 시작했다. 히라쓰카 라이초는 소산이 아이의 양육이나 여성의 사회 진출을 보장한다고 주장했다. 일본에서 최초로 여성 해방의 입장에서 피임과 중절의 자유를 주장한 것이다. 야마카와 기쿠에(山川菊栄, 1890~1980)는 '여성은 지금까지 출산을 강요당해 왔다. 타인과 국가를 위해서라는 것이 그 명목이었다. 그러나 이제부터는 여성 자신의 의지로 어머니가 될 것인지의 여부를 결정하자'라며 '자주적 모성'을 주장했다. 그리고 미국에서 산아 제한 운동을 전개하고 있던 마거릿 생어(Margaret Sanger, 1883~1966)를 소개했다.

1922년 생어가 일본에 올 당시 당국은, 산아 제한은 국력의 신장을 저지하고 풍기를 문란케 하는 위험한 사상이라는 이유에서 상륙을 막으려 했다. 이것을 계기로 산아 조절 연구회를 만든 이시모토 시즈에는 산아 제한을 여성 해방의 첫째 요건으로 규정하고 이후 앞장서서 운동을 이끌어 나갔다. 노동자 가족의 생활고를 해소하기 위해 노동조합이 직접 피임 방법을 홍보하기도 했다. 『주부의 벗』을 비롯한 여성 잡지도 '피임 수술을 받은 여성의 실험' 등과 같은 기사를 게재하기 시작했다.

농촌의 어머니는 중노동에 시달리는데다가 아이를 많이 낳는 탓에 몸의 노쇠가 빨리 진행되어 일찍 죽는 경우가 많았다. 1925년 일본 농민 조합 제4회 대회에서 여성 대의 위원 야마가미 기미에(山上喜美恵, 1899~1976)는 '산아 제한 공인안'을 제안했다. 이것은 농촌이 그 어느 지역보다도 다산의 고통에 힘겨워하고 있다는 사실을 보여 주는 것이었다. 야마가미는 조산부로 활동하며 농촌의 모체를 보호하기 위해 노력했다. 그러나 이 안은 다음 해에 들어와 최종적으로 채택되지 않았는데, 그것은 대의원의 대부분을 차지하는 남성이 산아 제한 문제에 무관심했기 때문이다. 오쿠 무메오도 '산아 제한 문제는 남성에게 아무리 요구해도 결과를 얻을 수 없다. 여성의 입장에서 생각해야 한다'라고 하면서 1930년 말 사회 복지관에 임신 조절 상담소를 열었다.

1920년 중반부터 각지에 산아 조절 상담소가 생겼다. 상담소 측에서는 수태 조절(= 피임 방법)을 가르치려 했지만 실제 상담하러 오는 여성은 이미 임신한 경우가 많았다. 그래서 도저히 낳을 수 없는 입장에 있는 여성을 돕기 위해서는, 의사가 그동안 모체의 건강을 위해 해 오던 임신 중절 시술뿐만 아니라 합법적 중절의 범위 자체를 확대시킬 필요가 있었다. 더구나 산아 조절 운동이 전개되는 가운데, 낳고 안 낳고는 개인의 자유라는 권리 의식도 싹트고 있었다. 생어의 방일 당시만 하더라도 국가에 의한 생식 관리가 이루어지고 있던 점을 감안하면 큰 변화라 하지 않을 수 없다.

1930년 쇼와 공황이 발생하면서 생활고로 인한 불법적인 낙태가 증가했다. 자연히 건강을 해치는 여성의 수도 늘어났다. 1932년 4월

강도에게 성폭행을 당해 임신하게 된 한 여성의 상담 내용이 알려지면서, 그런 경우에도 낳을 것을 강요하는 낙태죄의 모순을 지적하는 목소리가 높아졌다. 같은 해 7월에 13개의 여성 단체가 공동으로 낙태법 개정 기성동맹을 결성했다. 이들은 임신이 폭행에 의한 경우이거나 생계가 곤란한 경우에는 합법적으로 임신 중절을 할 수 있도록 해 달라는 청원을 제출했다. 특히 무산 정당 계열의 여성 단체에 소속된 젊은 여성들이 중심이 되어 청원 운동을 전개해 나갔다. 그러나 준전시의 시대였던 만큼 상황은 다시 국가에 의한 생식 관리 즉 '낳자, 늘리자'는 쪽으로 흘러갔다. 산아 제한 지도자들은 탄압을 받았지만 그에 저항하는 사람도 없었다. 결국 청원은 묵살되고 말았다.

5. 전시 하의 성과 가족

쪼들리는 어머니와 아이들

1933(昭和8)년 9월 30일 시나가와구(品川区)에 거주하는 구보키 다카노(久保木たかの, 33세)는 어린 두 딸과 함께 음독자살을 기도했다. 아이들의 두 오빠는 놀다 오라며 미리 바깥으로 내보낸 상태였다. 다행히 미수에 그쳤지만 중병에 걸린 남편을 끌어안고 살아가야 할 앞날을 비관해 내린 결단이었다. 남편과 친척 앞으로 보내는 유서와 함께 집주인에게는 밀린 집세의 일부로 5엔을 남겼다.

이것은 『도쿄아사히신문(東京朝日新聞)』의 기사인데, 이런 종류의 기사는 쇼와 공황을 계기로 부쩍 늘어났다. 1927(昭和2)년 7월부터 8년에 걸쳐 신문 4면에 보도된 친자 동반 자살 건수는 1,735건에 달한다. 희생당한 아이는 2,700명, 어머니는 1,368명으로 그 수가 아버지의 2배였다. 원인은 생활고가 가장 많았고 가정불화가 그 다음이었다. 도쿄, 오사카, 가나가와 등의 도시가 많은 것이 특징이었으며 희생된 아이들의 경우 '죽음'의 의미도 모르는 유아가 많았다고 한다.

도시의 핵가족은 돈을 벌어오는 가장이 병에 걸리거나 실업하게 되면 곧바로 가족 붕괴의 위기로 이어졌다. 특히 주택 문제는 심각한 상태여서 실업과 동시에 거주 공간을 잃을지도 모른다는 불안감에 휩싸였다. 가족의 상호 부조를 표방하는 '이에' 제도 하에서는 공적 기관이 제공하는 복지라고 해봐야 구호법이 고작이었다. 유아를 떠안은 채 일할 곳도 없고 의지할 만한 혈연이나 지연도 갖지 못한 도시의 어머니들은 말 그대로 고립무원이었다.

이런 모자를 구제하기 위해 1934(昭和9)년 야마다 와카(山田わか, 1879~1957) 등은 모성 보호법 제정 촉진 부인회(다음 해 모성 보호 연맹으로 개칭)를 결성했다. 여기에는 부선 획득 동맹(婦選獲得同盟) 등 폭넓은 여성 단체가 참가했다. 그해는 공황으로 인한 경제적 타격에 더해 냉해, 한발, 풍수해가 빈발하면서 대흉작과 기근이 덮쳤던 까닭에 사람들의 곤궁은 눈에 보일 정도였다. 임시 의회가 열리자 연맹은 발 빠르게 '재해 지역의 모자 보호에 관한 청원서'를 제출했다. 그 후에도 '모자를 위한 홈(home)에 관한 청원서'를 제출하는 등 의회를 대상으로 활발한 활동을 전개했다. 연맹의 모자 보호 구상은 '모자 부조법'과 '가사 조정법'을 제정하고 아울러 어머니의 자식에 대한 감호권을 인정하며, 이혼이나 아이의 인지 등에 따른 아버지의 부양 의무를 민법에 명확히 규정하려는 대규모 민법 개정 구상이었다. 이 운동의 결과 1937년 3월 '모자 보호법(전후에 폐지되었고 그 내용은 생활 보호법으로 계승되었다)'이 성립되었다. 이 법은 13세 이하의 아이를 양육 중인 배우자가 없는 빈곤한 어머니

또는 할머니, 배우자가 있어도 부양을 받을 수 없는 처지에 있는 여성을 부조하려는 것이었다. 단 품행이 불량한 어머니는 결격자로 간주되어 시설 정비 등의 지원 없이 주택에서 보호하는 것이 기본이었다. 또 여기에서 말하는 '아이'란 '적자'나 '서자' 이외의 사생아도 포함하는 의미였다.

그러나 연맹이 추진하던 모자를 위한 홈 설립에 관한 입법과 민법 개정은 잘 진전되지 않았다. 정부의 자세는 어디까지나 '빈곤의 구제를 표방하며 일을 추진'하되 모자 보호법을 '이에' 제도의 틀 안에서 실현시키려는 것이었기 때문이다. 이것은 여성들이 기대하는 내용과는 거리가 먼 것이었다. 다만 모자 문제가 정책에 반영되었다는 점에서는 획기적이었다고 평가할 수 있다.

농촌에서는 공황과 그 후의 흉작 때문에 빚을 지는 농가가 급증했다. 특히 양잠과 곡창 지대가 몰려 있는 도호쿠 지방에서 현저했다. 가계를 돕기 위해 멀리 집을 떠나 공장에서 돈벌이를 하던 '여공'은 실업에 내몰렸다. 현금을 손에 넣기 위한 최후의 수단으로서 딸자식이 팔려 나갔다. 딸자식을 팔아넘기는 행위는 메이지와 다이쇼 시대 내내 존재했지만 특히 쇼와 초기에 들어와 급증하게 되면서 사회적 주목을 끌었다. 1931년 부채 농가의 평균 부채 규모는 837엔(현재의 약 250만 엔)에 달했지만, 딸 한 명의 몸값은 불황 시에 1,000엔 이하에 불과했다. 더구나 알선업자의 수수료 등을 공제하고 나면 손에 쥘 수 있는 돈은 실제로 얼마 되지 않았다. 그 때문에 많은 부채를 진 농가에서는 딸 둘, 셋을 팔아넘기는 일도 드물지 않았다. 그해의 '경찰 통계 보고'에 따르면 고객 약 2,273만 6,000명에 대해 창기 약 5만 1,000명, 예기 약 7만 5,000명, 작부 약 8만 6,000명 수준이었다. 간토 지방의 유곽에는 도호쿠 출신의 딸들이 많았다. 그 밖에 통계상으로 봤을 때 1929년에는 카페와 바에서 일하는 여급(女給: 호스티스에 해당)이 등장했고, 1932년에는 그 수가 약 9만 명이나 되어 작부보다 많아졌다. 여급은 가불이라는 절차를 밟지 않는 새로운 형태의 직업으로서 성적 매력을 무기로 많은 인기를 누렸다.

곽청회 등의 폐창 단체는 딸자식의 인신매매와 성병의 실태에 관한 조사를 실시했고, 구세군도 1935(昭和10)년 도호쿠의 흉작 지역에 대한 구호 활동을 실시했다. 그러나 전시가 되자 매춘 문제는 정책상 성병 대책에만 관심을 기울이는 쪽으로 흘러갔다. 그 결과 성병의 만연을 방지한다는 명목 하에 오히려 창기 유지 정책이 추진되었고, 따라서 여성의 구제는 자연히 소극적이 될 수밖에 없었다.

'이에' 제도의 위기

1938(昭和13)년의 병력 동원 수는 약 132만 명(패전 시 약 716만 명, 남성 인구의 약 20퍼센트)에 달했다. 이들 출정 군인의 남겨진 가족과 전사자 유가족의 생활 문제는 '이에'의 질서를 송두리째 뒤흔들 수 있는 큰 문제가 되었다. 예를 들면 후지○ 쓰야코(藤○ツヤ子)의 남편 구마오(熊夫)는 두 아이를 남겨둔 채 전사했는데, 구마오의 아버지가 여동생에게 양자를 들여 가독을 상속시키고 쓰야코와는 절연하려고 하는 바람에 분규가 발생했다. 또 다른 예를 들어 보면, 전사자가 살아 있을 때는 아무런

의무도 하지 않던 친척이 전사 소식을 듣자마자 호적상의 관계를 이용하여 수급 자격을 주장하는 등, 가족에게 지급되는 생활 보조금과 일시적 위로금을 놓고 친척들 간의 대립이 자주 발생했다. 사법성은 첫째로는 아이의 양육과 처자의 생활 보장, 둘째로는 양친의 노후 생활 안정이 중요하다는 입장이었는데, 이것은 부모를 우선시하는 민법의 취지와는 분명한 차이가 있었다. 또 이런 예도 있었다. 마쓰○ 아무개(松○某)는 남편이 출정하자 전부터 집안을 드나들던 이토 아무개(伊藤某)라는 남성과 정을 통하고는 장녀와 장남을 유기한 채, 세 살짜리 둘째 딸만 데리고 그 남성과 함께 도망쳐 버렸다. 그 밖에도 고용인에게 능욕당한 출정 군인 아내의 비극이 있는가 하면, 유가족을 노리는 불량 청년이나 치한도 많았다. 남겨진 아내와 딸의 고통은 생활상의 문제에만 국한되지 않았다.

이런 유족의 다툼과 출정 군인 아내의 부정은 병사의 사기를 떨어뜨리는 중요 원인이기도 했다. 정부는 유가족의 체면을 지키고 사회 질서를 유지하기 위해 1939년 인사 조정법을 마련했다. 이것은 오로지 수속과 절차에 관한 법률로, 그 목적은 가족 간의 분쟁을 원만히 해결하기 위해서 도의에 근거해 온정으로 분쟁을 '조정'하려는 것이었다. 그러나 신청한 내용이 미풍에 어긋나거나 권리의 남용으로 간주될 경우에는 각하시켰다. 요컨대 '비상시'라는 명목 하에 가족 간의 문제를 도덕적으로 해결함으로써 병사가 안심하고 전장에 나갈 수 있도록 하려는 것이었다.

한편 '이에'의 질서를 바로 세우기 위해 정부는 국민 교화에도 힘을 기울였다. 1937년『국체의 본의(国体の本義)』, 1941년『신민의 길(臣民の道)』, 1942년『전시 가정교육 지도 요강(戦時家庭教育指導要綱)』 등이 문부성에서 줄이어 출판되었다.『신민의 길』에는 충효의 강조, 선조의 존중, 부부보다 친자를 중시하는 취지의 내용이 대거 포함됨으로써 동요하는 '이에'의 이념을 보강하려 했다. '이에는 황국 신민의 수련 도장'이며 국민 생활은 국가와 천황에 봉사하기 위해 영위되어야 한다는 것이 기본 시각이었다. '이에'와 '멸사봉공'의 가르침은 교육 현장과 매스 미디어를 통해 국민에게 강제로 주입되어 나갔다. 또 황후의 탄생일(3월 6일)은 '어머니의 날, 지구절(地久節)'이라 하여 '어머니'의 역할을 강조하는 데 활용되었으며, 전쟁이 진전됨에 따라 그 선전은 더욱 강화되었다. 여성은 '군국의 어머니' '야스쿠니(靖国)의 어머니'로서 살아갈 것을 강요받았다. 그 과정에서 진행된 모성의 성역화는 전쟁에의 협력이라는 함정으로 여성을 몰아넣었다.

'황국 신민'으로서의 삶은 조선인과 한국인에게도 강제되었다. 1910(明治43)년의 '한국 병합'으로 한국의 국호가 조선으로 바뀐 이래 조선 호적령의 시행 등 일본화 정책이 강행되었다. 1940년 2월 11일(기원절) 실시된 '창씨개명'은 한국 및 조선인에 대한 황민화 정책 중 가장 굴욕적인 일로 일컬어진다. 이것은 '성(姓)' 중심의 조선 가족 제도를 부정하고 '씨(氏)' 중심의 일본식 가족 제도를 강요하기 위한 것이었다. '씨'를 창설하도록 강요하고 이름도 일본식으로 개명시켰다. 이를 게을리 한 사람에 대해서는 자제의 학교 입학 거부와 공적 기관에의 취직 제한, 식료 배급 대상에서의 제외 등 온갖 압력을 가했다. 그 결과

기한 내에 전체 호 수의 약 80퍼센트가 신청을 끝마쳤다.

성의 동원

1938(昭和13)년 4월 국가 총동원법이 공포되었다. 전력으로 전쟁에 집중할 수 있도록 사람과 물자 그리고 돈을 통제하고 운용하는 체제가 정비된 것이다. 정부는 이 정책을 실시할 수 있는 모든 권한을 장악하고 국민 생활을 통제, 관리했다. 제1차 세계대전 이후 전쟁은 군인만의 싸움이 아닌 국력과 국력의 싸움이 되었다. '전선'에 대한 '후방'의 중요성이 부각될 수밖에 없었다. 물적 자원은 물론, 노동력과 병력이라는 인적 자원의 질과 양(인구)도 국력의 기초로 인식되었다.

그러나 실제로는 병사의 체격과 학력의 저하가 두드러졌고 이 때문에 육군은 국민의 건강과 위생 문제에 깊은 관심을 기울였다. 육군 병원은 학교를 대상으로 위생 강습회를 열었고, 시정촌(市町村)에서도 결핵 및 트라코마 예방 운동, 건강 주간, 치아의 위생 장려 등을 실시했다. 1936년 정부는 각의를 열어 '보건 국책'을 강조하고 그 연장선상에서 1937년 4월 보건소법을 공포했다. 이어서 복수의 성(省)과 청(庁)이 관여하던 보험, 보건, 위생 행정을 일원화하기 위해 1938년 1월 후생성의 설치를 칙령으로 결정했다. 군인 유가족 문제도 이때 후생성의 관할 하에 들어갔다. 그리고 국민 건강 보험법, 국민 체력법, 국민 우생법, 보건부 규칙(保健婦規則), 임산부 수첩 규정 등을 차례로 실시했다. 그중에서도 우량 다자녀 가정에 대한 표창은 '출산하는 성'에 대한 노골적인 찬미였다. 국민 생활의 근간은 이에에 있으며, 자녀를 건강하

갓난아이 콩쿠르(마이니치신문사 제공)

게 육성하는 일은 이에의 기초를 튼튼하게 할 뿐만 아니라 국본의 배양에도 기여하는 일이라는 것이 표창의 취지였다. 동일한 부모 밑에서 한 명의 사망자도 없이 열 명의 아이를 건강하게 키워 낸 가정에는 기념품이 주어졌다. 또 신문이나 라디오 등에서도 보도되는 등 전의를 고양시키는 수단으로도 적극 활용되었다. 반면에 자식이 없는 부부나 장애인은 기가 죽어지낼 수밖에 없었다.

인구의 증가는 출생률과 사망률의 조합으로 결정된다. 출생과 사망의 두 가지 측면에서 인구 증가 정책을 제시한 것은 『인구 정책 확립 요강』이 최초였다. 이것은 1941(昭和11)년 각의에서 결정된 것으로 '동아시아에서의 지도력 확보'를 위해서는 1960년까지 일본 본토의 인구를 1억 명 수준까지 끌어올려야 한다는 내용이었다. 그리고 그 목표를 달성하기 위한 두 가지 방안을 제시했다. 첫째는 출생 증가 방안이다. 이와 관련해서는 초혼 연령을 10년 계획으로 3년 앞당기고 한 쌍의 부부가 출산하는 신생아 수를 5명으로 늘려 나갈 필요가 있다고 지적했다. 또 그렇게 하려면 '이에' 제도의 유지 및 강화, 결혼의 소개 및 알선, 모성을 국가적 사명으로 인식시키기 위한 교육, 결혼을 저해하는 취업의 억제, 가족 수당 제도의 도입, 다자녀 가족 및 임산부 우대, 산아 제한의 금지, 성병의 근절 등이 필요하다고 강조했다. 둘째는 사망률을 감소시키기 위한 방안이다. 이에 관해서는 유아 및 결핵 사망률의 감소를 위한 보건소의 확충, 결핵의 조기 발견 및 치료, 위생 시설의 개선, 과로의 방지, 영양 지식 및 영양식의 보급, 예방 의학의 연구 등을 실시할 것을 제안했다. 그러나 '낳자, 늘리자'의 슬로건대로 출생 증가 정책이 중시되면서, 예산이 필요한 사망률 감소 대책은 제대로 진척되지 않았다. 그럼에도 정부로서는 가족에 대한 일정한 보호 정책을 내세울 수밖에 없었다. 모든 국민의 생활이 파괴되고 있는 상황에서 최소한의 보호가 없다면 전시 체제 그 자체가 유지될 수 없다는 판단 때문이었다.

한편 우리가 잊어서는 안 될 또 하나의 성 동원이 존재했다. 바로 '군 위안부'다. 그들은 군수 물자로 취급되었기 때문에 실제 그 수가 얼마나 되는지는 지금도 불명확한 상태 그대로다. 패전 당시 약 8만 명, 그중 6만 5,000명이 조선인 여성이었던 것으로 추정된다. 일본인 위안부는 자신의 몸이 '나라를 위해' 도움이 된다고 믿고 대륙으로 건너갔다. 약탈과 중국인 여성에 대한 성폭행 등이 빈발하던 전쟁터에서는 남성의 성도 관리의 대상이었다. 군의관이 관리하는 '청결한' 위안부를 설치함으로써 성병으로 인한 전력의 저하를 방지하려 한 것인데,

조선인 여성은 그 '청결함' 때문에 강제로 동원되었던 것이다. 위안부에도 등급이 있어서 일본인은 물론 최상급이었다. 이런 근대의 '치부'는 당시에는 공개된 일이 없었다. 부인 교풍회 회장으로 폐창 여장군이라 불리던 하야시 우타코(林歌子, 1864~1946)는 1939(昭和14)년 9월 중국 대륙을 시찰한 일이 있지만 군 위안부에 대해서는 아무런 언급도 하지 않았다. 부인 교풍회는 당시 방면 위원이나 인사 조정 위원 등으로 취임하여 국책에 협력하는 입장이었다. 또 이미 폐창 연맹도 1935년에 국민 순결 동맹으로 조직을 개편하고 남녀의 깨끗한 교제를 장려하는 방향으로 운동을 전환한 상태였다.

전시 하의 사랑과 결혼

다니카와 데쓰조(谷川徹三, 1895~1989)와 그 동료들은 1938(昭和13)년 『문예춘추(文藝春秋)』가 주최한 '전시 하의 여성 문제에 관한 좌담회'에서, 전시 하의 결혼에 대해 다음과 같은 예를 소개했다.

농촌 출신의 가정부가 급히 고향으로 돌아가겠다고 해서 그 연유를 물었더니, 약혼자가 병력 자원으로 소집되는 바람에 그녀가 시집의 노동력을 보충해야 할 필요가 생겨서 결혼을 서두르게 된 것이라고 말했다고 한다. 좌담회에 참석한 다른 지식인은, 도시의 부모들이 결혼을 서둘러 딸을 상이군인이 된 남편의 간호부로 만들어 버리는 것은 가여운 일이기 때문에, 차라리 혼기를 놓치더라도 시국이 안정된 다음에 시집을 보내는 편이 좋겠다는 생각을 갖고 있다고 소개했다. 가타야마 데쓰(片山哲, 1887~1978)는 자신의 딸을 예로 들면서, 소위로 진급한 약혼자와의 결혼에 대해 본인의 자유에 맡겼더니 딸은 빨리 결혼하고 싶다는 의사를 표명했다고 소개했다.

이처럼 당사자끼리 서로 사랑하고 있는 경우에는 결혼을 서두른 예도 있었다. 조혼을 국책에 협력하기 위한 것으로만 이해해서는 안 되는 이유다. 그러나 실제로는 '이에'를 유지하기 위해 전사한 남편의 형제와 강제로 결혼시키는 등 여성의 의사를 무시한 결혼도 자주 있었다. 그리고 이것은 전후 일시적으로 이혼율을 상승시키는 요인이 되기도 했다. 한편 결혼할 의지가 있는데도 불구하고 좀처럼 상대를 찾지 못하는 불행한 경우도 상당히 많았다.

전쟁은 남녀와 부부를 갈라놓았지만 새롭게 두 사람 사이의 애정을 확인하는 계기가 되기도 했다.

남편: "열심히 일하고 있는 그대 소식을 접하고 나니, 기쁘기도 하고 그립기도 해서 몇 번이나 읽어 보았는지 모릅니다. 본국에 있을 때는 이 정도는 아니었는데, 이국으로 와 떨어져 있어 보니 새삼스레 당신이 그리워집니다. 날이 갈수록 당신에 대한 생각이 깊어집니다."

아내: "며칠 전 싯테(尻手: 가나가와현)에 갔다 왔습니다. 10일 정도 지내다가 그저께 집에 돌아왔습니다. 꽤 오래 머물렀다고 생각하시죠? 기다려 주는 사람이 없으니까 돌아올 마음이 안 생겨서요. 집에 돌아와도 정말 적적합니다. 이렇게 조용한 밤이면 너무나도 당신이 그리워집니다. 옆에 있었다면 확 달려들고 싶은 심정이랍니다(『真岡市史』)."

A: "떠나기 전날 밤 '나를 미망인으로 만들면 싫어'라고 말하던 당신의 얼굴과 눈을 잊을 수가 없습니다. 시간이 날 때면 온통 당신 생각

뿐이랍니다."

B: "어제도 말했듯이 저는 이미 죽음을 각오한 상태였습니다. 그런데 어느 날 문득 나는 살아야겠다는 생각을 했습니다. 그리고 어제 당신을 만나게 되면서 당신을 위해서라도 꼭 살아 돌아와야겠다는 생각을 하게 되었습니다(『きけ わだつみのこえ』)."

전쟁은 가족과 애인을 떼어놓았지만 사람들 마음속까지 파고들지는 못했다.

고부간의 갈등은 예나 지금이나 변하지 않은 현재 진행형 문제다. '이에' 제도가 오래전에 없어진 오늘날에도 고부 문제를 테마로 한 텔레비전 드라마의 시청률은 여전히 높다. 과거에는 시어머니가 며느리를 학대하는 장면이 많았는데, 지금은 입장이 역전되어 시어머니가 어떻게 하면 며느리와 잘 지낼 수 있을지를 고민하는 사례가 많다. 이미 근세부터 무가 사회에서는 고부간의 갈등이 문제가 되고 있었는데, 근대에 들어와 '이에' 제도가 서민층에까지 침투하게 되면서 그 갈등도 일반화되기에 이르렀다. 1898년부터 『국민신문(国民新聞)』에 연재된 도쿠토미 로카(徳富蘆花, 1868~1927)의 『불여귀(不如帰—두견이)』가 인기를 모은 것은 '이에'의 존속을 최우선으로 생각해서 아들에게 이혼을 강요하는 시어머니를 '며느리 학대'의 전형으로 보고 공감하는 사람이 많았기 때문이다.

정도의 차이는 있겠지만 어느 가정에나 고부간의 갈등은 의례 있기 마련이다. 다만 은밀하게 가정 속에 잠재되어 있던 그 갈등 구조가 갑자기 표면으로 떠오른 것은 20세기에 들어와서의 일이다. 여성에 대한 교육이 진전되면서 여성 자신이 자아에 눈을 뜨게 된 것과 그들의 발언을 받아들일 수 있을 만큼 저널리즘이 성숙해진 것이 그 배경에 있었다. 특히 1914년 『요미우리신문(読売新聞)』에 '인생 상담' 코너가 신설되면서 시어머니와의 대립 문제를 호소하는 며느리의 투고가 쇄도했다. '인생 상담' 코너의 2대 테마는 고부간의 갈등과 남편의 좋지 못한 행실에서 비롯된 부부 문제였다. 같은 시기에 잇달아 창간된 『주부의 벗』 등의 여성 잡지도 앞 다투어 고부간의 갈등 문제를 다루었다. 여성이 해방을 향해 꿈틀대기 시작한 이 시기, 고부 문제도 신구사상이 대립하는 양상을 띠게 되었다. 그 비극의 대표라 할 수 있는 사건이 요코하마(横浜)에서 발생했다.

요코하마 전선 회사에 근무하는 한 기사(29세)의 아내(23세)가 1915년 7월 6일 시어머니를 칼로 찌른 사건이었다. 평소에는 동거하지 않던 시어머니가 젊은 아들 부부의 가정을 찾아와서 결핵에 걸린 것으로 추정되는 며느리를 잠시 친정으로 보내자고 아들에게 말하자, 이 소리를 들은 며느리가 순간적으로 칼을 휘두른 것이다. 같은 해 8월 6일과 11일에 공판이 열려 검사는 징역 13년을 구형했으나 최종적으로는 8년형을 받았다. 사건 발생 지역에서는 『요코하마무역신보(横浜貿易新報)』를 비롯한 신문과 잡지 등이 사건을 특종으로 보도했다. 남편은 제국 대학 출신의 엘리트 회사원이었고 아내는 작은 극단에서 배우로 활동하고 있었는데, 이것이 더욱 세간의 관심을 끌게 한 요인이었을 것이다.

신문은 너나할 것 없이 며느리를 비난했다. '허영기 있는 여성'이라거나 '경조부박(輕佻浮薄)'하다고 비난하는 것은 물론, 미수에 그쳤는데도 대부분의 신문과 잡지는 '시어머니 살해자'라는 자극적인 문구를 사용했다. 또 자상의 원인에 대해서는 '신여성'인 며느리와 '무가 기질'의 시어머니가 대립한 '신구사상의 대립'에 그 본질이 있다고 지적했다. 검사는 '피고의 부정불효(不貞不孝)한 사실을 상세하게 논고한 후, 이런 여성은 현재와 같은 일본 사회가 용인해서는 안 될 존재'라고 단정했다. 재판관도 '이 사건은 직계 존속에 대한 살인죄이며 우리나라 고유의 도덕을 파괴한 중대 범죄'라며 집행 유예 없이 징역 8년을 언도했다(『요코하마무역신보』, 8.12). '이에' 제도가 흔들리기 시작한 이 시기에 '효'에 칼을 겨눈 여성에 대한 본보기 징계임을 알 수 있는 무거운 판결이었다.

며느리의 죄는 7, 시어머니의 죄는 3이라는 전통적 관념에 대해 분연히 이의를 제기한 것은 요사노 아키코(与謝野晶子, 1878~1942)였다(「며느리와 시머머니에 대하여」, 『태양(太陽)』, 1915.9). 요사노는 여배우로서 자립하려 한 며느리 스미코(澄子)를 '새로운 예술 분야에서 무엇인가 공헌해 보려 한 당찬 여성'이라고 변호하면서 오히려 공격당해야 할 사람은 남편이라고 주장했다. 왜 '부부간의 문제를 부부 스스로 해결하지 못하고 또 어머니의 간섭을 말리지 않았는가?'라고 비판하고는 '시어머니의 근성'에 대해서도 비판의 화살을 돌렸다. 그러나 다른 한편에서는 며느리를 괴롭히는 시어머니를 비난만 할 수는 없다면서, 중요한 것은 시대의 흐름을 따라가지 못하는 '노부인의 사상을 현대적으로 접근시켜 나갈 수 있는 방법'을 사회가 나서서 궁리해 내야 한다고 지적했다. 고부간의 갈등 문제와 관련하여 남편의 책임과 노인에 대한 대책을 지적한 요사노의 생각이 돋보인다.

V. 현대

라마즈 분만법으로 출산한 부부와 아이들(嬉野京子 촬영)

일본은 1945(昭和20)년 8월 15일에 무조건 항복과 군대 해산 그리고 군국주의의 일소와 민주주의 정부의 수립을 요구한 연합국의 포츠담 선언을 수락했다. 이로써 길고도 고통스러웠던 태평양전쟁과 제2차 세계대전이 끝났다. 만주사변을 시작으로 15년 동안 계속된 전쟁 때문에 목숨을 잃은 사람은 피폭자 등 민간인을 포함해서 310만 명 이상이었다. 중국과 조선 등 일본이 침략한 아시아 지역 사람은 2,000만 명, 제2차 세계대전 전체로는 5,000만 명에 달하는 사망자가 발생했다고 일컬어진다. 제2차 세계대전 후 탄생한 국제 연합은 파시즘을 용납하지 않았다. 대국, 소국 가릴 것 없이 모든 국가가 평등한 국제 관계를 맺고, 남녀의 구별 없이 모든 사람이 평등한 관계를 실현하는 것을 이상으로 내걸었다.

전후 처리 방식을 결정한 강화 조약이 1951년에 체결될 때까지 일본은 미국을 중심으로 하는 연합국의 통제를 받는 간접 점령 상태에 놓여 있었다. 그런 가운데 평화와 민주주의를 바라는 국민의 여론과 연합국의 민주화 요구를 배경으로, 국민의 생활을 근본으로부터 규정하는 헌법과 민법 등이 개정되었고 또 교육 기본법 등 새로운 법률도 제정되었다. 새로운 헌법은 주권 재민의 원칙과 모든 국민의 기본적 인권 보유 그리고 분쟁 해결의 수단으로서의 전쟁 포기를 규정했다. 새로운 민법은 '이에' 제도와 아내의 무능력 규정을 폐지하고 연애, 결혼, 이혼의 자유를 명기했다. 이런 헌법과 민법 그리고 여성 참정권의 실현은 여성에게 활기를 불어넣어 해방과 자유를 만끽할 수 있도록 해 주었고, 동시에 주체적 인간으로서의 삶을 보장했다. 이렇게 해서 일본 국민은 민주주의를 체험하고 창출해 내는 모색의 길을 걷기 시작했다.

법적 평등에 근거해 남편과 아내가 서로 협력해서 이룩한 가정은 과거의 친자 관계 중심에서 벗어났다는 점에서 긍정적이었다. 그러나 '남편은 일, 아내는 가정'이라는 역할 분업을 전제로 한다는 점에서 한계가 있었다. 즉 아내는 무상으로 가정 일을 하고 또 남편과 아이라는 노동력을 (재)생산하는 존재로 간주되었던 것이다. 이런 성별 역할 분업 체제를 기초로 한 사회 구조는 여성과 여성의 노동을 사회적으로나 사적으로 낮게 평가함으로써, 성차별을 새롭게 만들어 내는 결과를 가져왔다. 전전의 '이에' 제도 하에서는 '이에'의 영속을 꾀하는 천황제 국가가 가족을 지배했지만, 권리의 평등을 기본으로 성립한 전후의 성별 역할 분업 가족은 자본주의 경제의 영향을 직접적으로 받았다. 이렇게 사회 및 성관계에 의해 여성이 억압받는 구조를 현대 가부장제라 부른다.

GHQ(General Head Quarters — 연합국 총사령부)의 지령으로 공창제가 폐지되는 성과도 있었지만, 점령군 병사를 위한 위안 시설의 설치는 전후 매춘 제도의 시작을 알리는 사건이었다. 이런 매춘 제도와 함께, 낙태죄의 존속, 여성만의 재혼 금지 기간의 설정, 황위의 남계 계승 등의 문제는 전후 개혁에서 제대로 해결되지 못했다. 향후 시급히 해결해야 할 과제가 아닐 수 없다.

1955년은 보수 진영의 자유당과 민주당이 합동해 자민당이 성립하고, 사회당 좌파와 우파가 합동해서 새로운 사회당을 출발시킨 해였다. 또 일본 생산성 본부가 설치되는 한편, 주요 대중 운동이 성립해 1970년대까지 지속될 수 있는 정치적 경제적 체제가 정비된 해이기도 했다. 이즈음부터 사람들 사이에 남아 있던 '이에'의 실태와 의식이 무너지기 시작했다. 1954년에는 많은 여성 단체가 '이에' 제도를 부활시키려는 정부의 의도를 저지했고, 다음 해에는 제1회 어머니 대회가 개최되면서 주부의 삶을 주제로 한 주부 논쟁도 일어났다.

안보 개정 반대 운동을 지나서 GNP 세계 제2위로의 길을 질주한 1960년대는 고도 경제 성장의 시대였다. 이 시기를 거치면서 농촌, 어촌, 산촌, 탄광 지대, 도시 등 전국의 가족 모습은 일변했다. 도시의 노동자 및 핵가족 세대의 증가, 세대 인원수의 급속한 감소, 중년 이혼의 점증, 가족 형태의 다양화 등과 함께 가전제품이 보급되고 대규모 주택 단지가 출현하면서, 부부와 아이를 중심으로 하는 마이 홈이 대다수 가족의 평균적인 모습이 되었다. 그러나 그와는 달리, 농촌에서는 돈벌이를 위해 고향을 떠나는 남편의 이농이 보통이 되었고, 도시에서는 남편이 기업 전사가 되어 장시간 노동에 시달리게 되면서, 남편의 모습은 일본의 가정에서 자취를 감춰 버렸다. 어머니의 취업은 가정과 일의 양립이라는 새로운 과제를 남겼을 뿐만 아니라 가정의 유일한 수입원이었던 남편의 자리를 위협했다.

정부와 경제계는 가정에서의 여성의 역할을 강조함으로써 경제 발전을 적극적으로 지탱해 주는 장으로서 가정을 재편성하려고 했다. 1958년에는 '중학 가정과' 교과목을 '남자 기능'과 '여자 가정'으로 분할했고, 1963년에는 '고교 여자 가정과' 교과목을 필수로 지정했다. 또 1965년에 열린 중앙 교육 심의회에서는 '기대되는 인간상'을 설정하는 과정에서 가정의 역할을 강조했다.

1973년의 제1차 오일 쇼크 이후 일본 경제는 산업 구조의 전환, 감량 경영, 노무 관리 정책의 전환 등에 집중한 끝에 '경제 대국'으로 성장했다. 또 '군사 대국' '국제 국가'로서의 입지도 다졌다. 언뜻 보면 국민의 생활은 윤택해진 것 같지만, 극단적인 과밀 노동으로 인한 노동자의 과로사 등 여러 가지 모순이 발생한 것도 사실이다. 현재 가족은 여러 가지 측면에서 붕괴 위기에 놓인 상태라 해도 과언이 아니다.

그러나 다른 한편에서는 1975년의 '국제 여성의 해' 제정 이후에 세계적 규모에서의 관심 증대를 배경으로, 지구의 생명과 공존할 수 있는 생활환경을 조성하고, 역할 분업을 극복할 수 있는 양성 관계의 구축을 추구하는 여성의 활동도 더욱 활발해졌다. 성추행에 대한 항의에서 볼 수 있듯이, 여성의 성에 대한 사회적 멸시에 도전하고 새로운 '섹슈얼리티'를 구현하려는 움직임이 퍼져 나갔다. 그렇지만 1950년 후반부터 등장한 성의 자유화 경향은 한편으로는 성의 상품화를 초래했다. 현대 사회에 의한 인간의 해체는 고독한 인간들을 성적 결합 쪽으로 불러들임으로써 성 산업의 번성을 가져 왔다.

오늘날 볼 수 있는 새로운 현상은 남성에게서도 약간이나마 변화의 징조가 보인다는 점일 것이다. 이와 관련하여 전후의 법 체제 속에 남아 있는 미비점에 대한 개정과 검토도 시작되고 있다.

자본주의 경제와 성별 역할 분업 체제를 기반으로 한 근대 가족은 바야흐로 변화의 한복판에 서 있으며, 이것은 모든 국가에서 볼 수 있는 공통된 현상이다. 인간이 태어나서 죽을 때까지 살아갈 수 있는 힘을 길러 주는 가족과 양성 관계는 어떻게 하면 모든 인간의 인권을 존중하는 형태로 탈바꿈할 수 있는 것일까? 이 과제에 대한 해답을 모색하는 시대가 바로 현대다.

1. 헌법 24조와 새로운 민법

'이에' 제도의 폐지

1945(昭和20)년 8월 15일 일본은 포츠담 선언을 수락했다. 그리고 3일 후 정부의 내무성이 가장 먼저 내놓은 지령은 점령군을 위한 성적 위안 시설을 설치하라는 것이었다. 한편 여성들은 8월 25일 이치카와 후사에의 호소에 호응하여 전후 대책 부인 위원회를 설립하고, 참정권의 획득을 주요 타깃으로 하는 여성 해방을 요구했다. 연합국 총사령부(GHQ) 최고 사령관 더글러스 맥아더(Douglas MacArthur, 1880~1964)가 교육의 민주화와 여성 참정권을 포함한 5대 개혁 지령을 내놓은 것은 10월의 일이었다. 전후 개혁은 해방을 요구하는 사람들의 목소리를 배경으로, 일본의 민주화를 실현시키려는 GHQ를 중심으로 추진되어 갔다.

1946년 기본적 인권의 존중과 전쟁의 방기를 표방한 일본국 헌법이 발포되었다. 제14조에서는 모든 국민은 법 앞에 평등하며 성별에 따라 차별되지 않는다고 명시되었다. 제24조는 결혼은 양성의 합의가 있을 때만 성립하고, 부부가 동등한 권리를 갖는 것을 기본으로 하며, 상호 협력에 의해 유지되어야 한다고 규정하고 있다. 그 제2항에는 '배우자의 선택, 재산권, 상속, 주거의 선택, 이혼 및 혼인 그리고 가족 관련의 기타 사항에 관해서는, 법률은 개인의 존엄과 양성의 본질적 평등에 입각하여 제정되어야 한다'라고 되어 있다. 그러나 황실의 남계 우선주의는 흔들리지 않아서 황실 전범에 규정된 황위의 장남 계승 원칙이 유지되었다. 한편 신헌법에서 천황은 국민 통합의 상징으로 규정됨으로써 신격화가 부정되었지만 가부장적 색채는 여전히 강고하게 남아 있었다.

이 헌법에 입각하여 정부는 사법 법제 심의회를 설치하고 민법의 개정을 서둘렀다. 심의회에서는 '이에' 제도의 폐지에 반대하는 쪽으로부터 친자 관계가 등한시될 우려가 있다는 반대론이 나왔고 이를 계기로 논의는 가열되었다. 이때 여성 위원이 행한 역할은 매우 컸다. 아동문학자인 무라오카 하나코(村岡花子, 1893~1968)는 "호주권이라는 것을 중심으로, 호주가 모든 권리를 가지고 여성을 압박하고 있다. 이런 법률상의 가족 제도가 없어진다면 얼마나 기쁘겠는가?" 라면서 '이에' 제도의 폐지를 기대하는 여성의 목소리를 소개했다. 교육자 가와사키 나쓰(河崎なつ, 1880~1966)는 전전에 신상 상담을 통해 7만 통이나 되는 편지를 받았던 경험을 토대로 "여성이 직면해 온 문제는 가족 제도에서 오는 보람 없는 비참한 생활 그 자체였습니다. 모든 것은 가족 제도에서 유래한 것입니다" 라고 지적하면서 민법의 개정을 호소했다. 메이지 민법에 기초한 호주권이 강한 가부장제적 가족 제도를 '이에' 제도라 부르는데, 경우에 따라서는 가족 제도와 동일한 의미로 사용되기도 한다.

제90회 제국 의회에서는 새로운 민법에 대해, 호주권과 친권을 동요시켜 효도를 파괴하는 것이라며 반대하는 의견이 나왔다. 이에 대해 민법을 기초한 위원 쪽에서는 도덕상의 가족 제도를 폐지하는 것은 아니라며 반대 의견을 일축했다.

1946년 개정 민법이 공포됨으로써 '이에' 제도는 폐지되었다. 호주권과 가독 상속이 폐지된 반면 결혼과 이혼의 자유는 보장되었다. 또 부부가 동일한 권리와 의무를 갖게 되면서 정조의 의무에서도 부부의 평등이 실현되었고, 남편의 부정행위도 이혼 사유로 인정되었다. 한편 같은 해 형법상의 간통죄도 폐지되었다. 아내를 무능력자 취급하는 규정이 없어지고 친권에 있어서도 부모가 평등해졌다. 재산 상속은 남편이 사망한 경우 아내가 3분의 1을 상속하고 나머지 3분의 2는 남녀 자식이 균등하게 상속하게 되었다. 또 같은 해 호적법이 개정되면서 혼인 신고를 한 부부는 새로운 한 호적을 이루게 되었고, 태어난 아이는 그 부모의 호적에 편입되었다.

교육 분야에서도 부부 중심의 민주적 가정상이 제시되었다. 새롭게 개설된 중학교 1학년 가정과 교과서에서는, 부부와 2명의 아이로 구성된 가족이 즐거운 가정을 협력해서 만들어 가는 모습이, 아들의 눈을 통해 설명되고 있다. '아버지와 나는 남성이지만 설거지도 합니다. 양말 구멍 정도는 혼자서도 잘 꿰맵니다.' 다만 아버지는 출근하고 어머니는 가사를 담당하는 식의 성별 분업은 여전히 존재했다.

새로운 민법과 가족

패전 후 사람들은 끼니를 때우기조차 힘든 생활을 하고 있었다. 태평양전쟁에서 군 관련 일본인 피해자 수는 260만 명, 민간인 피해자 및 행방불명자는 80만 명에 달했다. 가족은 전쟁으로 인해 뿔뿔이 흩어져 버렸다. 중국 대륙에서 철수할 때, 어쩔 수 없이 아이를 떼어놓고 온 어머니도 있었다. 혼란 중에 성폭행을 당한 여성은 일본에 상륙해 임신 사실을 알게 되자 몰래 중절 수술을 받았고, 그 태아는 어둠의 저편으로 사라져 버렸다. 연인이나 장래의 배우자를 잃은 여성도 많아서 '여성은 한 트럭 가득한데, 남성은 고작 한 명'이라 일컬어질 정도였다. 그들 여성에게 있어서 경제적 자립의 길은 결코 용이하지 않았다. 28만 명에 달하는 전쟁미망인의 대부분은 어린 아이를 부둥켜 않은 채 생활고에 직면했고, 전쟁고아의 불량화도 문제가 되었다. 1946년 정부는 전전의 구호법을 폐지하고 생활 보호법을 공포함으로써, 국가에는 생활이 곤궁한 사람을 보호할 책임이 있고 최저 생활을 보장할 의무가 있다는 점을 분명히 했다. 다음 해 아동 복지법도 성립했다. 그러나 그런 사회 보장에 필요한 재정적 뒷받침은 전혀 마련되지 않은 상태였다.

그렇다면 사람들은 새로운 헌법에 이은 민법의 개정 즉 제도상의 대개혁을 어떻게 수용하고 있었던 것일까? 젊은 세대의 입장에서는 남녀 교제의 공간이 넓어지고 또 형식에 얽매이지 않은 본인들만의 의사에 따른 결혼이 가능해졌다. 결혼에 앞서 헌법 24조를 읽는 사람도 있었다. 어느 소학교 교사는 민주 교육이란 무엇인지를 배우는 곳에서

농로에서 댄스를 즐기는 구마모토(熊本) 농촌의 청년들(마이니치신문사 제공)

한 청년과 만나 연애결혼을 했다(塩原美恵子, 『戦後教育三十年を生きて』). 가진 것은 없지만 신혼부부로서는 희망에 찬 출발이었다.

그것은 마이니치신문의 여론 조사(1947)에도 잘 나타나 있다. 민법 개정에 의해 '이에'가 폐지되는 것에 찬성하는 사람은 57.9퍼센트로, 그 내역을 보면 젊은 미혼 여성이 '이에' 폐지의 급선봉에 서 있었다. 직업별로는 학생에 이어 월급 생활자와 임금 노동자가 많았고, 이들은 모두 '이에'로부터 해방된 아무것도 가진 것이 없는 맨주먹 계층이라는 점에서 공통적이었다. 이에 대해서 반대하는 사람은 37.4퍼센트로 특히 '이에'에 강한 집착을 보인 사람은 기혼 남성이었고, 직업별로는 농업과 어업이 많았다.

이혼의 자유가 인정되자 이에로부터의 해방을 목적으로 한 이혼 건수도 늘어났다. 전후에 이르러서야 이혼이 겨우 가능해지기는 했지만 그 덕분에 진정한 인간이 될 수 있었다면서 기뻐하는 여성도 있었다. 1950년에는 이혼 건수가 8만 건에 달했는데, 이것은 전후 20년 동안의 최대치였다. 새로운 법률 하에서 가족 문제를 해결하기 위한 가사 심판소가 1948년에 설치되었고, 다음 해에는 소년 심판소와 통합되었다. 이로써 전국에 설치된 가정 재판소는 49개소에 이르렀다. 가정 재판소에 제출된 이혼 조정 신청도 아내 쪽 신청이 압도적으로 많아서 1955년에는 77퍼센트를 점할 정도였다. 초창기에 가정 재판소에서 조사관으로 근무한 적이 있는 유자와 야스히코(湯沢雍彦, 1930~)는 이혼 조정 당사자로부터 자주 듣던 말로 '가풍, 며느리, 시어머니'를 예로 들었다. 조정 위원 중에도 "오늘은 구민법으로 합시다"라고 말하는 사람이 있는가 하면 "신민법도 센다이까지라니" 하고 한탄하는 사람도 있었다고 한다. 또한 이혼이 늘어나게 된 원인으로는, 재판에서 부부 중 어느 한쪽의 책임을 묻기보다도 부부 관계가 실제로 파탄된 경우에는 이혼을 인정하게 된 점을 들기도 한다. 그러나 1952년 최고 재판소는 애인이 있는 남편이 아내와의 생활은 이미 파탄되었다면서 이혼을 요구한 재판에서, 이 케이스를 시인한다면 아내는 정말로 '만신창이가 된다'고 판단하여 이혼을 인정하지 않았다. 이것을 제한적 파탄주의라 한다.

'이에' 폐지에 찬성한 사람이 과반을 차지했다고는 하나 현실의 사람들은 여전히 '이에' 제도적 의식을 청산하지 못한 채 생활하고 있었다. 법적 제도 개혁은 진전되었지만 가족의 실태는 전전과 거의 다를 것이 없었다. 세대의 평균 인원수는 1920(大正9)년의 국세 조사 때부터 1955(昭和30)년까지 5.0명을 유지하고 있었다. 1953년 『아사히신문』에 실린 '농촌 여성의 수기'에는 농가의 며느리가 소나 말처럼 일하는 모습이 '뿔 없는 소'로 표현되어 있다. 그렇기는 하지만 '이에' 제도의 지지 기반이었던 농촌에서, 지금까지 거의 아무런 발언도 하지 않던 여성이 자신의 모습을 응시하고 또 자신의 의사를 표현하기 시작한 것은 주목할 만한 일이었다.

베이비붐에서 가족계획으로

전후는 1949년까지 공전의 베이비붐을 맞이했다. 1947년의 출생 아동 수는 267만 8,792명으로 인구 실태 조사가 시작된 이래 최고치를 나타냈으며 인구 1,000에 대한 출생률은 34.3을 기록했다. 참고로 전전의 최고는 1920년의 36.2였다. 식량난이나 주택난 때문에 낙태가 횡행했고 미숙한 기술로 피해를 입는 여성도 있었다. 이때 전전부터 산아 제한 운동에 힘을 기울여 온 가토 시즈에(加藤シヅエ, 1897~2001)는 여성들에게 산아 제한에 대한 올바른 인식을 가짐으로써 스스로를 해방시키라고 호소했다. 도쿄와 그 주위의 각 현에 거주하는 3,000명을 대상으로 한 1946년의 조사에 의하면, 산아 제한을 희망하는 사람은 약 80퍼센트에 달했고 실행에 옮긴 사람도 20퍼센트를 넘어선 상태였다.

정부로서도 전시 중의 '낳자, 늘리자' 식의 인구 정책을 전환시킬 수밖에 없었다. 그러나 그 어느 누구도 이론을 제기하기 곤란한 모체 보호를 전면에 내세워 1948년 우생 보호법을 공포한다. 이 법은 전전의 우생법적 발상을 내포한 것으로, 우생상의 견지에서 불량한 자손의 출생을 방지하려는 데 그 목적이 있었다. 게다가 낙태죄는 그대로 존속시킨 상태에서, 병 등 일정한 조건 하에서의 인공 임신 중절만을 합법화시킨 것이었다. 어쨌거나 피임보다도 우선적으로 중절을 인정함으로써 이후 중절 사례가 증가했다. 이런 현상에 대해서 우생 보호법은 1949년과 1952년의 두 차례의 개정을 거쳐 중절 조건을 보다 완화(경제적 이유의 인정과 절차의 간소화)시키는 조치를 취했다. 또 피임 기구를 이용한 임신 조절에 나서기로 하고 이를 현지에서 지도할 지도원을 양성하기로 했다. 정부가 인구를 억제하겠다는 입장을 밝힌 것은 1954년의 일이다.

산아 제한의 공인으로, 1950년부터 야마가타현(山形県)과 가나가와현에서 세 곳이 모델 마을로 선정되어 임신 조절에 관한 지도가 실시되었다. 임신 조절이 보급된 배경에는 중절로 인한 모체의 피해를 막으려는 조산부들의 역할이 있었다. 1954년 일본을 찾은 생어는 엄청난 환대를 받았고 이를 계기로 일본 가족계획 연맹(회장 가토 시즈에)이 창립되었다. 시즈에는 우생 보호법에서 규정한 조건부 임신 중절을 차선책으로 인정하기는 했지만, 이에 만족하지 않고 피임 방법을 보급하기 위해 노력하면서 운동을 계속했다. 한편 기업에서도 신생활 운동이라는 이름 아래 피임 방법의 보급이 추진되었다. '사원에게 자녀가 5, 6명이나 태어나 18세까지 부양 수당을 지급하는 것은 엄청난 부담(大林道子, 『助産婦の戦後』)'이었기 때문이다. 회사의 목적은 노무 정책에 있었고, 산아 제한의 실시는 패전한 지 얼마 되지 않은 일본 자본주의 경제의 요청에도 부합하는 것이었다.

임신 조절의 보급률은 1950년 19.5퍼센트에서 1959년에는 42.5퍼센트로 대폭 증가했다. 그러나 중절 건수도 줄어들지 않아서 1960년에는 100만 건 이상에 달했다.

가족 제도 부활의 움직임과 여성들

점령 하의 민주화 정책은 미소 냉전 체제가 시작되면서 극적인 전환을 맞이한다. 1950년 한국전쟁이 발발하고 일본에서는 경찰 예비대가 설치되었다. 다음 해 샌프란시스코 강화 조약이 조인되자마자 요시다 수상(吉田茂, 1878~1967)은 '개정 민법이 가족 제도에 메스를 가한 것은 좋은 면도 있지만 지나친 면도 있었다'라는 내용의 담화를 발표했다. 이것을 배경으로 가족 제도를 부활시키려는 움직임이 표면화되었다.

1954년 자유당 헌법 조사회는 '일본국 헌법 개정안 요강'을 제출하고 헌법 24조 제2항을 문제로 지적하면서 부부와 친자를 중심으로 하는 혈연 공동체를 보호하고 존중해야 한다고 호소했다. 특히 자식의 부모에 대한 효도와 봉양의 의무를 강조하고, 농지의 상속과 관련해 균등 상속을 부정하고 가산(家産) 제도를 수용할 것을 요구했다.

다만 위의 요강에 첨부된 설명서에 '가장의 강대한 권한과 여성의 낮은 지위는 이를 개정하는 것이 옳다'라고 기술되어 있듯이, 메이지 민법 그대로의 부활을 말할 수 있는 상황이 아니라는 것은 자명했다. 그러나 전후 헌법에 입각한 극단적 개인주의의 입장에서 가족 관념을 말살시키려는 기도가 있다면서 이의를 제기했다. 기시 노부스케(岸信介, 1896~1987) 헌법 조사회 회장은 "현 민법에는 '이에'라는 관념이 전혀 없기 때문에, 조상 숭배와 혈통 존중의 사상을 자식들에게 전달해야 한다는 의식 자체가 사라져 버렸다" 고 한탄했다. '일본국 헌법 개정안 요강'은 헌법 24조 이외에도 상징 천황제와 전쟁 방기 등을 문제 삼았고 또 그 배경에는 전통적인 '이에' 의식을 부활시킴으로써 전후 민주주의를 부정하려는 보수파의 의도가 깔려 있었다. 한편 위의 설명서에는 '사회 보장을 통해 모든 노인의 안태를 기하는 것은 경제력이 빈약한 우리나라 형편으로는 허용되지 않는 일'이라고 기술되어 있는데, 이것은 사회 보장의 미비를 가족에게 떠맡기려는 의도에서 나온 것으로 보인다.

가족 제도 부활론에 반대하는 여성의 궐기와 결속은 빨랐다. 부인 인권 옹호 연맹의 다나베 시게코(田辺繁子, 1903~1986)를 회장으로 하여 1954년에 가족 제도 부활 반대 연락 협의회가 결성되었고 여기에는 여성 단체, 노조 여성부 등 35단체 2,000여 명이 참가했다. 각지에서 반대 집회와 강연회가 개최되었고 법학자들도 협력했다. 가와시마 다케요시(川島武宜, 1909~1992)는 신헌법의 규정에 따라 자식은 부모를 돌보지 않아도 되게 되었다는 속설에 대해, 민법은 직계 혈족 간의 부양 의무를 규정하고 있다는 점을 지적했다. 또 농지의 세분화를 우려하는 목소리에 대해서는, 실제로는 분할 상속이 실현되고 있지 않다는 점을 분명히 했다. 결국 부활론은 얼마 안가서 잠잠해졌다.

그렇다면 민법 개정 후 10년이 지난 시점에서 사람들은 어떤 생각을 하고 있었던 것일까? '가족 제도에 대한 여론 조사(내각 관방 심의실, 1956년 실시)'에 의하면 "선조로부터 이어받은 '이에'라는 것은 소중히 지켜 자손에게 물려줘야 한다"가 72퍼센트, "일본인은 모두가 하나의 대가족과 같은 존재이기 때문에 서로 도와야 한다"가 62퍼센트였다.

그 밖에 상속과 부양에서의 장남 우선 의식에 대해서도 긍정적이었다. 새로운 민법은 아직 정착되지 않았으며 이런 경향은 도시보다도 군 거주자, 농림 어업 종사자, 저학력 계층에서 두드러졌다. 그러나 그보다 중요한 것은 연령차가 매우 심하다는 점이었다. 20대와 60대 이상을 비교해 보면 양자 사이에서는 찬성과 반대가 역전되는 현상을 확인할 수 있는데, 이것은 곧 새 시대의 변화를 의미한다고 할 수 있다.

그리고 당시 일본은 산업 구조의 변화로 농촌 인구가 감소하고 핵가족화 현상이 나타나던 시기였다. 보통의 세대 인원은 1955년부터 감소하는 경향을 보였고 출생아 수도 계속 줄기 시작했다. 여성이 가족제도의 부활에 반대하는 투쟁을 전개할 당시는 고도 경제 성장의 시작과 함께 가족의 실태에도 변화가 일어나던 시기였다.

2. 현대의 '공창제'와 성의 자유화

RAA와 공창 폐지령

일본의 평화적 점령을 위해 미국 점령군은 일본 전국에 진주했고 그 수는 1945(昭和20)년 말까지 약 43만 명에 달했다.

점령 전부터 무엇보다 우려된 것은 여성의 신변 안전이었다. 미군의 상륙이 소문으로 나돌던 하카타(博多), 가나가와, 도쿄 등에서는 여성을 대피시키기 위한 이른바 소개 소동이 일어났다. 내무성은 '진주군'을 맞이하는 국민의 마음 자세를 도나리구미(隣組)[1]를 통해 회람시켰는데, 그 7개 항목 중 4개 항목이 '틈을 보이지 말라'는 식의 여성에 대한 주의 사항이었다. 가나가와에서는 여학교에 휴교령이 내려졌다.

8월 18일 내무성은 전국 부, 현의 경찰 장관 앞으로 '외국군 주둔지의 위안 시설에 관한 내무' 통달을 무전으로 보냈다. 점령군을 위한 '성적 위안 시설'을 개설하라는 내용이었다. 그 목적은 '일반 부녀자'

1 제2차 세계대전 당시, 국민을 통제하기 위해서 만들어진 최말단의 지역 조직.

의 정조를 지키기 위한 '방파제'로 활용하는 데 있다고 했지만, 그 내실은 사회 질서를 유지하고 국체를 호지하는 데 있었다. 정부는 이를 위해 당시 금액으로 1억 엔이라는 거액의 융자를 고려했다.

8월 26일 업자들이 만든 특수 위안 시설 협회, 이른바 RAA(Recreation and Amusement Association)가 설립되었고 점령군 선발대가 도착한 28일에는 도쿄 오모리(大森)에서 서둘러 영업을 개시했다. 긴자의 RAA 본부 앞에는 '여사무원 모집, 신일본 여성에게 고한다! 전후 처리를 위한 국가적 긴급 시설'이라고 쓴 전단지가 벽에 나붙었고, 신문에도 구인 광고가 실렸다. 생활이 어려웠던 관계로 매춘부 모집이라는 사실을 눈치채지 못한 많은 여성이 모여들어 한 번에 1,360명이 채용되었다. 점령군을 위해 국가가 솔선해서 매춘 시설을 만들고 여성을 '제물(RAA 성명서)'로 삼는 등, 구 일본군의 '군 위안부' 제도와 마찬가지로 근대 국가로서는 해서는 안 될 시책이었다. 이런 발상은 400년에 걸친 공창 제도에서 유래한 것이었다. 도쿄뿐만 아니라 각지에서 정부와 민간 주도의 위안 시설이 만들어졌다.

GHQ는 1946년 1월 최고 사령관 이름으로 '공창 폐지에 관한 각서'를 발령했다. 정부는 '창기 단속 규칙'을 비롯해 관련 법령을 폐지했다. 끊임없이 지속된 공창 제도는 GHQ가 작성한 종이 한 장의 통지로 형식적으로는 종지부를 찍었다.

사전에 예고를 받은 정부는 각서가 나오기 10일 전에 '공창 제도 폐지에 관한 건, 의명 통달(依命通達)'을 내고 다음과 같은 대책을 업자에게 지시했다. 가시자시키와 창기는 자발적으로 폐업시키되 가시자시키 지역은 그대로 사창 묵인 지역으로 인정한다. 가시자시키는 접대소, 창기는 접대부로 호칭을 바꾸도록 한다. 한마디로 "공창이 아닌 공인된 사창"을 인정하겠다는 것으로 기존의 집창 정책에는 아무런 변화도 없었던 것이다.

RAA와 공창 폐지령은 시기가 겹치는 부분도 있지만 서로 무관하게 존재하고 있었다. RAA의 출현은 매춘업에 국가 공인의 보증서를 부여한 것이나 마찬가지였다. 따라서 이후 매춘업계가 번영하는 계기가 되었고 매춘 문제의 성격에도 영향을 주었다. GHQ는 점령군 내에 성병이 만연했기 때문에 1946년 3월 장병에게 RAA 시설 출입 금지령을 내렸다. RAA가 정식으로 해산된 것은 1949년 4월이었다.

공창 폐지령과 RAA의 폐쇄는 가창의 대량 출현과 적선지대[2]의 탄생을 재촉했다. 직접 거리로 나가 손님을 유혹하는 가창은 점령 직후부터 볼 수 있게 된 새로운 사회 현상이었다. 창기 출신의 여성, 전쟁 피해자, 직업이 없는 여성, 전쟁고아, 전쟁미망인, 귀향자 등 실로 경력과 학력이 다양한 여성들이 가창으로 나섰고, 그중에는 특히 장녀가 많았다. '그것은 그야말로 패전 후의 일본 경제의 혼란과 가정생활에 가해진 경제적 중압이 각 가정의 장녀에게 부담으로 작용한 결과라 할 수 있으며, 생활을 위해 사투를 벌이는 그들의 모습을 엿볼 수 있다(住谷悦治,「街娼の実体」『女性改造』 제2권 제4호).' 가창은 '밤의 여인'이나 '팡팡걸'이라 불렸다. 1950년 가창 단속으로 검거된 여성은 약 5만 2,000명

2 매춘이 허용되던 공창가 지대. 홍등가.

이었고 검거를 피한 여성은 약 15만 명이었던 것으로 추정된다.

점령군 헌병대 MP는 군대 내의 성병 예방을 위해 일본 경찰과 함께 가창에 대한 '일제 단속'을 실시했다. 그 과정에서 가끔은 통행 중인 여성을 잘못 검거해 강제 검진하는 사건도 일어났다. 그 피해를 본 두 여성의 고발로 노조 여성부, 여성 단체, 야당 여성 의원 등이 중심이 되어 '여성을 지키는 회'를 결성하고 경시청과 GHQ에 항의했다. 이 회의 제안으로 1947년 3월 9일 전후 최초의 국제 여성의 날이 개최되었다.

적선지대와 기지의 비극

정부는 가창의 발생을 방지하기 위해 1946년 11월 차관 회의에서 '사창의 단속, 방지 및 보호 대책에 관한 방침'을 결정했다. 주요 도시에 여성 복지 시설을 설치하고 여기에 가창을 수용해 보호하는 등, 전후 여성 복지 행정에 관한 방침을 처음으로 제시했다.

그러나 그 기본적 사고는 '사회적 필요악에 해당하는 이런 종류의 행위에 대해서는 특수 음식점 등으로 지정하여 경찰의 특별 관리를 받게 하고, 동시에 풍기 문제가 발생할 소지가 없는 지역으로 그 활동을 제한해 집단적으로 인정하도록 조치'하겠다는 것이었다. 이것은 그 후의 매춘 단속의 기초가 되었다. 1947년 1월에는 공창의 폐지를 보다 철저히 실현시키기 위해 매춘을 시킨 사람에 대한 처벌 규정인 '칙령 9호'를 발령했다.

가시자시키에서 접대소를 거쳐 특수 음식점으로 불리는 정부 공인의 매춘 지역이 생겼다는 것은 사실상의 공창 부활을 의미했다. 이 집창 구역을 경찰 지도상에 붉은 선으로 표시했기 때문에 적선지대라고 불렸다. 또 그 주위의 사창이 모이는 지정 지역 이외의 구역은 청선지대라고 불렸다. 1947년 6월 현재 전국의 적선지대에서 활동하는 여성 종업원은 15만 5,000명에 이를 정도로 그 수가 급증했다.

1951년 미일 안전 보장 조약이 체결되고 이에 따라 미군 기지가 설치(미군은 주둔군으로 불리게 됨)되자 가창과 업자가 모여들면서 특수 음식점가가 증가했다. 여기에 한국전쟁에 파견된 미군 병사 40만 명이 일본에서 교대로 휴가를 보내게 되자 기지 매춘은 피크를 맞이했다. 미군 병사를 상대하는 매춘 여성은 7~8만 명에 달하는 것으로 알려졌으며, 미군이 개인 소비를 위해 지불한 비용은 1953년에만 3억 달러로 4년 전의 3배에 해당하는 막대한 금액이었다.

농촌 지역을 포함해 기지 주변에서는 미성년자의 성범죄가 증가했다. 아이들이 성병에 감염되기도 하고 또 일요일만 되면 풍기가 문란해지는 현상이 계속되자 일요일에도 수업을 실시하는 등의 진풍경이 벌어졌다. 1954년에는 전국의 미군 기지와 시설이 719개소에 달하게 되었다. 그리고 이런 기지 때문에 발생하는 사회 도덕의 퇴폐, 생활 및 교육 환경의 악화는 심각한 사회 문제가 아닐 수 없었다. 도쿄 다치카와(立川) 기지 주변의 매춘, 마약, 암거래 등 미군 병사와 일본인 간의 거래를 목격한 어느 프랑스인 기자는 "이것은 일본은 물론 미국에게도 큰 비극이다"라고 개탄했다고 한다.

점령군, 주둔군에 의한 성의 유린은 매춘 여성에게만 해당하는 것이 아니어서, 점령 직후부터 일본인을 대상으로 한 갖가지 범죄가 발생했다. 1946년 3월부터 7월까지 도쿄와 가나가와에서 발생한 성폭행 사건은 미수를 포함해 신고된 것만도 330건이나 되었다. 피해를 당한 후 자포자기의 심정으로 가창이 된 여성도 적지 않았다. 그러나 얼마 지나지 않아 검열로 공표가 금지되면서 보다 자세한 실상은 파악할 수 없게 되었다.

'여성 해방'을 가져온 점령군은 성에 있어서는 모순된 존재였고, 일본 여성은 바로 그 틈새에 낀 상태였다. 혼혈아 문제는 그 상징이도 했다. 점령군 장병과 일본인 여성 사이에서 태어난 혼혈아는 1952년 말까지 약 7,500명에 이른다. 사와다 미키(沢田美喜, 1901~1980)는 1948년 가나가와현 오이소에 혼혈아 양육 시설인 '엘리자베스 생어스 홈'을 개설했다. 기차의 그물 선반에서 종이에 둘둘 말린 혼혈 영아의 사체가 자신의 무릎 위로 떨어지는 바람에, 갖은 오해와 비난의 시선을 한 몸에 받을 수밖에 없었던 경험이 그 계기가 되었다. 약 2,000명이나 되는 아이들이 그 홈에서 자라났다. 또 연합국이 점령군 장병과 일본 여성의 결혼을 허가한 이래 약 1만 1,000명의 '전쟁 신부'가 바다를 건넜다.

매춘 방지법의 성립

매춘 등에 관한 최초의 처벌 법안은 GHQ의 지지 속에 1948년 제2회 국회에 제출되었지만 심의 미완료로 끝나 버렸다.

각 부와 현 그리고 시, 정, 촌은 독자적으로 '매음 단속 조례'를 제정했다. 그 수는 1955년에 53개 지역에 달했지만 실효를 거둔 곳은 적었다. 특수 음식점가의 건설에 반대하는 주민 운동이 일어나 건설 저지에 성공한 사례도 있었다. 또 강화 조약의 발효로 점령군의 명령에 의해 발포된 포츠담 칙령[3]이 무효가 될 상황에 놓이자 '칙령 9호'를 법제화하려는 운동도 일어났다. 일본 기독교 부인 교풍회를 비롯한 80개 단체는 '공창 제도 부활 반대 협의회'를 결성하여 96만 명의 서명을 받아냈고, '칙령 9호'는 1952년의 국회 결의로 국내법이 되었다. 그리고 그 과정에서 근본적인 개정 법안 요구가 부대 결의되었다.

매춘 금지 관련의 입법을 기대하는 분위기가 고조되는 가운데 여론도 들끓기 시작했다. 여론은 특수 음식점가로 팔려 가는 아동 관련의 인신매매 사건이 연속적으로 발생하는 점에 주목했다. 1951년 농촌 지역에서 발생한 인신매매 사건으로 피해를 본 아동 수는 약 5,000명이나 되었다. 다음 해에는 상반기에만 인신매매 관련 총 피해자 수 7,652명 중에서 미성년자가 약 절반을 차지했다. 인신매매는 그 원인이 생활고에 있었지만 그것을 바라보는 시각은 '효도'라는 가족 도덕관의 틀에서 여전히 벗어나지 못했다. 노동성의 부인 소년국(婦人少年局)이 매춘 방지법 성립 직후 실시한 실태 조사에 따르면, 가정이 가난한 경우 '매춘부'가 되어 가족을 부양하는 것에 대해서 '매춘부' 자신은 '당연하다'가 22.5퍼센트, '어쩔 수 없다'가 58.5퍼센트였다. 그들

3 1945년 9월에 '포츠담 선언의 수락에 동반해 발포하는 명령에 관한 건'이라는 제목으로 공포된 긴급 칙령. 이 칙령으로 연합국군 최고 사령관의 요구와 관련한 사항은 칙령, 정령으로 발포되어 헌법을 넘어서는 구속력을 갖게 되었다. 1952년 4월 샌프란시스코 강화 조약이 발효되면서 폐지되었다.

부모의 의식도 '어쩔 수 없다'가 40퍼센트로 이것을 부정하는 33.5퍼센트를 상회했다. 매춘 방지법이 성립했을 때 전국의 매춘 여성은 약 50만 명 수준이었던 것으로 추정된다.

'매춘 등 처벌 법안'은 의원 입법으로 그 후 두 차례 국회에 제출되었지만 유산되었고 네 번째는 부결되었다. 폐창 단체와 여성 단체 그리고 노조 여성부는 구부시로 오치미를 위원장으로 '매춘 금지법 제정 촉진 위원회'를 결성하고, 이치카와 후사에 및 초당파 여성 의원들과 함께 인권 문제에 주목하는 여론을 배경으로 활발한 운동을 전개했다. 업자 단체가 주도하는 입법화 반대 운동과의 격렬한 공방 끝에 결국 다섯 번째 입법 시도에서 결실을 보게 되었다. 1956년 5월 정부가 제출한 매춘 방지 법안이 가결, 성립된 것이다. 전면 시행에 들어간 것은 1958년 4월의 일로 80년에 걸친 폐창 운동의 승리였다.

법안이 가결되기까지 논의의 초점은 단순 매춘(개인의 자유 매춘)의 경우에도 상대방을 포함하여 처벌해야 하는지의 문제였다. 처벌할 경우에 인권 침해의 우려가 크다는 이유 때문에 결국 '방지' 법안의 형태가 되어 버린 것도 사실이다. 빠져나갈 구멍이 있다, 매춘을 사는 사람을 방임하는 것이나 마찬가지다, 등의 문제점을 지적하는 볼멘소리가 나왔고, 그 때문에 성립 당시부터 허점투성이의 엉성한 법이라는 비난을 면치 못했다.

지금까지의 공창 폐지는 형식적이었다. 국가는 항상 필요악이라며 묵인하는 자세를 유지해 왔다. 그런데 새삼스럽게 '매춘은 인간으로서의 존엄을 해친다'라고 표명한 것이다. 문제는 우리가 그 내실에 대해 진진하게 따져 본 적이 없다는 사실이다. 이 법의 목적은 관리 매춘을 처벌하고 행정이 여성의 보호와 갱생을 지원하는 것에 있다. 다른 국가에서는 매춘 단속 법규는 대부분이 형법의 일부이기 때문에, 독립된 법으로 존재하는 국가는 전 세계적으로도 드물다. 이것은 일본 매춘 문제의 역사와 그 존재 양상의 특수성을 말해 주는 것이라 하겠다.

매매춘의 다양화와 매춘 문제

매춘 방지법의 시행을 전후로 여러 종류의 매춘이 등장했다. 그중에서도 방이 붙어 있는 욕장업(浴場業, Soap Land)은 명백한 관리 매춘임에도 불구하고, 공중 욕장법과 풍속 영업법에 의해 영업을 보장받고 있었기 때문에 '현대 공창 제도'라 불렸다.

1980년에는 1,975곳에 달했고 그곳에서 활동하는 호스티스는 통계에 잡힌 숫자만 하더라도 약 2만 명을 헤아렸다. 1980년대가 되자 출장 매춘을 비롯한 다양한 형태의 매매춘이 증가했다. 매춘 여성도 주부, 소녀, 학생으로까지 확산되었다. 오늘날의 매춘의 특징은 일반화, 다양화, 저연령화에 있으며 여기에는 기둥서방이나 폭력배도 개입되어 있다. 1985년 총리부가 실시한 실태 조사에 따르면 70퍼센트가 '자진해서' 매춘을 시작했고 또 그 양상도 생활형에서 향락형으로 변화했다. 그러나 그 계기는 '생활을 위해서'가 10대의 경우 39퍼센트, 20대는 46퍼센트를 차지하는 것으로 나타났다.

젊은 여성이 매춘을 하게 된 배경에는 대량 소비 시대의 특징이라 할 수 있는 '풍요 속의 빈곤'이 존재한다. 또 가정이나 학교, 지역 사회

애인 뱅크[4]와 호텔 전단지가 공중전화 부스를 점거한 모습(마이니치신문사 제공)

에서의 소외감, 고독감 등과 같은 정신적 빈곤감도 작용했다. 한편 여성의 평균 임금이 남성의 2분의 1에 불과한 남녀 간의 임금 격차, 비정규직이나 파트타임, 아르바이트 등과 같은 고용 불안 문제도 매춘 문제의 배경에 있었던 것은 아닐까? 고도 경제 성장과 더불어 생산과 소비가 확대되는 가운데, 성 산업은 일종의 레저 산업의 일환으로서 단기간에 막대한 이익을 올릴 수 있는 분야로 여겨졌다. 이에 더해 관리 사회 속에서의 장시간 노동과 과밀 노동으로 인한 스트레스를 해소할 수 있는 장으로서 기능하는 측면도 있었다. 성 산업이 번창한 배경에는 바로 이런 요소들이 숨어 있었다.

한편 매춘의 국제화 현상도 나타났다. 일본 남성의 단체 기생 관광에 항의하는 한국 여성의 운동에 호응하여 1973년에 매춘 관광 반대 운동이 일어났다. 당시까지 매춘 문제라고 하면 성을 파는 매춘 여성

---

4 1980년대 초에 등장해 유행한 남녀 교제 중개업을 말한다.

의 문제를 가리키는 것이 일반적이었다. 그러나 이때부터 성을 산다는 의미의 '매춘(買春)'이라는 말이 사용되기 시작하면서 성을 사는 사람과 그 의식을 문제 삼게 되었다.

동남아시아 각국에서 벌어지는 매춘 투어가 국내외의 비판에 직면한 이후, 일본으로 돈벌이를 하러 오는 동남아시아 여성이 풍속 산업과 성 산업에 흡수되어 가는 경향이 나타났다. 그 근저에는 동남아시아 각국의 경제 구조, 일본과의 경제적 격차, 모집책과 폭력단의 개입 등과 같은 다양한 문제가 존재하고 있었다. 교풍회는 1986년 인신매매, 착취, 속박 등 비인간적 상태에 놓인 외국인 직업여성을 위한 피난센터 'HELP'를 개설했다.

성의 자유화와 성적 자립

빨간 손톱에 원색 드레스, 하이힐 차림의 가창이 미군 병사와 팔짱을 끼고 걷거나 공공연하게 키스하는 모습은 당시 일본인에게 문화적 충격을 주었고, 전후의 성의식 변화에도 적지 않은 영향을 끼쳤다. 군국주의의 해체와 '이에' 제도의 폐지는 지금까지 가장 심하게 억제되어 온 성과 연애의 해방을 가져다주었다. 이시자카 요지로(石坂洋次郎, 1900~1986)의 청춘 소설 『푸른 산맥(青い山脈)』은 속박에서 벗어나 해방감을 만끽하는 당시 젊은 세대의 분위기를 생생하게 전해 준다.

자유분방한 젊은 세대의 모습을 그린 아쿠타가와상(芥川賞) 수상작 『태양의 계절(太陽の季節)』이 영화화되어 '태양족 붐'이 일어나고, 로큰롤 가수 엘비스 프레슬리(Elvis Presley, 1935~1977)가 일본에서도 압도적인 인기를 누린 것은 1956년의 일이다. 양자 모두 거리낌 없는 '섹시' 어필이 특징이었다는 점에서, 고도 경제 성장 초창기의 젊은 세대의 의식 변화를 읽을 수 있다. 1960년에 베스트셀러가 된 『성생활의 지혜(性生活の知恵)』(謝国権 저)와 피임의 보급은 성에 대한 인식을 생식의 성과 쾌락의 성으로 분리시키는 작용을 했다. 이후 사랑과 성에 관한 기술서가 속출했고 여성 잡지에는 성 정보가 범람했다.

1960년대 후반부터 선진 공업국에서는 급격한 도시화와 대중화가 진행되었고, 여기에 페미니즘의 영향이 더해지면서 성의 해방이 가속화되었다. 일본 청년의 성의식 중 '혼전 성관계'에 대해 살펴보면 1973년에는 '어떠한 경우에도 피해야 한다'가 30퍼센트에 가까웠지만 1983년에는 11.4퍼센트로 감소했다(総務庁, 『世界の青年との比較からみた日本の青年』, 1984). 실태 조사에 따르면 1972년에는 약혼자 중 '성 경험이 있다'라고 응답한 사람은 남녀 모두 약 60퍼센트를 차지했다(総理府, 『現代日本女性の意識と行動』, 1974). 그러나 결혼으로 이어지지 않는 성관계에 대해서는, 남성에게는 관대하고 여성에게는 엄격한 이른바 '성의 이중기준'이 젊은 세대에도 뿌리 깊게 남아 있었다.

성 해방에 편승하는 형태로 성의 상품화도 진행되었다. 1970년대 후반부터 마치 매춘 안내 같은 신문 기사나 TV 프로가 매스미디어에 등장하게 되면서 매춘을 용인하는 풍조가 강해졌다. 이런 현상은 청소년의 성의식 형성에 무시할 수 없는 영향을 끼쳤다.

1985년 총리부가 실시한 '성의식에 관한 여론 조사'에 따르면, 매춘을 허용할 수 없는 이유로서 풍속 환경의 악화와 사회 질서의 문란을 드는 사람이 64.7퍼센트였고, 인권 문제를 드는 사람은 16.8퍼센트밖에 되지 않았다. 한마디로 성의 자유화는 매춘 문제를 빼놓고는 말할 수 없다고 하겠다. 이런 상황에서 남녀 모두가 진정한 성적 자립과 성적 자유를 추구해 간다는 것은 매우 곤란한 일이다. 일본의 남녀 관계에 대해서는, 다른 나라 여성에 대한 일본인의 성적 착취 문제와 관련해서 더욱 엄격한 문제 제기가 이루어지고 있다.

3. 고도 경제 성장과 가족

소득 배증 정책

안보 투쟁 후에 등장한 이케다[5] 내각은 경제 문제는 자신에게 맡겨 달라면서 소득 배증 정책을 전면에 내세웠다. 후생대신(厚生大臣)에는 일본 최초의 여성 대신이 된 나카야마 마사(中山マサ, 1891~1976)를 임명했다. 총선을 앞두고 '여러분의 월급을 2배로 만들어 드리겠습니다'라는 선전으로 교묘하게 국민의 마음을 사로잡았다. 그 후 일본 경제는 본격적인 고도성장에 돌입했고 1968년에는 GNP가 미국에 이어 세계 제2위가 되었다.

이 고도 경제 성장은 일본의 산업 구조를 크게 변화시키고 국민 생활에도 큰 영향을 끼쳤다. 대기업을 우선시하는 국가의 정책은 공공요금을 비롯한 물가의 상승을 가져왔다. 또 대기 오염 등의 공해, 교통사고의 급증, 수험 경쟁의 격화 등도 야기했다. 경제 성장을 지탱한 것은

5 이케다 하야토(池田勇人, 1899~1965), 일본의 정치가로 총리대신 역임.

'기술의 혁신'과 '합리화'가 진행되는 가운데 장시간의 혹독한 중노동을 감내해야 했던 '일벌' 즉 남성이었다. 여기에 새로운 노동력으로 기업에 흡수된 농민과 주부의 역할도 컸다.

1960년의 『국민 생활 백서』가 '생활 혁신'이라고 표현한 것처럼 일상생활도 급격히 변해 갔다. 냉장고, 세탁기, 텔레비전 등 전기 제품의 보급과 인스턴트 라면의 발매를 비롯한 식생활의 변화 그리고 기성복의 보급과 출생아 수의 감소 등은 주부에게 시간적 여유를 제공했다. 그러나 주부는 그런 상품을 구입하기 위해서라도 파트타임의 일자리를 찾아야만 했다. 핵가족화, 맞벌이, 돈벌이를 위한 대규모 이농 등의 현상은 가족의 모습을 변화시키고 동시에 새로운 모순을 낳았다.

돈벌이를 위한 이농과 그 그림자

돈벌이를 위해 남편을 멀리 떠나보낸 이와테현(岩手県)의 한 농촌 여성은 다음과 같이 회고했다. "외로웠습니다. 저녁 무렵 밭에서 남몰래 울기도 많이 울었습니다. 혼자서 잠드는 일은 고통이었습니다." "밤

표1 산업별 취업 인구비의 추이(『일본 국세 도회(日本国勢図会)』 1986년 판)
총리부 통계국 국세 조사 보고에 의함. 분류가 불가능한 것은 제3차에 포함시킴

연도	제1차 산업	제2차 산업	제3차 산업
1950	48.3	21.9	29.8
1960	32.6	29.2	38.2
1965	24.6	32.0	43.4
1970	19.4	34.0	46.6
1975	13.9	34.1	52.0
1980	10.9	33.5	55.6

늦게 이불을 뒤집어쓰고 울었습니다(『女の戦後史』)."

고도성장 정책은 농민의 생활을 크게 바꿔 놓았다. '농업의 근대화'를 캐치프레이즈로 성립한 1961년의 농업 기본법의 본질은 농업 구조의 개선이라는 명목 하에 영세 농가를 없애는 데 있었다. 그리하여 농업 인구의 60퍼센트를 삭감시키고 이를 공업 노동력으로 전환시키려는 것이었다. 그 배경에는 '미일 경제 협력'에 의한 미국산 잉여 농산물의 대량 수입이 있었다. 1950년대 후반에 황금알이라 불릴 정도로 인기가 있던 농촌의 젊은 세대는 도시로 진출했고, 1960년대에 들어오면서는 농업의 중심적 존재인 남성마저도 호경기를 누리는 공장이나 건설 현장으로 돈벌이를 떠났다. 농촌에 남겨진 가―짱(어머니), 바―짱(할머니), 지―짱(할아버지)에게 의지하는 산 짱 농업이 농촌의 일반적인 모습이 되었다. 1960년의 농가 호수는 660만 호였지만 고도성장이 막을 내린 1973년에는 516만 호가 되어 90만 호의 농가가 자취를 감췄다. 그러나 그보다 더 극적인 변화는 전업농가가 격감한 반면, 농사 이외의 다른 수입을 주된 수입원으로 하는 제2종 겸업농가가 급증한 것이라 하겠다.

도시로 돈벌이 원정을 떠난 남성은 농번기와 명절 때가 아니면 농촌으로 돌아오지 않았다. 그 때문에 농촌에 남겨진 여성은 '반년 과부'라 불렸다. 아내는 남편이 없는 외로움을 참아가며 일에 몰두했고 노동력의 부족은 농기구의 구입을 통해 메워 나갔다. 남편은 남편대로 부족한 농기구 대금을 지불하기 위해 돈벌이 원정에서 벗어나지 못하는 악

도시로 돈벌이를 떠난 남편을 대신해 눈을 치우는 농가의 주부(橋本紘二 **촬영)**

순환에 빠져 들었다. 급한 대로 현금을 손에 넣을 수 있는 돈벌이 원정은 매력적이었지만 도시 생활에는 농촌에서는 상상도 할 수 없는 함정이 도사리고 있었다. 작업 현장에서 생각지도 못한 안전사고가 발생하는가 하면 고용주가 수개월 동안 몸을 혹사시키며 일한 임금을 지불하지 않은 채 도망가는 일도 일어났다. 가족과 떨어져 지내는 외로움을 견디다 못해 유흥가의 유혹에 빠져 버린 탓에 농촌으로 아예 돌아오지 않는 남성도 있어서 '인간 증발'이라는 말까지 생겨났다. 아키타현(秋田県)에 돈벌이 원정 관련의 호조회(互助会)[6]가 설립된 것은 1970년의 일이다.

일 년에 한두 달 정도 밖에 함께 하지 못하는 부부 생활은 부부의 기반 그 자체를 동요시켰다. 또 아버지가 부재중인 가정에서는 아이에

6 회원들 간의 상호 부조를 목적으로 만들어진 조직.

대한 태도도 결국에는 엄격하지 않게 되어서, 오랜만에 집으로 돌아오는 아버지는 선물을 잔뜩 사오거나 용돈을 듬뿍 주면서 아이의 환심을 사려고 했다.

과거의 농가 생활은 온 가족이 총 출동해서 농사일이나 집안일을 서로 도와가며 분담하는 형태였다. 가족은 생산의 단위이자 아이를 낳아 기르는 생활의 단위이기도 했다. 그런 생활 속에서 아이는 가업인 농업을 몸에 익혔던 것이지만, 농업에서 앞으로의 아무런 희망도 찾을 수 없게 된 부모는 딸을 농가로 시집보내는 것을 원하지 않았다. 반면에 농업을 물려받은 장남에게는 시집오려는 며느리가 없어서 고민할 수밖에 없는 처지에 놓이게 되었다.

산촌 지역의 사정은 더욱 심각했다. 산촌의 생활은 목재를 운반하거나 목탄을 만드는 일이 중심이었는데, 목재 대신 새로운 건축 자재가 사용되고 또 '연료 혁명'으로 프로판 가스나 석유가 보급되면서 목탄의 수요도 급감했다. 돈벌이 원정만으로는 도저히 어찌할 수 없게 된 경우에는 일가족이 몽땅 산촌을 떠나는 일도 있었다. 그와는 반대로 산촌에서 어떻게든 살아 보려는 경우에는 정부가 권장하는 축산 등으로 업종을 바꿔 보기도 했지만, 이 역시 남는 것은 빚뿐이었다. 인적이 드물어진 산촌에는 버스도 다니지 않게 되었고 이에 어쩔 수 없게 된 사람들은 도시로 빠져 나갔다. 폐촌이 된 곳도 부지기수였다.

고도성장은 어촌의 생활과 가족에게도 영향을 미쳤다. 임해 공업지대를 조성하기 위해 매립한 간척지에는 석유 콤비나트와 공장이 들어섰고, 이곳에서 배출된 유해한 폐수는 바다를 오염시켰다. 또 대규모 어업이 연안 어장에서 벌이는 대규모 남획은 영세한 연안 어업에 타격을 주었다. 어업 생산고를 보면 1960년에는 연안 어업 36퍼센트와 대규모 어업 14퍼센트이던 것이, 1974년에는 연안 어업 26퍼센트와 대규모 어업 29퍼센트로 상황이 역전되었다. 어장을 빼앗긴 영세 어민은 전업으로 내몰렸다. 대규모 원양 어선에 고용된 사람은 농가의 돈벌이 원정과 마찬가지로 가족과 떨어져 살 수밖에 없었다. 어업이 아닌 다른 직업으로 바꾼 사람 중에는 불안정한 취로가 많아서 아내도 파트 일을 할 수밖에 없었다. 보상금을 밑천 삼아 자영업으로 전직한 가족도 있었지만, 그 보상금을 둘러싸고 지역과 가족 사이에서 분쟁이 일어나는 일도 있었다. 오이타현(大分県) 가자나시(風成) 지구는 일치단결해서 매립 조성에 반대하고 재판에서도 승리함으로써 어장을 지켜내는 데 성공했다. 그리고 그 투쟁에는 여성의 역할이 매우 컸다.

2DK의 마이 홈

고도성장의 시기는 일본의 가족 형태를 실질적으로 변화시켜 전후의 신민법이 표방한 신가족 즉 부부와 미혼 자식을 중심으로 하는 핵가족을 실현시켰다. 농촌에서 도시로 나간 젊은 노동자들 사이에서는 배우자 선택에 있어 애정을 우선시하는 연애결혼을 선호하는 경향이 뚜렷해졌다. 중매결혼과 연애결혼의 비율이 역전된 것은 1965년의 일이다. 결혼한 부부의 신접살이는 1950년대 말부터 주택 공단이나 주택 공사가 건설한 도시 교외의 고층 주택 단지였다. 다다미(畳) 6장 넓이의 방과 4장 반 넓이의 방에 다이닝 키친(dining kitchen)을 갖추고 여기

에 욕실과 수세식 화장실이 붙어 있는 구조로, 화장실과 부엌이 공용인 민간의 목조 아파트에 비하면 아주 훌륭했다. 추첨을 통해 운 좋게 입주한 사람은 단지족(団地族)이라 불렸다. 단지에 입주한 대부분의 남편은 샐러리맨이었고, 신혼 초 직장인이던 아내도 임신 이후에는 전업주부가 되어 두 아이의 양육과 가사에 전념하는 것이 일반적이었다. '안녕, 아가야(こんにちは赤ちゃん)'라는 노래가 유행한 것은 1963년의 일이다.

이런 젊은 세대의 가족관은 전통적인 '이에' 제도에서 독립한, 행복한 마이 홈을 꿈꾸는 것이었다. 전자 제품, 마이카, 피아노 등에 둘러싸인 '풍요로운 가정'에서 남편은 가족을 위해 열심히 일하고 아내는 휴식처로서의 가정을 보살핀다는 구도는, 국민에게 중산층 의식을 꿈꾸게 했다. 그러나 현실은 그리 녹녹치 않아서 마이 홈은 그저 구호에 지나지 않을 뿐이었다. 기본급만으로는 생활이 되지 않자 남편은 잔업에 매달리는 '맹렬 사원'이 되었고 이 때문에 자연히 가정을 돌아볼 여유가 생기지 않았다. 또 아내는 아이가 조금 크면 가계를 돕기 위해 파트로 일하지 않을 수 없었다. 아이들은 아이들대로 목에 집 열쇠를 걸고 돌아다니는 일이 자주 목격되었다. 이런 도시의 '마이 홈' 가족도 명절 때는 고향으로의 '민족 대이동'에 동참했다. '이에' 제도의 여운은 도시 가족에게도 여전히 남아 있었다.

한 세대 당 평균 인원은 전전부터 약 5명으로 그다지 큰 변화가 없었다. 그러나 1955년 4.97명, 1960년 4.54명, 1970년 3.73명으로 줄어든 데서 알 수 있듯이, 1960년을 경계로 급속히 감소했다. 특히 도시에서의 감소가 현저했다. 젊은 세대 혹은 노인 세대만으로 구성된 단신 세대와 핵가족이 눈에 띄게 늘어났다. 핵가족화, 가족 수의 감소, 맞벌이의 증가 등은 가족의 기능을 약화시켰다. 가족 구성원 중 누군가에게 사소한 트러블이라도 생기면 가족은 바로 동요하고 붕괴 위기에 처하기도 했다. 이혼율은 1963년에 전후 최저치인 0.73을 기록했지만 그 후로는 다시금 해마다 증가했다. 특히 도시에서의 이혼율이 높아서 1975년의 전국 평균이 1.07이었던 데 비해 도쿄는 1.30, 삿포로(札幌)는 1.93, 기타큐슈시(北九州市)는 1.64였다. 이혼율의 증가와 함께 나타난 특징적인 현상은 아내 쪽에서의 이혼 신청이 많아졌다는 것이다. 의식 조사의 결과에 따르면 이혼에 대한 의식 변화는 여성 쪽이 컸다. 과거에 결혼이 유일한 여성의 살 길이었던 시대에는 결혼 못한 여성은 '독신녀'라 불렸고 아이를 낳지 못하는 여성은 '석녀(石女)'라고 멸시받았으며 이혼당한 여성은 '소박데기'로 차별받았다. 이런 의식의 속박이 풀린 것도 1960년대를 지나면서였다.

이혼 시 아이의 친권자는 70퍼센트가 아내 쪽이었다. 아이는 '이에'의 상속자이자 아버지의 소유라는 '이에' 의식의 후퇴가 엿보인다. 남편과의 이혼으로 출현한 모자 가정은 사별 가정을 상회하게 되었다. 그러나 위자료는커녕 양육비조차 지불하지 않는 아이의 아버지가 많아서 모자 가정의 평균 수입은 일반 근로 가정의 약 절반 정도에 지나지 않았다. 결국 이들 모자 가정은 고도성장 하에서 새로운 빈곤층을 형성했다.

핵가족이 갖는 더욱 큰 모순은 노인 문제였다. 과거에는 노인 문

제라는 말조차 존재하지 않았다. 평균 수명의 급속한 연장과 핵가족화의 진행은 노인 문제를 부각시켰다. 1960년에는 여성의 평균 수명이 70세를 넘어섰다. 그해의 노인 인구는 5.7퍼센트였고 1975년에는 7.9퍼센트로 늘어났다. 아리요시 사와코(有吉佐和子, 1931~1984)의 소설 『황홀한 사람(恍惚な人)』이 베스트셀러가 된 것은 1972년의 일이었다.

노인 문제하면 일반적으로 '빈곤, 질병, 고독'을 떠올리게 된다. 이것은 곧 노인 문제의 본질이 경제 문제(연금이나 취로), 의료 문제, 사회적 활동을 포함한 삶의 보람 문제에 있다는 것을 의미한다고 하겠다. 고령화 사회로의 진행 템포가 빠른 탓에 사회 보장 제도의 정비는 그것을 따라가지 못했지만 어느 정도의 진전은 보였다. 1959년에는 국민연금 제도가 발족함으로써 선택적이기는 하지만 처음으로 가정주부에게도 연금 가입의 길이 열렸다. 또 1963년에는 노인 복지법이 제정되어 공적으로 운영되는 노인 간호 시설인 '특별 요양 노인 홈'이 제도화되었고, 1973년부터는 70세 이상의 노인에 대한 의료비의 무료화가 실현되었다. 지방 자치체의 특별 조치에 의해 도쿄 등에서는 65세 이상의 노인에 대한 무료 의료 서비스를 시작했다.

기업과 남성

고도 경제 성장을 가장 직접적인 형태로 떠받친 것은 기업의 산업전사인 남성이었다. 일찍이 어느 신문은 그런 남성의 실태를 '기업 인간—기업 = 0'이라는 방정식으로 보여준 적이 있다. 기업은 컴퓨터의 도입 등을 통해 합리성을 높이는 한편, ZD 운동과 HR 운동[7] 같은 다양한 노무 관리를 통해 사원의 일상생활까지 엄격하게 관리했다. 기업이 기대한 것은 모든 에너지를 기업에 바치는 '맹렬 사원'으로서의 역할에 충실한 것이었다.

이런 격심한 생존 경쟁에 심신을 소모시키는 나날이 계속되면서 여러 형태의 모순이 분출하기 시작한 것은 1960년대 후반의 일이었다. 요미우리신문 경제부가 편찬한 『직장 사막(職場砂ばく)』에 의하면 '알코올 중독자…모 대기업 제철 회사의 가족 조사를 보면 남편이 매일 0.9리터 이상의 술을 마신다고 대답한 아내가 24퍼센트나 된다. 증발…자살에 가까운 심리 상태에 몰린 샐러리맨의 증발은 1년에 약 1만 명에 이른다. 현대의 순직…스트레스나 과로에서 오는 수면 돌연사가 급증하고 있다. 우울증…직장 내의 정신 질환의 증가, 특히 모순 전가의 피해는 중간관리직인 계장에게 집중된다. 초조병…일에 대한 자신감의 상실, 상사나 동료와의 불화 등과 같은 심적 초조가 두통, 불면증, 만성설사 등을 초래한다. 도박 중독…경마, 경륜 등에 빠져들어 결국 증발'이라는 상태가 보고되고 있었다. 이렇게 확실한 형태의 병적 상태가 아니더라도 직장을 그만두고 싶다는 생각을 한 적이 있는 사람은 '한 번은 있다'는 경우까지 포함하면 79.5퍼센트에 달했다.

1965년에 나온 중앙 교육 심의회의 답신 '기대되는 인간상'에서는 '사랑의 공간으로서의 가정'이 강조되었다. '맹렬 사원'인 남편을 상

---

7 ZD 운동은 무결점, 무결함 운동을 말한다. 1960년대 미국 기업이 미사일의 납기 단축을 위해 처음부터 완전한 제품을 만들자는 운동을 벌인 것이 계기가 되었다. HR 운동은 생산에 종사하는 사람들 사이의 인간관계를 말한다. 노사 관계나 노동자 간의 인화를 도모하여 생산성을 향상시키려는 운동이다.

낭하게 맞이해서 잘 쉬게 한 후 다시 직장으로 내보내는 아내의 역할은, 현모양처라기보다는 성별 역할 분업에 충실한 모습이었다. 남편의 노동력 재생산을 아내의 역할로서 자리매김한 것이다.

여성 주간지 등은 '남편에게 사랑받는 법'에 관한 특집을 하루가 멀다 하고 기획하는 등, 남편에게 정성을 다하는 여성의 행복을 이미지화하는 데 주력했다. 1960년대 말부터 70년대 초에 걸쳐 샐러리맨의 아내를 대상으로 한 교육 관련 서적도 다수 출판되었다. 후에 가이후(海部)[8] 내각의 경제 기획청 장관이 된 다카하라 스미코(高原須美子, 1933~2001)의 『남편을 성공시키는 아내, 비즈니스맨의 가정 경영(夫を成功させる妻, ビジネスマンの家庭経営)』(文藝春秋)과 미키 요노스케(三鬼陽之助, 1907~2002)의 『아내 터부집(女房タブー集)』(光文社) 등은 '남편은 전쟁터인 직장에서 전력을 다해 싸우고 아내는 전사인 남편을 모시면서 가정을 지킨다'라고 가르쳤다. 기업 전사와 그를 받쳐 주는 후방의 아내로서의 역할을 강조한 것이다.

8 가이후 도시키(海部俊樹, 1931~)는 일본의 정치가로 총리대신을 역임한 인물이다.

4. 흔들리는 가족

남편의 오늘과 내일

1980년대에 들어오면서 남편의 그늘진 모습이 사회적으로 부각되기 시작했다. 그것은 기업의 긴축 경영 속에서 고민하는 남편의 모습이었고, 아내의 이혼 청구와 그동안 누리던 부권의 실추에 당황하는 남편의 모습이었다.

대기업에 근무하는 A 씨는 45세, 정신과 클리닉에 입원한 상태로 통근한다. 장기간 사용하던 기계 대신에 컴퓨터 식 기계가 도입되면서부터 그 새로운 기계를 다룰 수 없을지도 모른다는 불안감에 휩싸였다. 회사에 가려 해도 갈 수 없게 되었고 계속되는 우울 증세로 고통의 나날을 보냈다. 아내의 격려는 A 씨에게는 오히려 부담이 되었고 결국은 입원을 하게 된 것이다(NHK 취재반『夫たちの憂うつ』).

A 씨뿐만 아니라 파견 근무나 단신 부임, 책임량 미달성을 계기로 우울증에 걸리는 샐러리맨이, 특히 45세부터 59세까지의 중장년층 사이에서 1970년대 후반부터 점차로 증가하는 경향을 보였다. 심지어

자살에 이르는 중장년층 샐러리맨도 늘어났다. 1984년의 남성 자살자 1만 650명 중 40~50대가 47퍼센트를 차지했고 그 원인의 대부분은 근무 문제였다. 또 산업 재해나 지금은 국제어가 되어 버린 '재패니즈 과로사'도 급증했다. 과로사는 산재 청구 건수만 하더라도 1985년의 441건(인정 39건)에서 1988년에는 676건(인정 81건)으로 늘어났다.

한창 일할 나이인 중장년층 샐러리맨의 몸과 마음의 건강을 해치는 원인은 두 가지였다. 하나는 '남성은 처자를 부양해야 한다'는 전통적 남성의 역할 관념에 얽매인 부담감, 또 하나는 1973년 제1차 오일 쇼크 이후 추진되고 있던 경제 정책이었다. 하루의 4분의 2에서 4분의 3을 직장에서 보내야 하는 샐러리맨에게는 후자의 영향이 매우 컸다. 오일 쇼크 후 일본 경제계는 서비스나 정보 산업과 같은 제3차 산업을 중시하게 되었고, 제조 부문의 해외 이전을 통한 산업 구조의 전환을 꾀했다. 또 컴퓨터의 도입 등 사무 자동화에 의한 기술 혁신을 추진했다.

최소의 인원으로 최대의 이윤을 추구하는 긴축 경영은 파트타임이나 파견 노동자 등과 같은 불안정 고용을 늘리는 한편, 명예퇴직이나 파견 근무라는 명목의 해고를 급속히 증가시켰다.

또한 종신 고용제나 연공서열 임금제에서 능력 위주의 노무 관리 제도로 전환했다. 기업 전체가 전산화되면서 사원은 고속도로를 전력 질주하느라 도중에 내릴 수 없게 된 자동차와 같았다. 세계 제1의 장시간 노동, 금융의 국제화와 더불어 늘어가는 야간 업무 그리고 초 과밀 노동이 겹치면서, 일본 가족의 대부분을 차지하는 노동자 가족의 샐러리맨은 전례 없이 가혹한 기업 전쟁터에서 일하며 병들어 갔다.

표2 세대 규모의 축소와 국가 간 비교(湯沢雍彦, 『図説 現代日本の家族問題』)

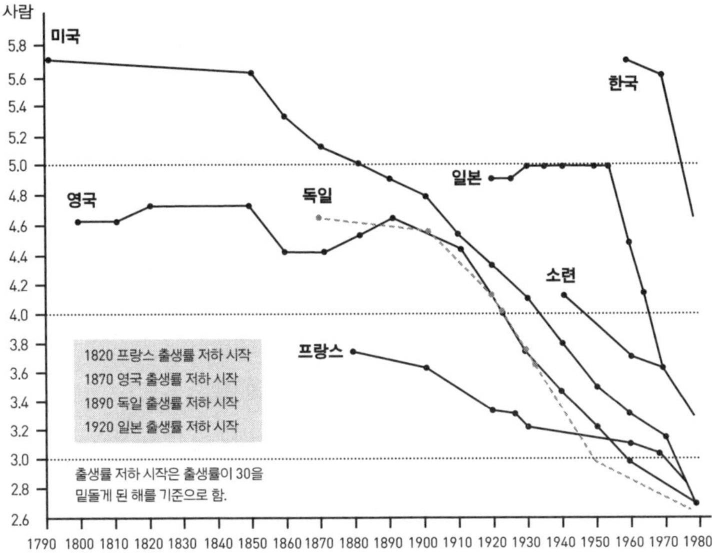

1987년을 기준으로 1,699만 명에 이르는 여성 고용 노동자도 1986년에 고용 기회 균등법이 시행된 이후에는 점차 과밀 노동의 현장으로 휩쓸려 들어갔다. 약 1,000만 명에 가까운 주부 노동자 중에서 75퍼센트는 아이가 있는 노동자였다. 또 그 가운데 파트타임이나 아르바이트에 종사하는 주부 노동자는 46퍼센트에 달했다. 상근으로 일하는 아내와 어머니는 육체적 만성 피로를 호소했고 지병을 가진 사람도 20.9퍼센트나 되었다(労働省,「既婚女子労働者の生活実態調査」, 1989). 게다가 그들은 장시간 노동에 시달리는 남편에게서 가사나 육아에 대한 도움을 기대할 수도 없어서, 혼자서 가정 일을 떠맡아야 했다.

1980년대에 들어오면서 간사이 경제 동우회 등의 경제 단체는 잇달아 아버지의 권위 부활을 외치며, 부권의 부활과 부부 생활의 안정을 위한 기업 연수를 촉구했다. 아버지를 가정으로부터 분리시켜 아버지로서의 역할을 하지 못하게 만든 바로 그 기업이, 건전한 노동력을 공급하는 기반이라 할 수 있는 가정의 안정을 기대하며 가족의 인간관계에 개입하기 시작했다.

현대의 기업은 남편이나 아버지를 가정으로부터 빼앗고 아내와 어머니를 빼앗고 그들의 몸과 마음을 해쳤다. 또한 가족 간의 대화와 오락의 기회도 빼앗아 가족의 인간관계를 희박하게 만들었다. 게다가 외식 산업과 교육산업의 번성에서 알 수 있듯이, 종래 가족이 해 오던 일을 빠르게 기업화했다. 오늘날의 가정은 더 이상 모진 세파로부터 가족을 지켜 주는 신성한 장소가 아니다. 기업과 가족 사이의 경계도 사라진 상태다. 외국에 비해 급속도로 세대 인원과 세대 기능이 축소된 일본의 핵가족은 산업 구조의 전환 과정에서 붕괴의 위기에 직면하고 있는 것이다.

취사 선별의 편차치 교육, 관리주의 교육의 진행 속에서 아이들은 가정 내 폭력, 등교 거부, 이지메, 중도 퇴학, 가출이나 자살 등 여러 가지 형태로 SOS를 보내고 있다. 이것 또한 현대의 가족이 떠안고 있는 위기다.

기능이 축소된 가족을 지탱해 준 것은 정부의 사회 보장 정책이었다. 1973년에는 노인 의료의 무료화를 실시했고 복지 원년임을 표방했다. 1970년대 후반에는 수익자 부담을 원칙으로 하는 일본형 복지 사회론도 등장했다. 문부성이 1978년에 발표한 '가정 기반의 충실에 관한 대책 요강'은 노부모의 부양과 아이의 보육은 제1차적으로는 가정의 책임인 것으로 명시했다. 그리고 양육이 끝난 후 여성이 자원 봉사 활동을 중심으로 사회에 참여한다고 하는 여성의 라이프 사이클을 제시했다.

1983년도 판 『국민 생활 백서』는 가족 내의 남녀평등, 남녀 역할 분업의 변화를 지적하고 개성적 가족의 창출을 강조하면서 가족의 자조 노력을 당연시했다. 경제 기획청의 『20××년 어느 가족의 생활 이야기―당신의 미래 생활을 예상한다』(1988년)가 묘사한 것은 플렉스타임제[9]를 이용해 우아한 생활을 영위하는 대기업 전기(電機)[10] 제조 공장장인 남편과 취미 활동, 지역 활동 등을 즐기는 아내로 구성된 가족 구도였다. 아마도 그것은 역할 분업을 토대로 한 극소수 엘리트 가족의 모습일 것이다. 가족을 해체 위기에 처하게 한 기업 활동과 나라의 빈약한 사회 보장, 이것이 농어촌을 포함한 일본 가족의 환경이자 현실이다.

사추기(思秋期)를 이룩한 아내

일본인의 평균 수명이 세계 제1위가 된 것은 1977년이었고 1985년에는 여성의 평균 수명이 80세(남성 74.78세)를 넘어섰다. 미혼자를 포함한 여성 1인 당 출생률은 1990년에 사상 최저인 1.53이었다. 1951년생인 여성의 경우 막내 아이 취학 시의 평균 연령은 34.8세였다. 육

---

9 선택적 근로 시간제로서 출퇴근 시간을 융통성 있게 운용하는 제도.

10 전기란 텔레비전 등의 가전제품, 발전기 등의 중전 제품, LSI 등의 반도체, 항공 우주 기기, 병기 등을 말한다.

아에서 벗어난 여성의 후반생은 45년 남짓, 막내 아이의 결혼 후에도 35년 가까이 남아 있는 셈이어서, 사실상 인생의 대부분을 차지했다. 메이지 후반에 태어난 여성이 막내 아이의 결혼 후 평균적으로 볼 때 불과 3개월 후에 사망한 사실을 돌이켜 본다면, 여성의 라이프 사이클에 획기적인 변화가 일어났음을 알 수 있다.

라이프 사이클의 이런 변화는 여성 자신이 여성의 역할에 대해 이의를 제기하는 큰 원인이 되었다. 즉 가사와 육아 등 가정 내의 일은 여성의 일생에 걸친 주된 생활로서 역사적으로 형성되어, 1000년 가까이 이어져 내려온 여성의 역할이라는 관점에 대해서, 이의를 제기하게 된 것이다. '나의 인생은 이것으로 끝인가?'라는 자기 상실감이 깊어진 아내나 어머니 중에는 음주 주부(kitchen drinker)에서 알코올 중독으로 빠지는 경우도 적지 않았다. 어느 저널리스트는 자기 상실의 바다에서 표류하는 아내를 '사추기의 아내'라 불렀다. 경제적 고성장 시기에 기업에서 활동하며 남성으로서의 역할에 보람을 느끼고 있던 남편은, 아내의 고충에 둔감하거나 고충 자체를 아예 이해하지 못했다.

이혼이 18만 1,791건으로 전후 최고치를 보여준 1983년에는, 동거 기간이 10~20년 미만에 해당하는 부부의 이혼이 차지하는 비율이 43.1퍼센트로, 당시까지 최고였던 동거 기간 1~5년 미만의 이혼을 앞질렀다. 성격 불화를 이유로 아내가 이혼을 청구한 경우가 많았다. 이런 중년 이혼의 증가는 취업 기회의 증대와 더불어 여성이 자신의 삶을 추구하게 되면서, 남편과 자식 우선의 역할 분업 결혼 생활에서 이탈하기 시작했다는 것을 보여 준다. 이혼은 새로운 인간관계를 창조하

표3-1 전전의 이혼율 추이(1,000명당 건수)

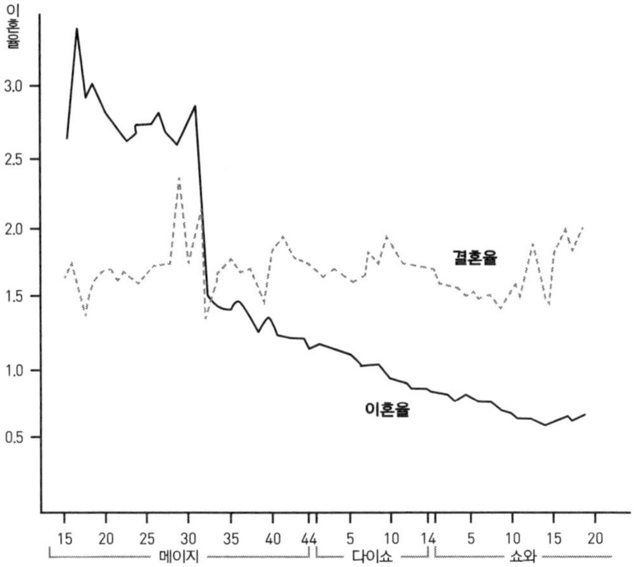

표3-2 전후의 이혼 추이

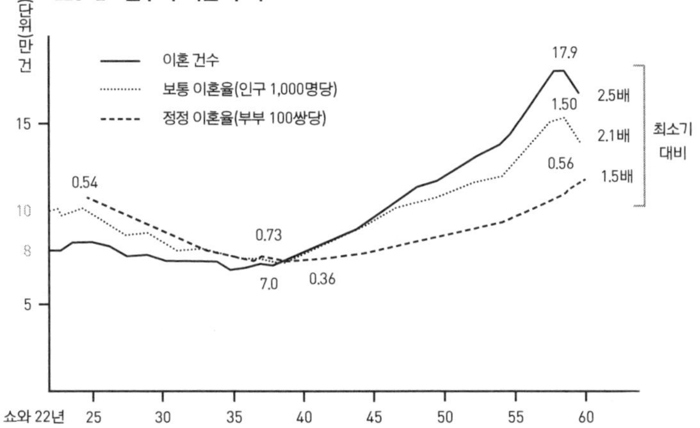

(湯沢雍彦, 『図説 現代日本の家族問題』)

는 출발점이라는 생각이 정착하기 시작했다. 부부의 이혼으로 생겨난 이별 모자 세대 수가 사별 모자 세대를 상회한 것도 이때였다. 또 모자 세대나 부자 세대를 결손 가족이라 부르지 않고 단친 세대(単親世帯)라 부르게 되었다. 단독 세대의 증가와 함께 다양한 형태의 가족이 공인된 반면, 몸도 마음도 멀어진 채로 되는 대로 지내는 '가정 내 이혼' 상태의 부부도 여전히 많은 것이 현실이다.

부족한 교육비와 주택 융자 상환금을 마련하기 위해 또는 사회 참여를 목적으로 취업한 어머니는 대략 800만 명에 달한다. 앞으로는 가사와 일을 병행해야 하는 겸업 주부가 주류가 되고 전업 주부는 점차 감소할 것으로 예상된다. 그러나 기업의 고용 정책과 정부의 가족 정책은 성별 분업을 기본으로 하고 있다. 또 아이가 있는 맞벌이 주부의 직업 환경은 너무도 열악해서 여성 자신도 파트를 바란다. 이 때문에 결혼과 동시에 또는 출산 직후 직장을 그만두었다가 막내가 취학한 후 다시 일하는 M자형 고용 라이프 사이클이 정착하고 있다. 그래서인지 여성 특히 젊은 여성의 성별 분업관에는 큰 변화가 보이지 않는 것도 사실이다.

그러나 취업은 여성에게 해방감과 사회적 시야를 넓혀 주고 있는 것이 확실하다. 또 '국제 여성의 해' 이후에 교육과 소비자, 환경 문제 등과 같은 시민운동에 참가하는 여성도 더욱 증가했다. 양육과 가사에 뿌리내린 여성의 시야가 경쟁 원리와 효율 제1주의에 매몰된 현대 사회를 바꾸는 힘이 되고 있다. 이렇게 성별 역할 분업에 바탕을 둔 여성의 라이프 사이클은 형태뿐만 아니라 그 내용도 변모해 가는 중이다.

섹슈얼리티를 둘러싸고

여성의 결혼 연령은 1980년에 25.2세, 남성은 1985년에 28.2세였다. 이상적인 남성이 나타날 때까지 결혼하지 않는 여성이나 독신주의 여성이 증가했다. 이들은 과거에 여성이 살아가야만 했던 숙명적 삶의 굴레에 구속되지 않는 선택을 시작했다. 한편 남성은 도시나 농촌 할 것 없이 일찍이 없었던 결혼 난에 직면하기 시작했다. 그렇게 된 이유는 여러 가지가 있겠으나 우선 남성의 수가 여성의 수를 웃도는데다가 여성의 의식 변화에 비해 남성의 의식은 거의 변하지 않았다는 점을 들 수 있다. 또 회사의 업무가 바빠서 데이트할 시간적 여유가 없다는 점, 여성은 힘들고 전망 또한 그리 밝지 않은 농업 경영을 싫어하게 되었다는 점 등도 그 이유로 지적할 수 있다. 신랑이나 신부를 찾아나서는 프로그램이 다수 등장한 것도 바로 이 무렵이었다.

농가의 경우는 경영의 유지에 직결되기 때문에 문제가 더욱 심각했다. 그 때문에 업자와 지방 자치 단체에서는 동남아시아 여성을 모집해서 국제결혼을 알선하게 되었다. 아시아의 가난한 여성이 일본인 남성과 결혼한 것은 가족에 보낼 송금이 주된 목적이었다. 이런 국제결혼은 경제 대국이었던 일본의 일면을 잘 보여 주는 대목이다.

섹슈얼리티(성에 대한 의식과 태도)에 관한 여성의 변화도 눈에 띈다. 현직 총리대신이 여성 문제로 추궁을 당한 끝에 정치사상 최초로 사임하게 된 것은 1989년의 일이다. 그해는 또 직장에서의 성관계 강요 등 성희롱에 대한 여성의 항의가 비약적으로 확산된 해이기도 했다. 부부의 성관계에 있어서도 아내는 남편 성욕의 배출구가 아닌, 성의 쾌락을 함께 하는 인간적 관계를 요구하기 시작했다. 노인의 성도 현실의 심각한 문제로 고려되기 시작했다. 성산업이 더욱 번창하는 가운데, 여성의 성에 대한 형용하기 어려운 멸시관을 가진 일본의 성 풍토가 부분적이나마 무너지는 현상이 나타나고 있다.

생식이나 출산과 관련해서도 서로 상반되는 두 가지 경향이 있다. 영리를 우선시하는 병원 경영은 1980년 사이타마현에서 발생한 후지미(富士見) 산부인과 병원 사건처럼 건강한 여성의 자궁까지 제거해 버렸다. 1970년대는 병원의 스케줄에 맞춰서 출산 예정일을 정하는 관리 출산과 회음 절개에 의한 출산이 유행했다. 한편 출산하는 여성 자신이 납득할 수 있는 출산이나 부부의 인연을 더욱 돈독히 만들 수 있는 출산을 목적으로 조산부를 찾는 경우도 늘어났다. 또 호흡법을 활용하여 남편이나 가족과 함께 출산에 임하는 라마즈 분만법에 의한 출산을 선택하는 여성도 늘어갔다. 자격이 있는 조산부에 의한 출산을 분만의 제1차 혁명이라 한다면, 병원 출산은 분만의 제2차 혁명, 산모 스스로가 선택하는 출산은 분만의 제3차 혁명이라 할 수 있다.

아이를 낳을 것인지를 결정하는 것은 출산하는 산모의 권리라는 사상도 1970년대의 우생 보호법 개정 반대 운동을 전개하는 과정에서 퍼져 나갔다. 그러나 급속도로 발전하는 생식 기술의 개발 등, 인간의 성이 다시금 관리될 위험도 나타나고 있다.

성은 인간성의 본질을 이루는 것이다. 여성의 성이 무시당한다면 남성의 성 또한 무시당하는 것이라서 성의 불완전 연소는 남녀 모두에게 지속될 수밖에 없다. 인간의 성 전반을 인간답게 만들어 가기 위한 모색은 바로 여기에서 출발했던 것이다.

가족의 행방

1967년에는 이혼 후에 결혼 전의 성으로 돌아갈 수 있는 이혼 복씨(復氏)의 자유가 보장되었고, 1984년에는 배우자의 상속분이 3분의 1에서 2분의 1로 개정되었다. 또 1986년에는 아버지가 외국인인 자녀의 국적 취득은 부계에서 부모 양계로 개정되었다. 이렇게 민법과 국적법, 호적법이 개정된 데 이어서 1991년에는 여성의 재혼 금지 기간 등 민법에 남아 있는 남녀 불평등 규정에 대한 재검토가 시작되었다. 아울러 부부 각성 선택제 등에 대한 검토도 법제 심의회에서 시작되었다. 고교 가정과 교과목의 남녀 공동 이수 및 필수화도 1994년에 들어와 실현되었다. 이런 개정이 가능했던 것은 경제 발전에 따른 사회 변동, 국제 여성의 해의 영향 그리고 무엇보다도 여성들의 운동이 있었기 때문이다.

요즘에는 남성에게서도 변화의 조짐이 나타나기 시작했다. 육아 시간을 회사에 청구하거나 가정과 양립하는 맞벌이를 유지하기 위해 전근을 거부하고 소송을 걸기도 한다. 또 아내를 간호하기 위해 지위의 강등을 희망하는 경우도 있다. 이렇게 남성은 다양한 방법을 동원하여 일에 매몰되어 온 그동안의 인생을 수정하고 가정과 일의 양립을 꾀하기 시작했다. 그러나 이런 변화는 아직 시작 단계일 뿐이다. 자립한 인간이 서로 협력하면서 가정의 운영이나 직업에 종사하는 가족 관계가 널리 보급되기 위해서는, 노동 시간의 단축 등과 같은 노동 조건의 개선이 이루어질 필요가 있다. 또 사회 복지를 충실히 해서 가족이 편안히 살 수 있는 생활환경을 실현하는 일도 중요하다. 종래의 남성의 역할이나 여성의 역할에 얽매이지 않는 의식의 변화를 재촉하는 일 또한 반드시 필요하다.

고령화 사회의 도래는 가족의 변화라는 관점에서 볼 때 이중 삼중의 의미를 갖는다. 1990년에 남성 65세 이상, 여성 60세 이상의 고령자 세대는 419만 세대로 전 세대의 10퍼센트에 해당하는 사상 최고치를 기록했다. 1970년과 비교해 보면 무려 2.6배에 달하는 수치다. 오랜 노후 기간을 서로 마주보며 지낼 수 있는 부부 관계를 어떻게 만들어 가면 좋을까? 남편의 부모든 자신의 부모든 노부모를 돌보는 일은 주로 아내나 딸이 도맡아서 해 왔다. 여성은 노부모나 남편을 간병하는 과정을 통해 노후를 체험하고 그런 상태에서 마지막으로 자신의 노후를 맞이했다. 그렇다면 과연 남편도 부모의 노후를 마주보며 돌보는 일이 가능할까? 독거노인의 기초 생활을 보장하고 또 국가와 사회 그리고 개인이 공동 책임 하에 노인을 돌보는 복지 정책은 실현될 수 있을까? 고령화 사회는 개인과 사회에 관련된 이런 두 가지 문제를 떠안고 있으며, 이것은 일본의 가족이 새롭게 전환되어 가는 과정에서 걸림돌로 작용하고 있다.

현대는 일본뿐만 아니라 세계 각국의 가족 관계가 변모하고 있는 시대다. 미국에서는 재혼을 거듭하게 되면서 부부와 자녀의 유대 관계를 확인하려는 경향이 나타나고 있다. 스칸디나비아의 여러 나라는 국가 정책으로서 남녀 분업 체제의 개혁을 추진하고 있다. 근대화가 진행되고 있는 케냐의 여성은 대가족이 붕괴되는 고통 속에서 힘들어 하고 있다.

국가나 경제 활동이라는 관점에서 보면, 가족은 생산과 상속의 단위이자 노동력을 재생산해 주는 편리한 공간에 지나지 않는다. 그러나 개인의 입장에서 보면, 가족은 사람이 태어나서 성장하고 또 일하고 늙어가는 모든 활동에 필요한 에너지를 만들어 주는 하나의 생활 공동체다. 이 생활 공동체를 연결해 주는 인간관계가 성애를 포함하여 역사적으로 어떻게 변화해 왔는지에 대해 살펴보았다. 지금 우리는 여성은 물론 인류 모두가 행복하게 살아갈 수 있는 생활 공동체 즉 새로운 가족과 사회를 창조하기 위한 출발점에 서 있다. 이 점을 명기하면서 가족의 역사에 관한 이야기를 끝내도록 하겠다.

전후의 민법 개정에 의해 '이에' 제도가 폐지되면서 '가명(家名)으로서의 씨(성)'는 없어졌지만 민법 제750조에서 '부부 동씨(夫婦同氏)'가 정해졌다. 그 배경에는 호적 제도가 유지됨으로써 부부와 미혼 자식이 한 호족에 편성되게 된 점이 작용했다. 법문 상으로는 '남편 또는 아내의 씨'를 선택할 수 있도록 되어 있지만 부부의 98퍼센트가 '남편의 성'을 택하고 있는 것이 현실이다. 민법학자 와가쓰마 사카에(我妻栄, 1897~1973)와 나카가와 젠노스케(中川善之助, 1897~1975) 등은 일찍부터 각성을 주장했지만 법 개정에까지는 이르지 못했다.

그러나 1970년대에 이르러 결혼 후의 개성(改姓)에 반대하는 운동이 일어났다. 그리고 1984년에 사카키바라 후지코(榊原富士子) 변호사 등에 의해 '부부 각성을 추진하는 회'가 결성되고 1988년에는 사카키바라, 후쿠시마 미즈호(福島瑞穂), 호시노 스미코(星野澄子) 등에 의해 '부부 각성의 법제화를 실현하는 회'가 조직되면서 구체적인 법 개정을 목표로 한 운동이 널리 전개되었다.

이런 운동의 배경에는 기혼 여성의 사회 진출과 경제적 자립이 있었다. 각성을 요구하는 논거로는 여성이 결혼이나 이혼에 의해 성을 바꾸는 것은 업무상 불편할 뿐만 아니라 프라이버시의 침해에 해당한다는 점, 같은 씨의 강제는 '남편 집으로 아내가 들어간다'라고 하는 결혼 관념을 지속시켜 대등한 부부 관계의 구현을 방해한다는 점, 이름은 인격의 일부이고 그 선택권은 본인에게만 있다는 점 그리고 국제적으로도 같은 씨를 강제하는 경우는 소수에 지나지 않는다는 점 등이 있다.

한편 장남과 장녀가 많아지면서 '가명'을 남기고자 하는 이에 의식에 기초한 동기에서 각성을 요구하는 경우도 있었다. 반면 각성론을 비판하는 쪽에서는 자식의 성이 부모와 다른 것은 바람직하지 않으며, 성이 서로 다르면 가족의 일체감을 잃게 된다는 등의 주장이 나왔다.

1990년 12월 법제 심의회 민법부회 신분법 소위원회는 심의 대상에 부부 각성을 포함시킬 것을 결정했다. 그러나 호적의 편성 원리를 어떻게 할 것인지, 각성의 실현에 의해 법률에 의하지 않은 결혼(사실혼) 형태가 배제되는 것은 아닌지, 등의 과제가 해결되지 않은 채 남아 있어서 앞으로 보다 심도 있는 논의가 필요한 상태다.

학교 교육에서 성교육이 필요해진 이유는 청소년기의 장기화, 중절과 피임 등 임신 조절의 필요, 성병의 예방 등 근대의 사회적 환경 변화 때문이었다. 여성의 시점에서 보면 그 밖에도 남존 여비의 근대적 제도에 바탕을 둔, 넓은 의미에서의 성적 억압에 대한 비판을 들 수 있다. 그러면 이하에서 1989년의 개정 학습 지도 요령에 성교육 관련의 내용이 기재될 때까지의 과정을 살펴보기로 하자.

전전의 교육에서 성교육이 문제가 된 것은 1910년대 즉 다이쇼 시대에 들어와서의 일이다. 이 시기에 인간의 '성'과 관련해서 임신의 메커니즘이나 자위의 무해함과 같은 과학적 사실을 가르치려 했던 대표적 인물이 바로 야마모토 센지(山本宣治, 1889~1929)다. 그러나 1932(昭和7)년에 『암파강좌 교육 과학(岩波講座教育科学)』의 지상을 통해 열린 성교육에 관한 심포지움에서 야마모토와 같은 생각을 가진 연구자는 소수에 불과했다. 오히려 일반 학교가 우선적으로 해야 할 일은 '이과'나 '생물' 교과에서 식물이나 동물의 번식에 관한 일반적 사실을 가르치는 것이라는 인식이 강했다. 다만, 심포지움 중에 3명의 여성 패널리스트가 이구동성으로 성적 무지가 초래하는 비참함에 대해 지적했다는 점에는 주목할 필요가 있다. 여학교 등에서는 첫 월경에 대한 주의 사항 등을 전달하고 있었던 것으로 보이지만, 실제로 그 내용이 무엇이었는지에 대해서는 알려진 것이 없다.

전후 문부성은 '순결 교육'이라는 이름 아래 '보건' 교과의 한 내용으로 성교육을 실시하려 한 적도 있었다. 그러나 1958년 이후 그 정책이 애매해지면서 각 교과에 분산되어 버렸다. 내용적으로도 전전에 일반적으로 교육되던 생물학적 지식에 편중되었다.

그러다가 1960년대 말부터 다이쇼기에 야마모토가 주장하던 성교육 내용을 교사가 자발적으로 계승하는 움직임이 나타났다. 지금은 과학적 성교육의 단계에서 한걸음 더 나아가 생활 방식으로서의 성을 묻는 교육 쪽으로 그 중심이 이동하고 있다. 과연 이런 변화는 새로운 학습 지도 요령에 따라 만들어지게 될 커리큘럼에 어떻게 반영될 것인지, 세간의 이목을 집중시키고 있다.

1961년 11월 '안네 냅킨'이라는 이름의 새로운 생리 용품이 발매되었다. "여성의 숙명처럼 인식되어 온 매달 반복되는 '번거로운 날'을 한 번에 날려 버리는 새로운 타입의 생리 용품"이라고 선전된 이 냅킨의 출현은, 여성의 생리 역사에 있어 획기적인 사건이었다. 오랫동안 여성은 생리 때마다 기분이 울적해지는 경험을 해 왔다. 또 옷을 더럽히거나 경혈이 묻은 것을 떨어뜨리는 등의 실수를 하지 않으려고 항상 신경을 써야 했다. 이 냅킨은 그런 불쾌한 번거로움을 상당 부분 해소시켜 주었다. 그뿐만 아니라 안네라는 이름과 TV를 통한 공개적인 선전은, 생리하면 항상 떠오르는 '불결'하다거나 '수치스럽고 감추어야만 하는 것'이라는 어두운 이미지를 불식시키는 역할을 했다.

생리 용품의 역사에 대해서는 아직 확실히 알려진 정보가 없다. 처음에는 부드러운 풀잎을 대거나 끼워 넣었던 것 같다. 모리사키 가즈에(森崎和江, 1927~)의 『칠흑(まっくら)』에는 여성 광부가 짚신 조각을 그곳에 쑤셔 넣었다고 쓰여 있는 것을 보면, 볏짚 등도 부드럽게 해서 사용했을 가능성이 있다.

근세 말기에는 '고삐(手綱)'나 '말(お馬)'이라 불리는 정자대(丁字帶)를 이용하거나 '못코훈도시(畚褌)'라는 시타오비(下帯)[11]를 이용하여, 누더기나 재생지를 국소에 대고 고정시켰다고 한다.

메이지 말기에는 '빅토리아' 또는 '스타 밴드'라고 불리는, 천에 고무를 입혀 방수 처리를 한 월경대가 사용되었다. 탈지면은 청일전쟁 때 의료용으로 생산된 것인데, 점차 생리 때도 사용하게 된 것으로 보인다. 전쟁 중에는 고무도 탈지면도 모두 군수 물자로 동원되었기 때문에 처음에는 펄프 등의 대용 면이 생리용으로 팔렸다. 그러나 곧 그것도 없어져서 다시금 누더기나 짚을 태운 재(わら灰: 소독용)를 넣은 헝겊 주머니를 사용하거나 탈지면을 세탁해 재사용하는 방법이 권장되었다.

전후에는 다시 월경대와 탈지면을 사용하게 되었지만, 안네 냅킨의 등장과 그 2년 후의 탐폰(약물을 적신 탈지면이나 거즈)의 발매로 생리 용품은 새로운 시대로 접어들게 되었다.

11 국소를 가리기 위해 허리에 차는 헝겊.

최근의 '묘'에 관한 여러 조사는 '묘'와 관련한 사람들의 인식 변화, 남녀 간의 인식 차이, 인간의 장례 형태에 대한 생각 등을 보여 주고 있어 흥미롭다. 이노우에 하루요(井上治代) 씨가 1989년부터 다음 해에 걸쳐 실시한 조사는 '묘'에 대한 남녀 간의 인식 차이를 명확하게 보여 준다. 남녀 모두 부부나 가족과 함께 묻히고 싶다는 응답이 많았지만, 여성은 그 밖에도 자신의 부모를 거론하거나 친한 친구 또는 불특정 다수의 사람을 거론하는 비율이 남성보다 높았다. 반대로 남성은 조상을 언급하는 비율이 높았다. 남편의 부모 특히 시어머니, 남편, 며느리 등과 함께 하기 싫다고 응답한 여성은 30퍼센트를 넘었다. 또 묘는 '조상 대대로 내려오는 묘'의 형태가 좋다는 비율은 남성이 높았다. 납골당이 좋다, 묘는 필요 없다, 바다나 산에 뿌리는 것이 좋다는 의견도 남성보다 여성 쪽이 많았다. 또 30퍼센트의 남녀가 묘를 계승하는 문제에 대해 반대하는 입장인 것으로 드러났다.

묘는 민법의 규정에서는 제사 재산의 일부이고 이를 계승하는 것은 구민법에서는 가독을 상속하는 장자로 되어 있었다. 메이지 시대에 들어오면서 늘어난, 이에의 영속성을 보여 주는 '○○가의 묘' '선조 대대 ○○가의 묘'는 '이에' 제도 확립의 상징이었다. 전후의 민법은 제897조에서 피상속인의 지정이 없을 경우 묘의 계승자는 관습에 따라 정한다고 되어 있어, 묘는 아무나 이어받아도 상관없게 되었다. 1960년대에 들어와 인구가 도시로 모여들고 핵가족이 늘어나면서 묘지가 부족해지자 민영 공원묘지가 급증했다. 또 '잔디 묘' '생전 묘' '부부 묘' 등 새로운 형태의 묘가 등장했다. 외동끼리 결혼한 경우에는 '양가의 묘'를 세우기도 했고 무연고자의 묘도 늘어났다.

또 페미니즘이 확산되면서 여성은 '묘' 제도에 여전히 남아 있는 '이에'적 전통으로부터 자유로워지기 시작했다. 반면에 남성은 '이에'의 묘 제도에서 벗어나지 못했다. 다만 묘를 대대손손 조상의 영혼이 잠들어 있는 곳이라기보다는 자신이 사후에 머물게 될 거처로 인식하게 되었다. 사원 묘지나 민영 묘지는 독신 등 후계자가 없는 사람의 묘지 신청을 받지 않았기 때문에 후계자가 없는 사람끼리 공동으로 들어가는 묘(墓), 비(碑)나 영대 공양(永代供養)의 '개인 묘'도 생겨났다. 개인 묘를 신청한 사람의 90퍼센트는 여성이었다. 또 인간의 장례를 자유롭게 생각하는 모임도 만들어졌고 조문을 개인 차원에서 생각하는 사람도 등장했다.

성, 사랑, 가족을 통해 본
일본 여성의 어제와 오늘

초판 1쇄 발행일 2017년 7월 21일

지은이 종합여성사연구회
옮긴이 최석완·임명수
펴낸이 박영희
편집 김영림
디자인 이재은
마케팅 김유미
인쇄·제본 태광인쇄
펴낸곳 도서출판 어문학사
서울특별시 도봉구 해등로 357 나너울카운티 1층
대표전화: 02-998-0094/편집부1: 02-998-2267, 편집부2: 02-998-2269
홈페이지: www.amhbook.com
트위터: @with_amhbook
페이스북: www.facebook.com/amhbook
블로그: 네이버 http://blog.naver.com/amhbook
다음 http://blog.daum.net/amhbook
e-mail: am@amhbook.com
등록: 2004년 7월 26일 제2009-2호

ISBN 978-89-6184-446-8 93910
정가 18,000원

이 도서의 국립중앙도서관 출판예정도서목록(CIP)은 e-CIP홈페이지(http://www.nl.go.kr/ecip)와 국가자료공동목록시스템(http://www.nl.go.kr/kolisnet)에서 이용하실 수 있습니다.
(CIP제어번호: CIP2017015846)

※잘못 만들어진 책은 교환해드립니다.